JAMES BOND

007

OPERATION SEAFIRE

von

JOHN GARDNER

Ins Deutsche übertragen
von Johannes Neubert

Die deutsche Ausgabe von JAMES BOND – OPERATION SEAFIRE
wird herausgegeben von der Cross Cult Entertainment GmbH & Co. Publishing KG
CROSS CULT; Verlagsleitung: Andreas Mergenthaler und Luciana Bawidamann;
Teinacher Straße 72, 71634 Ludwigsburg;
Übersetzung: Johannes Neubert; Programmleitung Romane/Sachbücher: Markus Rohde; Lektorat: Katrin Aust; Korrektorat: Peter Schild; Satz: Rowan Rüster; Layout: Cross Cult; Cover-Illustration: Michael Gillette; Herstellung: Hannah Düser; Vertriebsleitung: Peter Sowade; Druck: Printausgabe gedruckt von CPI Books GmbH, Leck. Printed in the EU.

Titel der Originalausgabe: JAMES BOND – SEAFIRE

Print ISBN: 978-3-98666-332-2
E-Book ISBN: 978-3-98666-333-9
September 2023

WWW.CROSS-CULT.DE · WWW.IANFLEMING.COM

INHALT

1. Die *Caribbean Prince* 007
2. Feuer unter Deck 015
3. Hoffnungsloses Unterfangen 027
4. Fürst der Finsternis 043
5. Wahrheit oder Pflicht 063
6. Rösselsprung 081
7. Mr Cuthbert und Mr Archibald 099
8. Boxwood 115
9. Die Wiege der Geschichte 131
10. Cathy und Anna 154
11. Trish Nuzzi 161
12. Ein furchtbarer Tod 179
13. Eine unvergessliche Verlobungsfeier 195
14. Ein rechtlicher Albtraum 211
15. Tarnenwerder 231
16. Tot oder lebendig 247
17. Arbeitsflitterwochen 263
18. Apokalypse 277
19. Ein alter texanischer Cowboy 291
20. Altertum und Moderne 303
21. Der Plan 323
22. Das U-Boot 335

23. In der Zwickmühle 353
24. *SeaFire* 367
25. Ritt der Walküren 379
26. Tränen auf seinen Wangen 387
Über den Autor 393

Für meinen guten Freund Richard Osterlind,
der ein ebenso großer Bond-Fan ist
wie ich ein Fan seines unglaublichen Könnens.

1

Die *Caribbean Prince*

Das Kreuzfahrtschiff *Caribbean Prince* verließ St. Thomas auf den Amerikanischen Jungferninseln um kurz nach achtzehn Uhr. Seine Passagiere freuten sich auf zwei Tage auf See, bevor sie Miami erreichen würden.

Der Piratenüberfall ereignete sich während des Abendessens, kurz nach acht am selben Abend. Später behauptete die Reederei Tarn Cruise Lines Inc., die beteiligten Männer hätten sich in St. Thomas an Bord geschlichen und sich versteckt, bis die sehr wohlhabenden Passagiere des Schiffs mit dem Abendessen begonnen hätten. Der Rest ging schnell vonstatten. Zwei der Angreifer verschafften sich Zutritt zur Brücke und hielten dort den Wachoffizier des Schiffs und seine Männer mit Waffengewalt in Schach. Zwei weitere sicherten die Bereiche, in denen sich die meisten Besatzungsmitglieder während des Abendessens aufhielten. Die verbliebenen sechs Männer stürmten den großen Speisesaal. Ihre Gesichter waren hinter Skimasken verborgen und sie trugen Uzis und Pistolen.

Zwei der mit Uzis bewaffneten Banditen feuerten kurze Salven in die Decke – was Schreie der Damen und gemurmelte Proteste der Herren hervorrief –, während ihr Anführer laut rief, dass niemandem etwas zustoßen würde, solange sie genau das täten, was man ihnen sagte. Derselbe Mann begann sofort, sich einen Weg um die Tische zu bahnen und die Gäste aufzufordern, allen Schmuck abzunehmen und alle Wertsachen einschließlich der Portemonnaies aus ihren Hosen- und Abendhandtaschen zu holen. Alles wurde den Gästen abgenommen und in einen großen Plastikmüllsack geworfen, den der sechste Mann hielt. Es gab keinen Zweifel daran, dass die Angreifer es ernst meinten. Jeder, der sich weigerte oder versuchte, etwas zu unternehmen, riskierte den Tod.

Die ganze Operation wurde mit einer Ruhe und Voraussicht durchgeführt, die auf sorgfältige, militärische Präzision schließen ließ.

James Bond und Fredericka von Grüsse saßen auf der Backbordseite an einem Tisch für vier Personen – den sie mit einem angenehmen Börsenmakler im Ruhestand und seiner Frau aus New Jersey teilten. Als der Anführer und sein Helfer sie erreichten, hatte Bond Flicka bereits mit Blicken und Gesten ein Zeichen gegeben.

Die Frau des Börsenmaklers war der Hysterie nah, aber ihr Mann blieb ruhig und mahnte sie, einfach zu tun, was man ihr sagte. Das sorgte für eine kleine Verzögerung, die den bewaffneten Anführer noch aggressiver werden ließ, sodass er sich hinter Bond stellte und seine automatische Pistole in den Nacken des Agenten rammte.

»Wenn Sie alles haben wollen«, sagte Bond ruhig, »müssen Sie mich aufstehen lassen. Ich habe eine ziemlich wertvolle Taschenuhr an einer Kette, die ich nicht im Sitzen abnehmen kann.«

»Na, dann machen Sie schon. Aber schnell.« Der Anführer trat einen Schritt zurück, damit Bond seinen Stuhl zurückschieben und aufstehen konnte. Der Bewaffnete hielt seinen rechten Arm mit der Pistole ausgestreckt. Das war ein Fehler, denn eine goldene Regel besagte, dass man seine Waffe nie zu nah an der Person halten sollte, die man bedrohte.

Nur wenige konnten tatsächlich sehen, was Bond tat. Es ging so schnell, dass die meisten Gäste noch unruhiger wurden, weil sie dachten, dass die Männer mit den Uzis umgehend Vergeltung üben würden. Bond wirbelte außen an dem ausgestreckten Arm vorbei, den er mit beiden Händen packte und heftig herumriss. Er spürte, wie sein Rücken hart gegen den des Bewaffneten gepresst wurde, aber es bedurfte nur eines kurzen, heftigen Hiebs mit der rechten Handkante, um die Pistole zu greifen, die er Flicka fast lässig über den Tisch zuwarf. Dann wirbelte er wieder herum und verdrehte seinem Opfer mit der linken Hand den Arm auf den Rücken und zog ihn nach oben. Ein Schrei ertönte, gefolgt von einem unangenehmen Knacken, als der Arm brach. Bond legte seinen rechten Unterarm um den Hals des Anführers und drückte fest genug zu, dass dieser kurz davor war, das Bewusstsein zu verlieren.

Der Mann mit dem Müllsack ließ diesen fallen und griff nach der Waffe, die in seinem Hosenbund steckte. Bond war jedoch einen Tick schneller. Er ließ den gebrochenen Arm des Ganoven los und die linke Hand in seinen rechten Ärmel gleiten. Auf einer Reise wie dieser hatte er keine Schusswaffe dabei, aber er ging selten gänzlich unbewaffnet irgendwohin. An der Innenseite seines rechten Arms, hoch oben unter seinem Ärmel, war eine Scheide mit einem Applegate-Fairbairn-Kampfmesser befestigt. Obwohl sich dieses Messer von der Klinge her besser werfen ließ, hatte er keine Zeit für solche Feinheiten – er brauchte nur einen Sekundenbruchteil und das Messer lag in seiner Hand. Eine Viertelsekunde später flog es auf den Mann mit dem Müllbeutel zu. Fünfzehn Zentimeter scharfer, gehärteter Stahl bohrten sich in die Kehle des Mannes. Er war tot, bevor er überhaupt ins Schwanken kam.

Aus dem Augenwinkel sah er, wie einer der mit Uzis bewaffneten Männer auf dem Absatz kehrtmachte, die Mündung seiner Waffe hob und sie in seine Richtung schwang.

»James!«, rief Flicka, wobei sie die Pistole auf die Gefahr richtete. Die Waffe in beiden Händen feuerte sie zweimal. Als die Uzi aus den Fingern des Toten zu Boden glitt, rief Bond: »Das reicht. Ich will nicht, dass noch jemand verletzt wird, und ich werde Ihren Anführer töten, wenn Sie die Waffen nicht fallen lassen.«

Die übrigen drei Männer zögerten zehn Sekunden lang, bevor ihnen klar wurde, dass sie zwar einige der Menschen im Speisesaal töten konnten, aber niemals lebend hier herauskommen würden. Keiner von ihnen hatte damit gerechnet, dass dieser einfache Überfall so enden würde. Langsam ließen sie die Uzis fallen und hoben die Hände, als Flicka von Grüsse ihre Pistole langsam über die möglichen Ziele schwenkte.

Bond zog den Kopf des Anführers dicht an sich heran, sodass seine Lippen fast das Ohr des Mannes berührten. »Wenn

Sie leben wollen, mein Freund«, flüsterte er, »sagen Sie mir lieber, ob noch andere Clowns an Bord sind.«

»Auf der Brücke und in den Mannschaftsquartieren«, krächzte der Mann in Bonds Würgegriff.

»Wie viele?«

»Vier. Zwei auf der Brücke und zwei unter Deck.«

»Gute Nacht.« Bond drückte fester zu und unterbrach die Blutzufuhr zum Gehirn seines Opfers, sodass der Mann bewusstlos aufs Deck sackte. Ein schneller Schlag in den Nacken versetzte ihn in Tiefschlaf.

Er verteilte die Uzis an den bestürzten Oberkellner und den Sommelier und überließ Flicka das Kommando, während er sich mit der Pistole des Mannes, der den Müllsack gehalten hatte, auf den Weg zur Brücke machte. Die beiden Männer, die die Geiseln dort festhielten, leisteten nicht allzu viel Widerstand. Sie hatten gedacht, sie hätten den leichten Job, und nicht mit der Härte gerechnet, mit der Bond auf sie losging – er schlug dem ersten bewaffneten Mann auf den Kopf und schoss dem zweiten ins Bein.

Die beiden Männer, die die Besatzung bewachten, wurden vom Kapitän der *Caribbean Prince* und zwei seiner Offiziere außer Gefecht gesetzt. Schließlich wurden die Toten in der kleinen Leichenhalle neben der Krankenstation aufgebahrt, während die Überlebenden in eine der beiden »Arrestkabinen« gesperrt wurden, die für gewalttätige oder aufmüpfige Besatzungsmitglieder vorgesehen waren. Diese beiden Kabinen hatten auf der Liste der Neuerungen gestanden, als das Schiff ein paar Jahre zuvor komplett überholt worden war.

In den frühen 1980ern war die *MS Caribbean Prince* eins der Flaggschiffe einer großen Kreuzfahrtgesellschaft gewesen und zwischen Miami und den in der Karibik verstreuten Inseln herumgeschippert. Mit einer Tonnage von etwa 18.000 Bruttoregistertonnen und einer Kapazität für siebenhundert Passagiere sowie einer Besatzung von vierhundert war sie ein beeindruckendes Schiff. Doch zu Beginn der 1990er wurde die *Caribbean Prince* zu einer Belastung. Mit dem Aufkommen der größeren Kreuzfahrtschiffe – diesen riesigen schwimmenden Hotels, die mehr als zweitausend Passagiere befördern konnten – war die *Caribbean Prince* wirtschaftlich nicht mehr rentabel. Es sei denn, man hatte den unternehmerischen Weitblick eines Max Tarn.

Tarn hatte die *Caribbean Prince* 1990 zusammen mit zwei anderen Schiffen ähnlicher Größe gekauft und eine umfassende Umgestaltung veranlasst. Dabei zielte er auf wohlhabende Passagiere als Zielgruppe ab, die sich danach sehnten, die Art von Kreuzfahrten zu erleben, von denen sie entweder gelesen oder die sie in den Tagen erlebt hatten, als Kreuzfahrten noch den Reichen und Berühmten vorbehalten waren.

Der Umbau und die Instandsetzung der *Caribbean Prince* hatten Millionen gekostet, aber die Arbeiten waren sorgfältig ausgeführt worden und hatten das Schiff in einen schwimmenden Art-déco-Palast verwandelt, der mit dem neuesten Komfort und Luxus ausgestattet war. Die Inneneinrichtung war praktisch in ihre Einzelteile zerlegt worden. Zuerst waren die Kabinen auf dem Hauptdeck und den beiden darunterliegenden Decks herausgerissen worden. An ihre Stelle waren eine Einkaufsmeile mit glitzernden Geschäften, ein neues Theater mit hochmoderner Ausstattung, ein Kino, ein wunderschöner Innenpool und Saunen getreten – passend zum neuen, vergrößerten Pool auf dem Sonnendeck – sowie vier luxuriöse Lounges.

Jetzt bot die *Caribbean Prince* nur noch Platz für etwa siebzig Passagiere, deren große und schöne Kabinen sich alle entlang des Promenadendecks erstreckten, wobei jede Kabine eine eigene kleine Suite war, komplett mit Badezimmer, das sowohl Dusche als auch Jacuzzi enthielt. In ihrem neuen, prächtigen Zustand stach die *Caribbean Prince* ab Dezember 1992 zu einer Reihe von vierzehntägigen Kreuzfahrten in See. Bis Ende Februar 1994 erwirtschaftete sie einen ordentlichen Gewinn, denn ihre Passagiere zahlten drei- bis vierhundert Prozent mehr als diejenigen, die ihren siebentägigen Urlaub auf den großen Schiffen verbrachten.

Tarn Cruise Lines hatte – wie die anderen kleinen und besonders exklusiven Kreuzfahrtgesellschaften, in die diverse Millionäre investiert hatten – einen riesigen Gewinn aus dem Unternehmen gezogen. Wie alles in der Geschäftswelt war es ein Glücksspiel gewesen, aber der berühmte Max Tarn hatte darauf gesetzt, dass es immer noch Menschen gab, die bereit waren, jeden Preis für eine andere – protzige – Art von Urlaub zu bezahlen.

Offensichtlich hatte das die *Caribbean Prince* zu einer lohnenden Zielscheibe gemacht. Passagiere dieser Art kamen mit einer Menge Wertsachen an Bord, manche brachten sogar kleine Vermögen mit, um sich als High Roller an den Glücksspieltischen zu versuchen.

Die Aufregung, die der versuchte Raubüberfall verursacht hatte, ebbte nicht so schnell ab. Diejenigen, die ihre wertvollen Juwelen, ihr Geld und ihre Kreditkarten abgegeben hatten, holten sich ihr Eigentum zurück und schon bald waren Bond und Flicka das Zentrum der Aufmerksamkeit. Sie hätten sich während des Rests der Reise in der Hauptbar umsonst betrinken können – doch leider gab es keinen Rest der Reise.

2

Feuer unter Deck

Die Explosion ereignete sich kurz nach elf. Sie riss zwei Hüllenplatten unter der Wasserlinie heraus, überflutete eins der Decks der Bordküche und forderte mehrere Verletzte.

Die Tatsache, dass die *Caribbean Prince* nicht sofort kenterte und sank, sprach für die Bauweise des Schiffs und die hohe Qualität der italienischen Werft, in der das Schiff 1970 vom Stapel gelaufen war.

Kurz vor dem Vorfall hatten sich James Bond und Fredericka von Grüsse von der Bar weggeschlichen, um etwas Zweisamkeit zu suchen.

Sie lehnten dicht an der Reling des Sonnendecks, umgeben von der tiefschwarzen Nacht, und beobachteten die schäumende Gischt des weißen Wassers, die das Schiff im dunklen Meer hinter sich herzog.

»Na, das war wenigstens mal eine Abwechslung.« Flicka lehnte ihren Kopf an seine Schulter. »Der alte Sir Max Tarn hat einen potenziellen Verlust mit viel Geschick in einen großen geschäftlichen Gewinn verwandelt, aber das wird seiner Publicity nicht gerade zuträglich sein.«

»Der Punkt ist«, sagte Bond leise, »dass Tarn zurecht davon überzeugt war, dass es immer noch Leute gibt, die viel Geld für exklusive Kreuzfahrten zahlen. Andere haben das auch schon versucht, aber ist dir aufgefallen, wie sorgfältig das Programm ausgewählt ist? Jeden zweiten Abend gibt es eine neue Show im Theater mit bekannten Entertainern und überall, wo wir waren, lag an diesem Tag kein anderes Kreuzfahrtschiff im Hafen – Jamaika, Curaçao, Venezuela, Barbados, Martinique, Puerto Rico, St. Thomas. Kein anderes Kreuzfahrtschiff in Sicht. Keine Touristenmassen ...«

»James.« Sie hob eine Hand, um ihn zu unterbrechen. »James, wir haben in den Fortbildungen schon genug davon geredet und die Feinheiten der Ökonomie stehen dir nicht wirklich, Liebling.« Flicka drehte sich um und lächelte ihn an.

Die Fortbildungen, von denen sie sprach, hatten etwas mehr als ein Jahr in Anspruch genommen. Darunter waren so langweilige Themen wie Buchführung (mit besonderem Schwerpunkt auf Betrug), betrügerischer Währungsumtausch, Methoden zur Gewinnung von Finanzinformationen durch Offshore-Banking, Schmuggel und Geldwäsche, Verstöße gegen die internationale Rüstungskontrolle, die Überwachung des illegalen Waffenhandels in den 1990ern, die Rolle terroristischer Organisationen in Bezug auf Finanzen und illegale Waffentransporte sowie andere verwandte Themen wie Drogen- und Kunstschmuggel im großen Stil gewesen.

Die Offiziere des MI5 und MI6 jammerten über diese Unterrichtsinhalte, die so gar nichts mehr mit den Schulungen zu tun hatten, die sie während des Kalten Krieges absolviert hatten. Doch dann wurden sie schnell daran erinnert, dass der Kalte Krieg vorüber war. Jetzt befanden sie sich in einem Krieg, den man als »lauwarm« bezeichnen konnte: einem Krieg, in dem sogar ihre Verbündeten verdächtig waren und ihre ehemaligen Feinde wie Viren unter einem Mikroskop unter Beobachtung gehalten werden mussten.

Von den achtundzwanzig Männern und Frauen, die an den Kursen teilnahmen, wurden nur zwölf nach einer strengen Prüfung als geeignet eingestuft. James Bond war einer von ihnen, und zu seiner Freude gehörte auch Flicka zu diesen zwölfen.

Fredericka von Grüsse, ehemalige Agentin des Schweizer Geheimdiensts, hatte mit Bond an dem Fall um den berüchtigten David Dragonpol gearbeitet und beide waren dabei bei den Schweizer Behörden in Ungnade gefallen. Nachdem die letzten Punkte im Fall Dragonpol geklärt waren, war Bond daher ebenso überrascht wie Flicka gewesen, als M ihr eine Stelle im britischen Dienst angeboten hatte. Er war auch erstaunt über die herzliche Art, mit der M die Tatsache akzeptiert hatte, dass sie zusammenlebten. Letzteres war definitiv untypisch. Vielleicht, so dachten sie, versuchte der alte Mann verzweifelt, mit der Zeit zu gehen. Vielleicht klammerte er sich sogar an den Posten, den er innehatte, obwohl jeder wusste, dass seine Tage als Chef dieses Geheimdiensts gezählt waren.

Als die Fortbildungen abgeschlossen und die Umstrukturierungen in einer langatmigen Besprechung erläutert worden waren, hatten Bond und Flicka mit Ms Segen ein paar Wochen Urlaub genommen.

»Sie werden ihn gebrauchen können«, hatte ihnen der alte Chef mürrisch erklärt. »Wenn diese neue Doppel-Null-

Abteilung richtig funktionieren soll, werden Sie vielleicht für lange Zeit keinen Urlaub mehr bekommen.«

Die neue Doppel-Null-Abteilung hatte keine Ähnlichkeit mehr mit der alten Abteilung dieses Namens, die einst die Lizenz zum Töten innegehabt hatte.

Die Null-Null-Abteilung, wie die neu organisierte Sektion genannt wurde, die nun unter Bonds Kommando stand, umfasste hoch qualifizierte Männer und Frauen, die sich mit Fällen von Verstößen gegen internationales Recht und Verträge befassten, die mit Geheimdienst- und Sicherheitsfragen zu tun hatten.

Die Null-Null-Abteilung konnte entweder vom MI5 oder vom MI6 oder sogar von der Polizei zu einem Fall hinzugezogen werden. Sie unterstand nicht ihrem alten Chef M, sondern einem Überwachungsausschuss, der den Namen MicroGlobe One trug und aus den Chefs des MI5 und MI6, ihren Stellvertretern, einem hochrangigen Commissioner der Polizei und einem neuen Staatssekretär bestand, der den hochtrabenden Titel des Staatssekretärs für verwandte innere und äußere Angelegenheiten trug – ein dämlicher Titel, der von der Presse mit viel Spott bedacht wurde. Niemandem war entgangen, dass diese relativ kleine Behörde im Grunde *von* der Regierung *für* die Regierung geführt wurde. Die Null-Null-Abteilung war – genau wie der MI5 und MI6 – keine überparteiliche Organisation, die vom Zentrum der politischen Macht unabhängig agierte.

Bond lächelte verlegen. »Da hast du recht, Flicka.« Er hielt sie fest und neigte sein Gesicht zu ihr, als wollte er sie küssen. »Aber du hast dieses bisschen extrateuren Luxus doch genossen, nicht wahr?«

»Natürlich. Das war eine gute Wahl, James. Ich hätte nichts dagegen, wenn unsere Flitterwochen genau so aussehen würden. Ich habe sogar das kleine Schauspiel heute Abend ziemlich genossen. Ganz wie in alten Zeiten.« Diese letzte Bemerkung machte sie mit einem Augenzwinkern.

»Apropos alte Zeiten, ich denke, wir könnten in unserer herrschaftlichen Kabine mehr Aufregung finden.«

»Mh-hm.« Sie nickte enthusiastisch.

Bond und Flicka wollten sich gerade auf den Weg zu ihrer Kabine machen, da erbebte das Schiff und bäumte sich auf, als die Explosion die Metallplatten an der Steuerbordseite durchschlug.

Das Deck kippte unter ihnen weg und Bond fluchte, als seine Füße den Halt verloren und er aus dem Gleichgewicht kam, während Flicka fast auf ihn fiel.

»Hat es dir auch den Boden unter den Füßen weggezogen?« Ihr blieb die Luft weg. »Was zum Teufel war das?«

Bond war wieder auf den Beinen, mit einer Hand hielt er sich an der Reling fest. »Weiß der Himmel. Komm mit.«

Das Schiff krängte nach steuerbord und der altbekannte Geruch von Sprengstoff war leicht auszumachen. Inzwischen ertönte die Schiffssirene, die alle Passagiere zum Verlassen des Schiffs aufrief – eine Übung, die sie zwei Wochen zuvor beim Verlassen des Hafens von Miami sorgfältig geprobt hatten

Die Schiffsmotoren waren ausgefallen, aber es war nicht einfach, sich an das schiefe Deck zu gewöhnen. Flicka warf ihre Schuhe von sich, als sie langsam zu ihrer Kabine auf der Backbordseite krabbelten.

Eine körperlose Stimme gab über das Bordsystem Anweisungen und im Hintergrund waren panische Schreie zu hören. Als sie zu der langen Reihe von Kabinentüren und großen, mit Vorhängen versehenen, länglichen Fenstern in den Deckaufbauten kamen, konnten sie andere Passagiere sehen, die versuchten, sich auf der schrägen Fläche des Decks aufrecht zu halten.

Die Notbeleuchtung, die innerhalb von Sekunden nach der Explosion eingeschaltet worden war, tauchte das Deck in ein gleißendes Licht. Neben der ersten Tür versuchte ein älterer Mann, seiner Frau zu helfen, die auf dem Deck lag und jämmerlich wimmerte. Bond ging sofort zu ihr, wies den Ehemann an, die Rettungswesten aus der Kabine zu holen, und bedeutete Flicka, dasselbe zu tun.

Die ältere Frau hatte sich offensichtlich den Arm verletzt – vermutlich war er gebrochen – und einen Moment später erschienen zwei Schiffsoffiziere, die an die Kabinentüren hämmerten und alle Passagiere aufforderten, sich bei den Rettungsbooten einzufinden.

Bond wurde angewiesen, einem Besatzungsmitglied zu helfen, das sich an der Tür einer Kabine zu schaffen machte, von der man befürchtete, dass die Passagiere darin irgendwie gefangen waren, in Angst und Schrecken erstarrt. Als er einem weiteren Passagier helfen wollte, sah er ein tödliches Auflodern aus dem vorderen Niedergang.

»Zu den Rettungsbooten!«, schrie er, griff nach dem nächstbesten Feuerlöscher, schlug die Düse gegen eine der Stützen und richtete den Schaum auf die Flammen, die wie schreckliche Klauen nach oben schossen.

Ein weiterer Schiffsoffizier schloss sich diesem Kampf an, den sie schnell verloren. Bond krabbelte nach achtern, schleppte einen weiteren Feuerlöscher zum Niedergang und sprühte erneut Schaum auf die Flammen, während er im Hintergrund hörte, wie die Rettungsboote zu Wasser gelassen wurden. Gleichzeitig hörte er, wie Leute ihm zuriefen, er solle das Schiff verlassen, aber er war bereits dabei, den leeren Feuerlöscher beiseitezuwerfen und sich auf die Suche nach einem dritten zu machen.

Er war kaum zwei Schritte gegangen, als er ein gewaltiges Auflodern hörte und eine Hitzewelle am Rücken spürte. Als er sich umdrehte, sah er, dass der Offizier, der neben ihn das Feuer bekämpft hatte, in Flammen gehüllt war, die aus den unteren Decks schlugen. Der Mann war zu einer schreienden, wandelnden Fackel geworden und kämpfte sich zur Reling des Schiffs vor, fiel aber, bevor er sie erreichen konnte. Bond streifte sein Jackett ab und eilte zu dem todgeweihten Mann. Er schlug mit dem vor Kurzem noch so eleganten Smoking auf das Feuer ein, aber es war zu spät. Die Flammen hatten sich in den Körper des Mannes gefressen und seine Schreie waren verstummt.

Bond spürte jetzt die Auswirkungen der Flammen und des Rauchs am eigenen Leib. Sein Atem ging schwer und er wusste, dass die Hitze und der Rauch ihn überwältigen würden, wenn er noch länger an Bord blieb.

Er stürzte auf die Schiffsreling zu, kletterte darüber, sprang ins Wasser und schwamm sofort auf das nächste Rettungsboot zu.

Der Steuermann eines der Rettungsboote entdeckte Bond im Wasser und wendete in einem sehr couragierten Manöver zum havarierten Schiff zurück, um Bond aus dem Wasser zu ziehen. Sobald er an Bord war, suchte er nach Flicka und fand sie zu seiner Erleichterung in einer Ecke des Boots hockend.

Die Rettungsboote waren von straffen orangen Planen umgeben, die über ein Leichtmetallgerüst gespannt waren. Glimmerplatten schützten den Steuermann und dienten als Lichtquellen an den Seiten. Das Boot, das Bond gerettet hatte, trug etwa vierzig Personen – Passagiere und Besatzung – und kaum war es auf dem Wasser, wurde den Überlebenden bewusst, dass das Meer weniger freundlich war, als es an Bord der *Caribbean Prince* den Anschein gehabt hatte. Das Rettungsboot schaukelte und schwankte, als es sich mit seinem leisen, fast dumpf brummenden Motor durchs Wasser pflügte.

Als er einen Blick durch eine der vorderen Windschutzscheiben warf, konnte er zwei andere kleine Boote in der Nähe erkennen und erhaschte einen Blick auf das Kreuzfahrtschiff, das rundum erleuchtet war, aber gefährlich kopflastig zu sein schien und in Flammen stand, die mindestens einen Mann das Leben gekostet hatten.

Hinter ihm kümmerte sich ein Sanitäter um die ältere Frau, die vor ihrer Kabinentür gestürzt war. Sie stöhnte immer noch vor Schmerzen, also machte sich Bond auf den Weg nach hinten, um zu sehen, ob er irgendwie helfen konnte.

»Ein gebrochener Arm, eine gebrochene Schulter und vielleicht auch ein gebrochenes Bein«, sagte der Sanitäter mit einem deutlichen skandinavischen Akzent.

»Wissen wir schon, was passiert ist?«

»Sie ist gestürzt.«

»Nein, die Explosion. Wissen wir, was die Ursache war?«

Der Sanitäter zuckte mit den Schultern. »Ein Offizier meinte, es sei ein mechanisches Problem gewesen. Mit den Maschinen. Eine Explosion in den Maschinen. Das ist noch nie passiert. Es könnte aber auch sein, dass diese Ganoven Sprengstoff gelegt haben, den sie zünden wollten, nachdem sie sich aus dem Staub gemacht hatten.«

Durch eins der Bullaugen in der Glimmerplattenverkleidung sah er die *Caribbean Prince* treiben, deren Lichter und das Feuer einen unheimlichen Schein über das Wasser warfen.

Unpassenderweise murmelte eine ältere Frauenstimme: »Was für eine Stromverschwendung. Man sollte meinen, sie hätten die Lichter ausgeschaltet, als wir von Bord gegangen sind.«

»Das ist noch nie passiert«, wiederholte der Sanitäter, als könnte er kaum glauben, dass es *jetzt* passiert war.

Nein, dachte Bond. Nein, das war wirklich noch nie passiert und war sicher kein Problem mit den Maschinen gewesen. Im Laufe der Jahre hatte er ein Gespür für bestimmte Gerüche entwickelt, und bei diesem war er sich sicher. Während er das Feuer bekämpft hatte, war seine Nase vom Geruch von Sprengstoff erfüllt gewesen.

Der gleiche Geruch von Sprengstoff und der Gestank von Rauch umgab sie auch noch um halb sechs morgens, als er neben Flicka von Grüsse an der Reling eines der größeren Kreuzfahrtschiffe stand. Mehrere Schiffe – darunter zwei der gigantischen Passagierliner einer anderen Reederei – waren zu dem leckgeschlagenen Schiff geeilt. Die Passagiere waren von den beiden größeren Kreuzfahrtschiffen gerettet worden, und jetzt, in der Morgendämmerung, lagen andere Schiffe abseits vor Anker, während zwei Schiffe der US-Marine, die das Feuer gelöscht hatten, versuchten, die *Caribbean Prince* ins Schlepptau zu nehmen, um sie im Wasser zu stabilisieren.

»Der Geist der vergangenen Weihnacht«, murmelte Flicka und warf Bond einen fragenden Blick zu.

Er nickte geistesabwesend, doch er wusste, was sie meinte: die Stoppeln an seinem Kinn, das zerzauste Haar, die schlecht sitzende Jeans und das Jeanshemd, die sie als Ersatz für seine durchnässte Kleidung gefunden hatten. »Du selbst siehst auch nicht aus wie aus einer Modezeitschrift.« Noch während er das sagte, dachte Bond, dass das nicht ganz richtig war. Selbst ohne Make-up und obwohl das weiße Abendkleid von Bill Blass – mit einem gewagten Schlitz fast bis zum linken Oberschenkel – sich in einem ähnlichen Zustand wie seine eigene Kleidung befand, gelang es Flicka von Grüsse, umwerfend auszusehen. »Mädchen meiner Träume« nannte er sie oft. Die Ereignisse der letzten Stunden schienen sie kaum berührt zu haben. In ihrem jetzigen, zerzausten Zustand hätte sie einen Empfang für die königliche Familie besuchen können und hätte mit ihrer Eleganz und Ausstrahlung immer noch für Aufsehen gesorgt.

Doch der anhaltende Geruch der Katastrophe lenkte seine Gedanken wieder ab. Es waren keine Schüsse gefallen, es hatte keinen unmittelbaren Angriff gegeben und doch hatte er das Gefühl, dass die Sabotage der *Caribbean Prince* ein kriegerischer Akt gewesen war. Die wahrscheinlichste Erklärung war die des Sanitäters – dass die Ganoven, die versucht hatten, die Passagiere zu berauben, Sprengladungen angebracht hatten, die explodieren sollten, nachdem sie das

Schiff verlassen hatten, wahrscheinlich in einem der Rettungsboote oder sogar in einem Boot, das sie als Teil ihres Plans vorbereitet hatten.

Später würde er anmerken, dass der Vorfall auf dem Kreuzfahrtschiff der wahre Anfang der Gefahren war, die in den nächsten Monaten auf ihn zukommen sollten. Immer noch konnte er die Stimme des Kapitäns hören, der über die Lautsprecher den Befehl gab, von Bord zu gehen, während er vor seinem geistigen Auge den Anflug von Angst in den Gesichtern der Offiziere und der Besatzung sah. In vielerlei Hinsicht waren die Ereignisse sinnbildlich für sein Leben. Nachdem er jahrelang in seinem alten Geheimdienst seinem Land gedient hatte, hatte Bond das Gefühl, nun das sinkende Schiff zu verlassen, indem er das Kommando über die Null-Null-Abteilung übernahm.

3

Hoffnungsloses Unterfangen

Das neue Hauptquartier von Bonds Null-Null-Abteilung war ein schönes georgianisches Haus am Bedford Square. Es war ein trügerisch ruhiger Ort, nur drei Minuten Fußweg von der belebten Oxford Street entfernt, und sein Büro bot einen schönen Blick auf das, was einst die Wohnsitze der Wohlhabenden gewesen waren. Eingezäunt in der Mitte des Geländes standen Bäume, die die Jahreszeiten widerspiegelten. Das Viertel hatte verschiedene Phasen durchlaufen, von der Opulenz der Einfamilienhäuser über die Umwandlung in Wohnungen bis schließlich zur Umgestaltung in Büros.

Er hatte seinen neuen Posten mit zehn Tagen Verspätung angetreten, da vor ihrer endgültigen Entlassung nach der Rettung noch endlose Formalitäten zu erledigen gewesen waren. Weitere Zeit wurde durch die Befragungen durch das FBI und die Strafverfolgungsbehörde der US-Marine im Zusammenhang mit dem versuchten Überfall in Anspruch genommen, während er außerdem bei der gerichtsmedizinischen Untersuchung zum Feuertod des jungen

Offiziers – Mark Neuman – aussagen musste. Zehn Tage konnten sowohl in der Politik als auch im Schattenreich der Geheimdienste eine lange Zeit sein. So wurden Bonds erste Wochen als Direktor der Null-Null-Abteilung zu Stunden und Tagen voller Papierkram und der Art von Verwaltungsarbeit und organisatorischen Sitzungen, die er am meisten verabscheute – ständige Besuche bei nutzlosen Meetings von MicroGlobe One.

Er hatte jedoch die Gelegenheit, die verschiedenen vertraulichen Berichte über die Explosion auf der *Caribbean Prince* durchzusehen, denn diese gingen automatisch über seinen Schreibtisch, zusammen mit kryptischen Memos über Sir Max Tarn, den Chef von Tarn Cruise Lines, Inc. und Dutzenden anderen Unternehmen in London, Paris und New York.

Bond konnte nur vermuten, dass irgendjemand, möglicherweise die Polizei oder der MI5, den legendären Tarn genau unter die Lupe nahm, denn die Memos kamen in einem beständigen Strom, begleitet von den neuesten Theorien über den Beinaheuntergang der *Caribbean Prince* – die von Plastiksprengstoff, der von den Möchtegerndieben gelegt worden war, bis hin zu Spuren dessen reichten, was nach Meinung einiger Experten ein Sprengstoff sein könnte, der schon seit kurz nach dem Ende des Zweiten Weltkriegs nicht mehr erhältlich war.

Ein hochrangiger US-Marineoffizier, ein Experte für durch Waffen verursachte Schäden, hatte einen pointierten, dreiseitigen Bericht verfasst, in dem es hieß, dass die Form und der Zustand des großen Lochs, das in die Seite der *Caribbean Prince* gesprengt worden war, und das daraus resultierende Feuer mit der Art von Schäden übereinstimmten, die durch einen alten und möglicherweise instabilen Torpedo verursacht würden.

Diese letzte Möglichkeit würde wohl niemand ernst nehmen. Natürlich nicht, dachte Bond, als er mit wachsendem Unglauben feststellte, dass die US Navy die Karibik sowohl zu Wasser als auch aus der Luft mit U-Boot-Jägern abgesucht hatte. Seit dem Bombenanschlag auf das World Trade Center im Jahr 1993 hatten die amerikanischen Streitkräfte eine fast ungewöhnlich schnelle Reaktion entwickelt, wenn es um mögliche terroristische Aktivitäten ging.

Nachdem der Vorfall mit der *Caribbean Prince* neun Tage lang Aufsehen erregt hatte, schien sich die Angelegenheit bald zu einem weiteren dieser seltsamen Rätsel zu entwickeln, wie die Ereignisse im Bermudadreieck oder das Geheimnis der *Marie Celeste*. Es war nur noch eine unangenehme, frustrierende Erinnerung für Bond und Flicka, als er am Morgen des 8. April zu einem plötzlichen und unerwarteten Treffen mit MicroGlobe One einberufen wurde, seinen Herren und Meistern.

Der Anruf kam gegen Mittag und er wurde gewarnt, dass das Meeting wahrscheinlich länger dauern würde. Es war ein Freitag und diese Nachricht trug nicht dazu bei, seine Laune zu verbessern, denn er hatte ein langes Wochenende mit Fredericka in Cambridge geplant, einem ihrer Lieblingsorte. Als er sich auf den Weg zum Innenministerium machte, wo das Treffen stattfinden sollte, überlegte Bond, dass Flicka zum Glück ein Profi war und verstand, wie diese Dinge funktionierten. Viele seiner ehemaligen Freundinnen und Liebhaberinnen waren von plötzlichen dienstlichen Verpflichtungen abgeschreckt worden.

Er machte keinen Hehl aus seiner Abneigung gegen Ausschüsse. Seine ganze Ausbildung und Erfahrung sagten ihm, dass Ausschüsse viel Zeit vergeudeten. Außerdem waren sie berüchtigt dafür, dass geheime Informationen nach außen sickerten.

Der kleine Besprechungsraum im Innenministerium hatte die Atmosphäre eines privaten Clubs: ein langer Tisch, der Duft von Bienenwachs, bequeme Sessel und alte, fast kitschige Gemälde mit Szenen aus dem englischen Landleben, dazu die obligatorische Darstellung Ihrer Majestät am hinteren Ende.

Sein erster Eindruck war, dass dieses außergewöhnliche Treffen auf Drängen des Vertreters der Polizei einberufen worden war – ein kleiner, glatzköpfiger Commissioner namens Claude Wimsey, was seine Freunde und Kollegen zum Anlass nahmen, ihn wie den alten Romandetektiv Lord Peter zu nennen. Heute jedoch spürte er, dass unter der Oberfläche im Besprechungsraum noch etwas anderes brodelte: ein Gefühl der Besorgnis und der unterschwelligen Dringlichkeit, das sich in der Atmosphäre im Raum und den verstohlenen Blicken, die zwischen den Ausschussmitgliedern hin und her gingen, deutlich bemerkbar machte.

Der Staatssekretär rief die Versammlung zur Ordnung und forderte Wimsey auf, die Lage zu erklären, was dieser klar und knapp tat, wie er es sicher von seinen Aussagen vor dem Polizeigericht gewohnt war.

»Sir Maxwell Tarn«, begann er, als würde allein der Name schon Aufmerksamkeit erregen. »Wie die meisten von Ihnen wissen, gehen wir seit einiger Zeit Informationen aus dem

Geschäftsimperium Tarns nach. Tarn und seine Frau stehen unter ständiger Beobachtung und wir haben jetzt Grund zu der Annahme, dass er hinter einer Reihe von Scheinfirmen auf der ganzen Welt steht, die mit illegalen Waffen handeln.«

»Davon höre ich zum ersten Mal«, knurrte Bond kaum hörbar.

»Wir gehen immer noch nach dem Prinzip vor, nur relevante Informationen zu teilen.« Der Staatssekretär warf ihm einen kalten Blick zu.

»Ich habe ihnen letzte Woche gesagt, dass man Sie früher hätte einweihen sollen«, sagte M, der wie aus einem tiefen Schlaf erwacht zu sein schien.

»Bitte.« Der Staatssekretär lief vor Verärgerung rot an. »Sie wissen so gut wie ich, dass Captain Bond alle Hände voll zu tun hat, seit er die Null-Null-Abteilung übernommen hat. Er wurde aus Rücksicht auf seine Arbeitsbelastung nicht in die ursprünglichen Besprechungen einbezogen.«

»Zumindest sollte Wimsey ihm sagen, wer den Stein ins Rollen gebracht hat. Wir wollen den Mann nicht im Dunkeln lassen.«

Der Staatssekretär seufzte und Wimsey blätterte in seinen Papieren.

Es war die ruhige, unaufgeregte Stimme der sehr sachlichen Leiterin des MI5, die das angespannte Schweigen beendete. »Ich denke, Captain Bond, der Chief des Secret Intelligence Service möchte, dass Sie wissen, dass *sein* Dienst für die Informationen aus Max Tarns riesiger und etwas verworrener Organisation verantwortlich ist.« Sie sprach leise und senkte sogar leicht ihre Stimme.

»Nicht nur mein Dienst«, brummte M. »Die Informationen habe ich von einem persönlichen Freund erhalten. Nun, vom Sohn eines persönlichen Freundes.«

»Peter Dolmech«, ergänzte Wimsey.

»Ganz recht. Ich kenne den Vater seit Jahren. Ein alter Schiffskamerad. Dolly Dolmech. Guter Offizier, gute Familie. Der Sohn hatte allerdings keine Lust, in die Fußstapfen seines Vaters zu treten. Das kann man ihm nicht verdenken. Er wurde ein sehr guter Buchhalter. Hat sein Studium der Wirtschaftswissenschaften mit Auszeichnung abgeschlossen. Ihm war eine politische Karriere vorbestimmt, aber Tarn hat ihn umgestimmt.«

»Ein Superbuchhalter«, sagte Wimsey trocken und blickte auf seine Notizen. »Ein Buchhalter der Superlative, der vor etwa einem Jahr von einer der renommiertesten Firmen Londons in Tarns Dienste abgeworben wurde. Er hat anscheinend im letzten Monat ein geheimes Treffen mit Admiral … mit M … arrangiert.«

Bond, der nun hellwach war, bat um weitere Details.

Nun war es Wimsey, der verlegen wirkte. »Nun, wenn es sein muss. Wir alle haben die Sache als selbstverständlich angesehen.«

»*Ich* tue nie etwas als selbstverständlich ab«, knurrte M. »Tatsache ist, James, die Sache war so vertraulich, dass ich mich persönlich darum gekümmert habe. Peter hat mich unter meiner Privatnummer kontaktiert und ich habe ein Treffen arrangiert. Alles sehr diskret und geheim, denn der Mann hatte Todesangst. Ich musste ihn in einem furchtbaren Teehaus ausgerechnet in Croydon treffen.«

»Und was hat er Ihnen erzählt?«

»Ich habe es an Wimsey weitergeleitet. Es scheint alles stichhaltig zu sein und ich vertraue Dolmech. Der Mann hat ein Gewissen, und was er entdeckt hat, hat ihn erschüttert. Nach dem Gesetz ist das eine Polizeiangelegenheit, wenn sie Beweise zusammentragen können …«

»Und die perfekte Gelegenheit, die Null-Null-Abteilung zum ersten Mal einzusetzen«, fügte die Leiterin des MI5 hinzu.

»Genau aus diesem Grund haben wir dieses Treffen einberufen.« Der Staatssekretär konnte seine Verärgerung nicht verbergen. »Ich denke, der Commissioner kann jetzt wahrscheinlich fortfahren und die fehlenden Informationen nachreichen.«

Es entstand eine Pause, in der Wimsey sich in der Runde umsah. Er räusperte sich und setzte erneut an: »Die Quelle behauptet, dass Tarn mindestens vier Firmen benutzt, um Geld zu waschen, das für den illegalen Kauf von Waffen verwendet wird. Diese werden an Kunden weitergegeben, die ihm eine Marge von hundert Prozent zahlen. Er sagt, es gebe eindeutige Beweise dafür, dass eins der Containerschiffe von Tarn Shipping Ltd. mehrmals Waffen und Munition transportiert hat, während eins seiner Schiffe von Tarn Cruise Lines, Inc. im vergangenen Jahr benutzt wurde, um eine Sonderlieferung aus Odessa abzuholen – auf der Passagierliste standen, wie er sagt, lauter Leute, die bei Tarn angestellt sind. Auch Tarn Freight Ltd. hat zweifelhafte Waren auf dem Landweg transportiert. Das gesamte Netzwerk lebt vom Schmuggel und Verkauf von Waffen. Daher kommt das wirklich große Geld – und aus ein paar anderen fragwürdigen Quellen: zwielichtiger Kunsthandel und dergleichen. Das Tarn-Imperium scheint seit jeher auf Waffengeschäften aufgebaut zu sein.«

»Und wo kauft er die Waffen?«, unterbrach Bond.

»Überall, wo er sie bekommen kann. Früher hat er viel Zeit damit verbracht, Embargos zu umgehen, indem er Endverbraucherzertifikate gefälscht hat, und er hat von jedem gekauft, der verkaufen wollte – sogar von britischen und amerikanischen Unternehmen. Jetzt ist das Feld natürlich weit offen. Unter der Hand aus den alten Ostblockländern, aus Russland, über Zwischenhändler in der Schweiz und in Luxemburg und natürlich aus all den alten Quellen. Es ist ein großes Geschäft, und je größer seine Aufträge sind, desto unwahrscheinlicher ist es, dass Fragen gestellt werden. Er hat Konten auf den Cayman-Inseln, den Bermudas und wer weiß wo sonst noch. Unsere Quelle sagt, dass es ohne ihre Hilfe Monate dauern würde, die verschiedenen riesigen Geldbeträge aufzuspüren. Wie M sagt, hat Dolmech einen gehörigen Schrecken bekommen, als er über das ganze Ausmaß von Tarns Operation gestolpert ist …«

»Das da wäre?«

»Es handelt sich nicht nur um die üblichen paar Kisten mit Kleinkalibern und Munition, Plastiksprengstoff, halb automatischen Waffen und dergleichen. Tarn hat offenbar größere Pläne. Flugzeuge, Panzer, Raketen, Spitzenausrüstung.« Er schien seine Kollegen um den Tisch herum anzustarren, als wollte er sie herausfordern, seine Aussage zu bestreiten. Als er weitersprach, waren seine Sätze abgehackt, als wollte er nur ein kurzes Resümee ziehen. »Es wird kein Spaziergang sein,

Sir Max festzunageln. Der Mann denkt wahrscheinlich, er sei unantastbar. Immerhin ist er einer der wohlhabendsten Männer der Welt. Tarn International ist, wie wir alle wissen, eine Dachgesellschaft für eine große Anzahl von Tochterunternehmen, die überall verstreut sind. Dolmech will nur ungern Dokumente aus dem Hauptbüro schmuggeln, weil er zu viel Angst hat. Wir müssten ihn also ebenfalls festnehmen und uns von ihm durch die Unterlagen führen lassen.«

»Was schlagen Sie also vor?« Bond ahnte bereits, warum er zu dieser Sache hinzugezogen worden war.

»Wir haben mehrere Optionen.« Wimsey sah ihm nicht in die Augen. »Wir haben Tarn und seine Frau in den letzten zehn Tagen observiert und ich habe Durchsuchungs- und Beschlagnahmungsbeschlüsse für Dokumente in den Büros von Tarn International. Außerdem haben wir die Befugnis, Tarn, seine Frau und unseren Mann festzunehmen, was der einfachste Weg zu sein scheint. Vorläufig planen wir, das gleich am Montagmorgen zu tun. Aber … dann wird er seine Rechtsabteilung auf uns hetzen und die Medien werden sich die Hände reiben. Verhaftungen, Beschlagnahmungen und all diese Dinge könnten jeden Fall, den wir vorbringen könnten, zunichtemachen, denn ich habe keinen Zweifel daran, dass die Organisation von Tarn eine Art Selbstzerstörungsstrategie hat für den Fall, dass die Behörden einschreiten.«

»*Sie* haben also einen anderen Plan, Sir?«

»Ja, es gibt einen anderen Weg. Das Problem ist nur, dass wir einige Zeit brauchen, um ihn umzusetzen, und eine Verzögerung könnte die Wahrscheinlichkeit eines tatsächlichen Erfolgs zunichtemachen.«

»Sie denken doch nicht etwa daran, ihn aus der Reserve zu locken, indem Sie einen meiner Leute einschleusen?«

»Das ist *eine* Überlegung.« Wimsey ließ die Worte in der Luft hängen.

»Und genau dabei sollte es auch bleiben. Bei einer Überlegung.« Bond versuchte nicht einmal, seine Wut zu verbergen. »Haben Sie eine Vorstellung davon, wie lange es dauern würde, jemanden einzuschleusen? Wochen, Monate. Das wäre wieder wie in den Zeiten des Kalten Krieges: wie jemanden in den Ostblock zu schleusen. Ich habe schon erlebt, dass es Jahre dauert, bis man Vertrauen aufgebaut hat und das Ziel anbeißt. Wenn Tarn so gut ist, wie Sie sagen, hat er die Ressourcen eines kleinen Landes. Das könnte verdammt lange dauern.«

»Wie wäre es mit einem falschen Überläufer?« M musterte seinen ehemaligen Agenten ausdruckslos.

»Sie schlagen vor, dass einer meiner Leute Sir Max anruft und alles auf den Tisch legt? Dass er zu ihm sagt: ›Hören Sie, alter Knabe. *Ich* weiß, dass Sie ein anständiger Mensch sind, aber ich weiß auch, dass die Behörden vorhaben, Sie hochzunehmen und Ihre Akten zu durchwühlen wie die Trüffelschweine, wenn Sie wissen, was ich meine.‹«

»Ja, so was in der Art.« M sah ihm immer noch in die Augen.

»Wen würden Sie vorschlagen?«

M stieß einen langen Seufzer aus. Er nahm einen gewaltigen Atemzug und stieß ihn wieder aus. Er klang wie eine alte Dampflok, wenn auch nicht so harmlos. »Muss ich es Ihnen erst buchstabieren, Captain Bond?« Das »James« war verschwunden, ein sicheres Zeichen dafür, dass sein alter

Chef gereizt war. »Vor Kurzem gab es einen Vorfall auf einem von Tarns Kreuzfahrtschiffen, der *Caribbean Prince*, einem der drei Schiffe, die er unter Tarn Cruise Lines, Inc. betreibt. Auf der Passagierliste dieses Luxusschiffs standen ein Mr James Busby und seine Frau. Mr Busby hatte einen britischen Reisepass bei sich, der ihn als Beamten des Ministeriums für Inneres und Äußeres auswies. Können Sie mir folgen, Captain Bond? JB, James Busby. JB, James Bond.«

»Ah, der erwähnte Mr Busby geht also zu Sir Max Tarn und sagt, er wisse ein oder zwei Dinge über den Vorfall mit der *Caribbean Prince* und werde alles ausplaudern ...«

»Nicht ganz«, blaffte Wimsey. »Die Idee ist, dass Mr James Busby einige vertrauliche Dokumente gesehen hat, die er bereit ist, mit Sir Max zu teilen.«

»Welche Art von vertraulichen Dokumenten?«

»Zunächst einmal sollten Sie wissen, dass Dolmech uns eine mündliche Liste einiger Käufe gegeben hat, die Tarn kürzlich getätigt hat, und zwar unter dem Deckmantel der Beschaffung von Artefakten für ein Militärmuseum, das er auf einer der Karibikinseln als besondere Attraktion für die Passagiere seiner Kreuzfahrtschiffe einrichten will. Ein Gegenstand macht uns dabei Sorgen. Letzten Herbst hat er ein U-Boot erworben.«

»Ein U-Boot?«

»Ein altes U-Boot zugegebenermaßen. Möglicherweise ein sehr frühes russisches U-Boot der Victor-II-Klasse.«

»Wir haben keine Ahnung, wo er das verdammte Ding versteckt.« Ms Tonfall war knapp und streng. »Aber wir sind ziemlich sicher, dass die *Caribbean Prince* entweder versehentlich oder absichtlich von einem kleinen, ebenso alten Torpedo aus diesem U-Boot getroffen wurde. Verdammt, Bond, Sie haben die Zeichen gesehen: all die vertraulichen Dinge, die zwischen den Amerikanern und uns ausgetauscht wurden.«

»Ich habe nichts gesehen, was darauf hindeutet, dass der gute alte Sir Max – wie ihn die britische Klatschpresse so gern nennt – ein eigenes U-Boot besitzt, das herumfährt und seine Kreuzfahrtschiffe abschießt.« Sir Maxwell Tarn wurde von der britischen Regenbogenpresse heiß geliebt – ein Selfmademan mit unklarem Hintergrund, ein Milliardär, der große Spenden für wohltätige Zwecke verteilte und den Kolumnisten guten Stoff lieferte. »Worauf wollen Sie wirklich hinaus, Sir?«

»Auf die Tatsache, dass Sie und Ihre Kollegin Fräulein von Grüsse bereits Vertrauen aufgebaut haben. Der gute alte Sir Max, wie Sie es ausdrücken, kennt den Namen von so ziemlich jedem Passagier, der auf seinen Schiffen reist. Er ist ein Mann, der auf solche Details achtet. Das wissen wir von Peter Dolmech. Max Tarn hält Ausschau nach Leuten, die ihm von Nutzen sein können, und ich könnte mir gut vorstellen, dass James Busby, ein Beamter mit Verbindungen zum Innen- und Außenministerium, ihm aufgefallen ist. Jemand mit einer solchen Stellenbeschreibung kann eigentlich nur in einer Branche tätig sein – im Geheimdienst. In vielerlei Hinsicht bin ich überrascht, dass Sie nicht schon von Tarn gehört haben. Immerhin haben Sie die Situation gerettet, indem Sie den versuchten Überfall vereitelt haben. Sie sind wie geschaffen für diese Mission und ich gehe davon aus, dass Sie planen, dieses Wochenende im University Arms in Cambridge zu verbringen, nicht wahr?«

»Wie zum …?«, setzte Bond an.

»Spielen Sie nicht den Dummen, Bond. Der MI5 hat alle Buchungen in diesem Hotel für das gesamte Wochenende überprüft, als er entdeckt hat, dass Sir Max und Lady Tarn dort übernachten würden. Der gute alte Sir Max hält morgen Abend eine Rede vor einem Kongress von Wirtschaftswissenschaftlern. Er hat das Zimmer bis Montagmorgen reserviert. Mr und Mrs James Busby sind ebenfalls bis Montagmorgen im Hotel eingebucht. Ich hoffe sehr, dass Sie vorhaben, am Montag in aller Herrgottsfrühe abzureisen, damit Sie um neun in Ihren jeweiligen Büros sein können.«

»Das war der Plan«, sagte Bond mit leiser Stimme. »Aber was stellen Sie sich vor, wie diese Scharade laufen soll?«

»Ich bin sicher, Ihnen fällt schon etwas ein. Finden Sie die richtigen Worte. Setzen Sie den Hebel an, wie wir früher zu sagen pflegten. Wir müssen den Kerl aus der Reserve locken, damit die Klatschpresse verkünden kann, dass der gute alte Sir Max und die gute alte Lady Trish verschwunden sind. Die Idee, mein Junge, ist, dass sie sich in irgendeinem sicheren Anwesen verschanzen, damit wir den Damen und Herren von der Presse und vom Fernsehen einen anderen Grund vorschieben können, warum die Jungs und Mädels des Commissioners in das grässliche Gebäude von Tarn International am Ende der Fleet Street spazieren. Wie Sherlock Holmes werden sie nach Hinweisen suchen.«

»Und ich soll ihm sagen, dass Sie ihm auf der Spur sind?«

»Sie kennen das Prozedere. Machen Sie sich keine Sorgen, Sie werden nicht allein sein. Die Jungs und Mädels vom Security Service werden Sie unterstützen – ungehört und ungesehen, aber sie werden Sie trotzdem unterstützen, nicht wahr, Ma'am?« Er schenkte der Direktorin des MI5 ein fast schon strahlendes Lächeln.

»Unsichtbare Mauer.« Die Direktorin erwiderte sein Lächeln düster.

»Gut. Damit wäre das geklärt.«

»Ist das ein Befehl, Sir, oder spielen wir nur mit einer Idee?«

»Nun ...« Der Staatssekretär zog das Wort in die Länge und ließ Bond keinen Zweifel daran, dass alles schon beschlossene Sache gewesen war, bevor er zu dem Treffen gerufen worden war. »Nun«, wiederholte er, »wir sind der Ansicht, dass diese Vorgehensweise die beste ist.«

»Ihre Aufgabe ist es, ihn aus der Reserve zu locken. Ihn zum Untertauchen zu bringen.« Wimseys Körpersprache verriet große Nervosität. »Geben Sie ihm zu verstehen, dass die Dinge nicht so sicher sind, wie er vielleicht denkt. Danach können wir ihn überallhin verfolgen – und ich glaube nicht, dass es London sein wird. Wir schlagen vor, dass Sie ihm die Nachricht irgendwann am späten Sonntagnachmittag überbringen. Wir werden in der Zwischenzeit so ziemlich jedes Telefon in Reichweite abhören lassen – auch das in seinem Rolls.«

»Und Sie sind überzeugt, dass das sicherer ist, als alle gleich am Montagmorgen zu verhaften?«

»Unendlich viel sicherer.« Der Staatssekretär blickte auf seine Uhr. »Wir haben ein dünnes, unvollständiges Dossier über Tarn, das Sie sich ansehen sollten.« Er schob eine braune Aktenmappe über den Tisch. »Sie machen sich am besten auf den Weg, Captain Bond, sonst schaffen Sie es nicht, rechtzeitig zum Abendessen in Cambridge zu sein.«

»Vielen Dank, Staatssekretär. Es wäre furchtbar, das Abendessen zu verpassen.« Er erhob sich.

»Sie wissen schon, dass Sie so ziemlich die einzige Person sind, der wir das hier zutrauen?«, fragte Wimsey.

»Oh ja. Als ehemalige Passagiere auf seinem Kreuzfahrtschiff, das mit einem Torpedo in die Luft gejagt wurde, genießen wir sicher sein volles Vertrauen. Ich hoffe nur, dass wir nicht alle ein wenig naiv an diese Sache herangehen.«

»Oh, ich denke, wir sind auf der richtigen Spur, Bond. Wir bleiben in Kontakt. Auf die übliche Art, versteht sich.«

»Natürlich.« Innerlich kochend verließ Bond den Raum. Flicka würde nicht so überzeugt sein wie die anderen Mitglieder von MicroGlobe One. Die Worte »hoffnungsloses Unterfangen« verfolgten ihn, als er ein Taxi rief.

4

Fürst der Finsternis

»Sie wollen, dass wir *was* tun?« Flicka war gerade dabei, halbherzig einen Wochenendkoffer zu packen, als er in die Wohnung in Chelsea zurückkehrte. »Ich hätte nicht gedacht, dass du rechtzeitig zurück bist, um nach Cambridge zu fahren. Und jetzt sagst du mir, dass wir diesen verdammten Finanzheini auffliegen lassen sollen.«

»Er ist bisschen mehr als nur ein verdammter Finanzheini, meine Liebe.« Er hatte ihr nur eine kurze Zusammenfassung der Ereignisse gegeben.

Fredericka hatte die äußerst ablenkende Angewohnheit, im Haus nur in der spärlichsten Bekleidung herumzulaufen.

»Warum vergisst du das mit dem Anziehen nicht für eine Weile, Liebes?« Er schenkte ihr dieses Lächeln, von dem manche Leute fanden, es hätte etwas Grausames an sich. »Lass uns eine kleine Auszeit nehmen.«

Seit dem ersten Mal, als sie sich nur wenige Stunden nach ihrem ersten Treffen in einem Schweizer Hotel in den Armen gelegen hatten, empfand Bond dieses flüchtige, plötzliche und unlogische Gefühl sowohl in seinem Herzen als auch in seinem Kopf, das entweder tiefe Lust oder etwas Dauerhafteres signalisierte.

Da sie gemeinsam Gefahren durchgestanden hatten und zusammenlebten, war ihm klar geworden, dass es etwas anderes als Lust war. Mit dem Auftauchen von Flicka von Grüsse hatten sich die Dinge verändert. Was als angenehme, etwas gewagte Affäre begonnen hatte, war in der Zeit, die sie unter Umständen verbracht hatten, in denen sie leicht hätten sterben können, zu etwas Reiferem geworden. In dieser Zeit waren sie sich nähergekommen und er hatte bald gemerkt, dass sie in vielerlei Hinsicht zusammenpassten. Beide verabscheuten Untätigkeit und Papierkram, Flicka war schlagfertig und hatte einen ausgeprägten Sinn für Humor sowie einen Körper, der zum Sterben war: fit, gesund und bestens vorbereitet auf die härtesten Einsätze oder die sanftesten Freuden des Ehebetts. Sie wurde auch sehr schnell eifersüchtig auf jede andere Frau, die sich in Bonds Leben schlich, aber ihre geteilte Faszination für den Lebensstil in der geheimen Welt der Spionage verdrängte bald andere mögliche Tändeleien aus seinem Kopf.

Jetzt, mehr als ein Jahr nach ihrer ersten Begegnung, teilten sie ihr Leben und lernten die Vergangenheit, Vorlieben, Abneigungen und Gewohnheiten des jeweils anderen kennen. Das Leben mit Flicka gab Bond allmählich etwas, das er bei keiner anderen Frau je erlebt hatte. Seine Leidenschaft für Jazz teilte Flicka nicht, ihr Geschmack waren eher die romantischeren klassischen Komponisten. Aber so sammelten sie beide neue Erfahrungen. Sie lernte die vielfältigen Nuancen des Jazz zu schätzen, während er sich für Musik erwärmte, die er immer als hochtrabend betrachtet hatte.

Er war nie ein großer Theater- oder Kinobesucher gewesen. Sie begeisterte sich für beide Kunstformen und während der Schulungen vor der Gründung der neuen Null-Null-Abteilung saßen sie an vielen Abenden zusammen und sahen sich klassische Filme auf Video an. Daraus entwickelte sich ein Spiel, das sie oft beim Abendessen spielten: Sie stellten sich gegenseitig Fragen zu bekannten und unbekannten Filmen oder zitierten Sätze und beschrieben Szenen, die den Filmen zugeordnet werden mussten, aus denen sie stammten.

Kleine Denkübungen wie diese brachten subtile Veränderungen mit sich, eine Erweiterung ihrer persönlichen Horizonte. Schon bald wurde deutlich, dass sie langsam voneinander abhängig wurden.

Jetzt lagen sie erschöpft und nackt in der Dunkelheit auf dem großen Doppelbett.

»Müssen wir heute Abend wirklich noch nach Cambridge fahren, Liebster?«, fragte sie und fuhr mit den Fingerspitzen ihrer rechten Hand Bonds linken Oberschenkel entlang. »Alles, was ich will, ist etwas essen und in deinen Armen einschlafen.«

Nach einem langen Schweigen sagte er, dass er nichts lieber täte. »Leider, meine liebste Fredericka, sind wir wie Mönche … nun, ich bin ein Mönch, du bist eher eine Nonne.«

»Dann tragen wir eine schwere Todsünde mit uns herum, Bruder Bond.«

»Ja, Schwester Flicka. Eine sehr schwere.«

Er rief im University Arms Hotel an und sagte, dass sie sich verspäten würden. Sie packten die Wochenendkoffer, gingen aus und aßen in einem nahe gelegenen italienischen Restaurant.

»Ich werde in Cambridge einen langen Spaziergang machen müssen«, sagte sie und tätschelte sich den Bauch. »Diese ganze Pasta …«

»Ganz zu schweigen von dem Kalbfleisch *und* den Erdbeeren mit Sahne.« Er warf ihr einen spielerisch tadelnden Blick zu, den sie mit einem süffisanten Grinsen erwiderte.

Als sie gerade ihren Kaffee ausgetrunken hatten, fragte sie: »Warum, James? Warum konnten sie sich nicht einfach an ihren ersten Plan halten – die Tarns am Montagmorgen festnehmen, die Büros von Tarn International durchsuchen und es so aussehen lassen, als wäre dieser Buchhalter – wie hieß er noch gleich?«

»Dolmech. Peter Dolmech …«

»Und es so aussehen lassen, als wäre Dolmech ebenfalls verhaftet worden, und dann von da aus weitermachen. Warum konnten sie nicht das tun? Das war doch der ursprüngliche Plan, hast du gesagt.«

»Ich bezweifle, dass das wirklich der ursprüngliche Plan war. Möglicherweise war es eine letzte Option – die nur im Notfall angewandt werden sollte. Ich glaube, das ist eine Frage von Politik und Geld. Ich habe den Eindruck, dass sie Dolmech nicht ganz trauen, seinen Teil der Abmachung auch tatsächlich einzuhalten. Er hat zwar versprochen zu liefern, aber dafür haben sie nur Ms Wort. Dolmech ist Ms Mann. Es gibt viele interne Eifersüchteleien und persönliche Rivalitäten innerhalb von MicroGlobe One. Meiner Meinung nach trauen die Mitglieder des Komitees sich nicht mal untereinander. Das ist das Problem bei so einer Organisation: Sie ist immer gespalten. Außerdem glaube ich nicht, dass der Staatssekretär wirklich sein eigener Herr ist. Du erinnerst dich doch an den alten Knittelvers:

Große Flöhe haben kleine Flöhe,
werden getrieben von ihrem Reiter.
Kleine Flöhe haben winzige Flöhe,
Und so weiter und so weiter.

Ich glaube, genau so werden *wir* auch geführt. Wir haben es mit dem mittleren Management zu tun, MicroGlobe One, und *die* wollen nichts riskieren – schon gar nicht, wenn es um jemanden geht, der so reich und mächtig ist wie Tarn. Dolmech hat bereits gesagt, dass sie ohne ihn aus den Dokumenten nicht schlau werden. Wenn man also alle festnimmt und kistenweise Akten und Computerbänder von Tarn International wegkarrt, was hat man dann?«

»Was?«

»Eine ganze Herde gerissener Anwälte. Eine Organisation, die in der Lage ist, Spuren zu beseitigen, die weit über die Büros von Tarn International hinausgehen. Unsere Herren und Meister haben eine Heidenangst davor, dass Tarn innerhalb weniger Stunden auf Kaution freikommt und Dolmech einfach nicht in der Lage ist, sein Versprechen einzuhalten. Mit anderen Worten: Der ganze Fall würde sich in Luft auflösen und eine Menge Leute würden ganz schön dumm dastehen.«

Flicka schnaubte, dann fragte sie: »Und die glauben wirklich, dass wir ihm eine solche Angst einjagen können, dass er untertaucht?«

»Ja, und wahrscheinlich können wir das sogar. Das wahre Problem ist, ob sie seine Spur verfolgen und verhindern können, dass er Beweise vernichtet. Wenn Tarn der Mann ist, für den ich ihn halte, ist er wahrscheinlich zu raffiniert, um irgendwelche Hinweise oder Spuren zu hinterlassen. In Cambridge wird es zweifellos von Sicherheitsleuten wimmeln – Beobachtern, Lieferwagen und Autos mit den neuesten Geräten und technischen Spielereien, die darauf aus sind, Tarn überallhin zu verfolgen. Ob sie das in der realen Welt auch wirklich schaffen, ist fraglich. Was sie wollen, sind die Schlagzeilen am Montag, die berichten, dass Sir Max und Lady Tarn verschwunden sind. Dass man falsches Spiel vermutet. Verdächtige Umstände. Genug Druck, damit die Polizei – mit einigen unserer Leute im Schlepptau – reingehen und herumstöbern kann, ohne dass eine große Rotte von Juristen ihnen sagt, dass sie dies oder jenes nicht dürfen. Jeder wird gezwungen sein zu kooperieren, wenn er nicht verdammt schuldig aussehen will. Die Polizei leistet damit nur einen öffentlichen Dienst. Sie sucht nur nach Hinweisen und versucht herauszufinden, ob die Tarns entführt wurden oder ob im Herzen seiner Organisation etwas noch Schlimmeres lauert.«

»Ich schätze, das könnte funktionieren.«

»Sie verlassen sich darauf, Fredericka, und ich muss zugeben, dass es wahrscheinlich sicherer ist, als blind reinzugehen und die Juristen von Tarn Zeter und Mordio schreien zu lassen, während andere Leute die Beweise entsorgen. Heutzutage kann man Unterlagen innerhalb weniger Stunden vernichten. Es kann sogar sein, dass die echten Unterlagen gar nicht mehr da sind. Unser lieber Commissioner meinte, dass Tarn sich einbildet, unantastbar zu sein, und in gewisser Weise ist er das wahrscheinlich auch.«

»Wie treiben wir ihn in sein Lieblingsversteck?«

»Indem wir das tun, was wir als Team am besten können. Ich schätze, wir haben bis Sonntagnachmittag Zeit. Vielleicht sollten wir eine Nachricht im University Arms hinterlassen. Eine kryptische Nachricht, die er nicht ignorieren kann. Ich denke, so müssen wir es machen.«

»Hm«, überlegte Flicka. »Wir treffen uns um Mitternacht unter der verfluchten Eiche. Ich habe Informationen, die Ihr Leben retten werden.« Sie ahmte das Gackern einer Hexe nach.

»Nicht ganz so dramatisch. Ich würde es ihm lieber ins Gesicht sagen. Schließlich sind unsere Herren und Meister der Ansicht, dass er meinen Namen bereits in seiner Akte hat – von der *Caribbean Prince*. Sie haben mir gesagt, dass er keine Gelegenheit auslässt, wenn er glaubt, daraus Profit schlagen zu können.«

»So allmächtig kann er nicht sein. Du hast dein Bestes getan, um sein verdammtes Schiff zu retten – du hast versucht, das Leben eines Offiziers zu retten. Mein Gott, James, du glaubst doch nicht ernsthaft, dass er unbegrenzte Macht hat?«

Bond schüttelte den Kopf. »Nein, ich glaube, das ist einfach nur Paranoia von MicroGlobe One, aber wir sollten trotzdem vorbereitet sein.« Er warf einen Blick auf seine Uhr. »Es wird Zeit, dass wir aufbrechen. Wenigstens sollte der schlimmste Verkehr aus London raus inzwischen durch sein.«

Wie sich herausstellte, schien der Großteil der Londoner beschlossen zu haben, die Stadt erst später zu verlassen. Flicka fuhr, fluchte und kommentierte die Fahrt mit freizügigen Beschimpfungen aller anderen Autofahrer.

Bond lehnte sich auf dem Beifahrersitz zurück, schaltete die Kartenleselampe ein und schlug das schmale Dossier über Tarn auf. Am Anfang fand sich eine Reihe von Fotos. Die vertrauten durchtrainierten, scharfen, aber sympathischen Gesichtszüge starrten ihn an, die Augen – selbst eingefroren auf dem Foto – schienen in ihrer gewohnt liebenswürdigen Art unter dem ordentlich getrimmten stahlgrauen Haar zu funkeln. Max Tarns Freundlichkeit und Zugänglichkeit waren Eigenschaften, die von der Presse oft kommentiert wurden. Doch es gab auch andere Geschichten, die auf eine dunklere, unheilvollere Seite hindeuteten.

Nach etwa drei Seiten fand er das vertraute Warnzeichen, das darauf hinwies, dass der Rest der Akte – etwa dreißig Seiten – vertraulich war.

Sie begann mit einer langen Notiz über Tarns Abstammung:

Geboren um 1939 – möglicherweise am 20. Juni –, wahrscheinlich als Spross der alten preußischen Familie Tarn, deren Ländereien zehn Kilometer von Wasserburg am Inn – etwa siebzig Kilometer von der österreichischen Grenze entfernt – letztendlich von den Nazis beschlagnahmt wurden (siehe Anmerkung C).

Seine Mutter, Ilse Tarn, hatte ihn angeblich kurz nach seiner Geburt aus Deutschland weggebracht. Er wurde jedenfalls 1940 in London als Einwanderer registriert. Die Dokumente waren vorhanden, ebenso wie die Einbürgerungspapiere, die auf den 20. April 1940 datiert waren, aber auf diesen wurden die Tarns – Mutter und Sohn – als österreichische Juden beschrieben und als Flüchtlinge eingestuft. Außerdem wurde vermerkt, dass es ihnen »nicht an Geldmitteln« mangele.

Die Tarns ließen sich in einem kleinen Marktstädtchen in Surrey nieder. Max besuchte das örtliche Gymnasium und erhielt ein Stipendium für Oxford, wo er Politik, Philosophie und Wirtschaft studierte.

Dem Abschnitt über Tarns Hintergrund war eine kurze Studie des Security Service beigefügt, der 1968 eine detaillierte Überprüfung durchgeführt hatte, als die Monopolkommission über die Übernahme eines der größten Gütertransportunternehmen Englands durch Tarn Freight Ltd. entscheiden sollte.

Die Untersuchung brachte einige merkwürdige Geschichten ans Licht, konnte aber keine handfesten Beweise erbringen. Der damalige Generaldirektor des Security Service hatte angemerkt, dass diese Geschichten angesichts der Umstände, unter denen die Tarns nach Großbritannien gekommen waren, mit ziemlicher Sicherheit der Wahrheit entsprachen, jede Veröffentlichung in der Presse oder an anderer Stelle aber aller Wahrscheinlichkeit nach rechtliche Schritte nach sich ziehen würde. Max Tarn und seine Mutter – wurde behauptet – hatten alle notwendigen Unterlagen, um zu beweisen, dass sie jüdischer Herkunft waren und aus Linz, Österreich, stammten.

Der Bericht der beiden Agenten, die nach Wasserburg gereist waren (Anmerkung C in der Akte), war von besonderem Interesse. Die Linie der alten und stolzen Militärfamilie mit ihren riesigen Ländereien in der Nähe der einzigartigen Stadt Wasserburg schien ausgestorben zu sein, während das alte

Anwesen der Tarns – Tarnenwerder – tatsächlich immer noch da war, eine bröckelnde gotische Ruine, um die sich Geschichten von Geistern und blutigen Taten rankten. Die örtlichen Behörden hatten versucht, das gesamte Anwesen zu räumen und für den Bau von dringend benötigtem Wohnraum zu erschließen, aber die alten Anwälte der Familie – Saal, Saal und Rollen, die immer noch ein Büro am Marienplatz in Wasserburg am Inn unterhielten – hatten sich mit allen Mitteln dagegen gewehrt und behauptet, dass jeder Versuch mit einer Klage beantwortet werden würde, da mindestens ein Mitglied der Familie noch am Leben sein könnte.

In Wasserburg gab es jedoch ältere Männer und Frauen, die für die Tarns gearbeitet hatten. Sie erzählten eine andere Geschichte – vor allem von den letzten Tagen der großen Familie. Der alte Graf von Tarn und die Gräfin, so sagten sie, waren im September 1939 von SS-Leuten aus dem Haus gezerrt worden, die daraufhin das Anwesen geplündert und die gesamte Familie mitgenommen hatten, die aus den beiden, ihrem Sohn Klaus und einer Tochter, Elsa, bestand. Es wurde allgemein angenommen, dass sie in einem der Vernichtungslager ermordet worden waren, obwohl einige sagten, sie wüssten mit Sicherheit, dass die letzten vier Tarns auf dem Anwesen erschossen und begraben worden seien. Das Haus wurde zu einem Erholungsheim für SS-Offiziere, doch nach Kriegsende wurde es dem Verfall überlassen.

Eine weitere interessante Geschichte tauchte in der Befragung von zwei alten Leuten auf, die während dieser schicksalhaften Zeit mit Sicherheit zum Haushalt von Tarn gehört hatten. Sie behaupteten – wollten aber keine vereidigte

Aussage machen –, dass die Haushälterin von Tarnenwerder in den späten 1930ern eine junge Österreicherin namens Ilse Katz, oder eigentlich Katzstein, war. Ilse, so erzählten sie den Ermittlungsbeamten, wurde von Klaus von Tarn schwanger und die Familie hielt dieses Geheimnis streng unter Verschluss. Unter den Bediensteten wurde erzählt, dass der alte Graf von Tarn versprochen hätte, sich um das Mädchen zu kümmern und für das Kind zu sorgen, wenn er im Gegenzug ein rechtsgültiges Dokument erhielte, das besagte, dass Ilses Nachkommen niemals versuchen würden, den Familiennamen für sich zu beanspruchen oder finanzielle Forderungen zu stellen. Ein solches Dokument war nie aufgetaucht.

Ilse Katz, so hieß es, hatte im Sommer 1939 einen Sohn zur Welt gebracht und war, ein paar Tage bevor die SS eintraf, um die Familie zu verhaften und Tarnenwerder und die dazugehörigen Ländereien zu konfiszieren, plötzlich verschwunden – zusammen mit einem riesigen Schatz an Von-Tarn-Schmuck im Wert von mehreren Millionen Reichsmark.

Die beiden ehemaligen Bediensteten schworen, dass die Geschichte wahr sei, obwohl andere Einheimische behaupteten, dass die beiden senil wurden. Sicher schien nur, dass das riesige Vermögen an Schmuck und anderen Wertgegenständen verschwunden war – obwohl viele sagten, dass hochrangige SS-Offiziere es geplündert hatten, um sich selbst zu bereichern.

Wenn es sich bei den angeblichen Tarns, die Anfang 1940 als jüdisch-österreichische Flüchtlinge in England ankamen, tatsächlich um die Haushälterin Ilse und ihren unehelichen Sohn gehandelt hatte, würde das den Reichtum erklären, den sie mitbrachten: den gleichen Reichtum, mit dem Max Tarn in den frühen 1960ern ins Frachtgeschäft eingestiegen war.

Der Rest, dachte Bond beim Lesen, war Geschichte: Max Tarn von Tarn Freight Ltd. hatte expandiert, investiert und die Aktien anderer Unternehmen aufgekauft, bis sein Frachtunternehmen das größte in Großbritannien war. Neben Tarn Freight hatte er vier große Magazine gegründet und im Zuge des Booms, den Hefte wie *Playboy* und *Penthouse* ausgelöst hatten, hatte er Mitte der Sechzigerjahre *Tarn Man* und *Tarn Girl* herausgebracht, gefolgt von *King of Hearts* und *King of Clubs*, Letzteres quasi ein Hausmagazin für seine berühmte Kette von Black-Shield-Clubs, die nicht nur in Großbritannien, sondern auch in den Vereinigten Staaten und schließlich nahezu weltweit Erfolg hatten.

Die Unmengen an Kapital, die diese Geschäfte einbrachten, finanzierten Tarn Shipping und später auch die relativ neue Tarn Cruise Lines, Inc.

Geld gebiert Geld und das Geschäftsimperium erstreckte seine Tentakel in fast jede lukrative Branche, vom Import- und Exportgeschäft über Club- und Zeitschriftenketten bis hin zu Luxushotels. Sein geschätztes persönliches Vermögen belief sich mittlerweile auf mehrere Milliarden und er besaß Immobilien in jeder größeren Stadt der Welt. Es ging sogar ein Gerücht über eine Privatinsel in der Karibik um – das jedoch nie bestätigt wurde.

Den Ritterschlag hatte er Mitte der Siebzigerjahre für seine Verdienste um wohltätige Organisationen erhalten. Max Tarn war ein wahrer Philanthrop, wie es schien, und schließlich konnte er die meisten dieser Ausgaben von der

Steuer absetzen. 1982, im Alter von dreiundvierzig Jahren, hatte er die sechsundzwanzigjährige Trish Nuzzi geheiratet, das wohl begehrteste Model ihrer Zeit. Manche sagten voraus, dass die Ehe nicht länger als ein Jahr halten würde, weil Max Tarn ständig auf der Suche nach größeren und lukrativeren Geschäften war, aber diese Unkenrufe sollten sich nicht bestätigen. Lady Trish blühte auf, und wohin Max Tarn auch reiste, ob geschäftlich oder zum Vergnügen, sie begleitete ihn. Dabei hatten beide Tarns stets eine kleine Entourage aus Friseuren, Sekretären und Leibwächtern dabei.

Die vielen weltweit verstreuten Tarn-Unternehmen stellten Firmenjets zur Verfügung und für die meisten Leute – von Wirtschaftsredakteuren bis hin zu den einfachen Bürgern – sah es so aus, als lebten und arbeiteten die Tarns wie eine neue Königsfamilie von Weltklasse.

Die letzten Seiten des Dossiers befassten sich mit den spärlichen Beweisen, die die jüngsten Ermittlungen ausgelöst hatten. Viel Rauch, aber noch kein wirkliches Feuer. Genug handfeste Beweise, um eine Untersuchung zu rechtfertigen – was Tarn alarmieren würde –, aber nicht wirklich genug, um eine Verhaftung zu veranlassen.

»Interessante Lektüre?« Flicka hatte weitestgehend geschwiegen, während er in dem Dokument geblättert hatte, und Bond knipste das Leselicht aus, blickte auf und sah, dass sie noch etwa zwanzig Minuten hatten, bevor sie Cambridge erreichten. Er legte das Dossier zurück in seine Aktentasche und seufzte. »Ich habe den Eindruck, als würden wir uns in ganz anderen Sphären bewegen, sobald wir in die Nähe von Sir Max und Lady Trish kommen.« Er streckte sich in seinem Sitz. »Ich bin wirklich überrascht, dass sie wie normale Menschen in einem Hotel übernachten. Wenn man das hier liest, könnte man meinen, dass ihm eins der Colleges als sein persönliches Zuhause gehören müsste.«

»Sie sind dafür bekannt, ihren Reichtum zur Schau zu stellen, James. Oder ist dir das noch nicht aufgefallen?«

»Ich kenne mich mit den Klatschspalten nicht aus.«

»Aber bei den Finanznachrichten kennst du dich schon aus, oder?«

»Ich sehe die Namen, ja. Aber mir war nicht klar, wie mächtig er wirklich ist. Eher ein Industriefeldmarschall als ein Industriekapitän. Der Mann ist wie ein Renaissancefürst, Fredericka.«

»Der Mann *ist* ein Renaissancefürst, mein Lieber. Bist du neidisch?«

»Ich würde nie einer sein wollen. Zu viele Höflinge, die nur darauf warten, einem in den Rücken zu fallen.«

»Aber Max Tarn ist eine andere Hausnummer. Er ist nicht nur ein Renaissancefürst, sondern ein Heiliger – Spenden für jede bekannte Wohltätigkeitsorganisation, dazu nach ihm benannte Krankenstationen, Bibliotheken, Kunstsammlungen. Der Mann ist ein regelrechter König. Deshalb habe ich mich gefragt, ob wir ihm überhaupt genug Angst einjagen können, damit er untertaucht. Solche Leute denken normalerweise, sie stünden über dem Gesetz.«

»Es gibt ein paar Dinge in seinem Hintergrund«, überlegte Bond. »Schmutzige Geschäfte in seiner Ahnenreihe. Das könnte ein nettes kleines Druckmittel sein.«

»Wirklich? Na los, James, erzähl mir von seinem zwielichtigen Hintergrund.«

»Es sieht so aus, als wäre er möglicherweise gar nicht Teil der alten und ehrwürdigen preußischen Familie, deren Namen er trägt.«

»Hat er das jemals behauptet?«

»Nicht ausdrücklich.«

»Gibt es handfeste Beweise?«

»Nein. Aber genug, um ihn aufhorchen zu lassen. Wenn man zwischen den Zeilen liest, könnte es gut sein, dass sein Geburtsrecht in seinem Namen gestohlen wurde, und es gibt keine Beweise dafür, dass er je zu dem Anwesen zurückgekehrt ist, das er geerbt hat – und das die Tarn-Milliarden im Übrigen dringend gebrauchen könnte. Das alte Anwesen ist eine Ruine und man sollte meinen, dass er mal vorbeischauen würde, um die Geister seiner Vergangenheit zu besuchen – wenn er denn wirklich glaubt, dass er vom alten deutschen Adel abstammt. Denn in dem Haus scheint es vor Geistern aus längst vergangenen Zeiten zu wimmeln.«

»Du willst also ein bisschen bei ihm herumspuken?«

»Es gibt nichts Besseres, als ein paar Schatten aufzustören, um die Lebenden zu ärgern.« Bond lächelte in sich hinein.

Es regnete leicht, als Flicka den Wagen durch die Einbahnstraßen von Cambridge in die Regent Street lenkte und vor dem University Arms Hotel hielt, das direkt an dem großen Park lag, der seit Generationen von Studenten als Parker's Piece bekannt war.

Es war kurz nach zehn und vor ihnen wurde gerade ein Rolls Royce ausgeladen, der von zwei schnittigen schwarzen Rovern flankiert wurde.

Einer der Gepäckträger bedeutete ihnen zurückzubleiben, während ein anderer herbeieilte. »Wenn Sie bitte einen Moment warten würden, Ma'am.« Er beugte sich vor, um mit Flicka durch ihr heruntergekurbeltes Fenster zu sprechen. »Wir sind gleich bei Ihnen. Checken Sie ein?«

Sie nickte, aber ihr Blick war auf die vier Personen gerichtet, die aus dem Rolls ausstiegen. Eine von ihnen war eine große, schlanke Frau, die eine Hand in ihrer schwarzen Haarmähne vergraben hatte. Sie warf den Kopf zurück, als sie über etwas lachte, das der Mann neben ihr sagte.

»Trish Nuzzi, das weltbekannte Model, wie sie leibt und mich vor Neid erblassen lässt«, murmelte sie.

»Und da ist unser Geist«, raunte Bond und betrachtete den ebenso schlanken, agil aussehenden Mann, der Lady Trish folgte. Er trug einen dunklen Mantel mit Samtkragen über den Schultern und einen breitkrempigen Hut, der schräg auf seinem berühmten stahlgrauen Haar saß. Sein Rücken war kerzengerade und er sah so fit aus wie ein Athlet, der kurz vor einem anstrengenden olympischen Wettkampf stand. Als die beiden elegant in Richtung der Hoteltüren schritten, flüsterte Bond: »Sie sehen sogar aus wie Renaissancefürsten. Mein Gott, man kann das Geld förmlich riechen.«

»Und sie haben ihre Höflinge dabei«, fügte Flicka hinzu. Die beiden anderen Männer, die respektvoll ein paar Schritte hinter dem berühmten Paar folgten, waren ebenso gut gekleidet, schienen aber nicht den gleichen Schliff wie ihre Arbeitgeber zu haben. Der eine war groß und gut gebaut, sogar bullig. Er hatte die Haltung eines Boxers und drehte seinen Kopf von einer Seite zur anderen und dann wieder zurück, um Bonds Saab 9000 genau unter die Lupe zu nehmen. Sein Begleiter war kleiner und hatte die Hände in die Taschen eines langen, eleganten Regenmantels gesteckt, der wie eine Art Reitermantel aus dem Wilden Westen aussah.

Aus den Wagen stiegen weitere Leute. Die Fahrer trugen Livree, die anderen jungen Männer Straßenkleidung, die aussah, als käme sie von gehobenen Designern.

Als die Tarns die Türen des Hotels erreichten, hielt Sir Max inne und blickte zurück zu Bonds Auto. Die Hotelfassade war gut beleuchtet und für einen Moment war es, als würden sich ihre Blicke treffen und Tarn etwas erkennen, vor dem er auf der Hut sein sollte.

Bond sagte leise:

»*Mein abgenutztes Schilf gebrochen,*

Der dunkle Tarn vertrocknet.«

»Wie bitte?«, fragte Flicka.

»Das ist ein Gedicht, das ich mal auswendig lernen musste. Ich weiß nicht mehr, woher es stammt, aber dieser Mann wird *mein* abgenutztes Schilf nie brechen.«

»James, ich habe keine Ahnung, wovon du sprichst. Ein Sonnenstich kann es nicht sein, wir waren in letzter Zeit nicht draußen.«

Er drehte sich um und schenkte ihr ein schiefes Lächeln. »Ich spreche absichtlich zweideutig, Flicka. Hast du denn gar nichts gefühlt, als du sie beobachtet hast?«

»Einen Hauch von Eifersucht auf ihre unglaubliche Figur. Was hast du gefühlt?«

»Das Böse«, sagte er knapp. »Du nennst ihn einen Renaissancefürsten. Für mich sah er eher aus wie der Fürst der Finsternis.«

»Ich kann nicht behaupten, dass mir dieser besondere schaurige Charme aufgefallen ist, aber du hast wahrscheinlich recht.«

»Ich werde ihm ordentlich Feuer unterm Hintern machen.« Bond griff nach dem Türgriff, wurde aber von einem der anderen jungen Männer aus dem Rover direkt vor ihnen am Aussteigen gehindert. Er fing die Tür ab, bevor Bond sie öffnen konnte. »Wenn Sie nur eine Minute warten würden, Sir …«

Bond schlug mit der Handkante gegen das Handgelenk des jungen Mannes, sodass es hart gegen die Tür knallte. Ein hässliches Knacken und ein fast schon mädchenhafter Aufschrei waren zu hören, dann ließ der Mann die Tür sofort los. »Und wer sind Sie, dass Sie mich bitten zu warten und mich daran hindern, aus meinem eigenen Auto auszusteigen?«

Der junge Mann kam näher und hielt sich das Handgelenk. »Ich werde Sie nicht noch einmal bitten, Sir …«

»Gut. Wer sind Sie?«

»Der Sicherheitsdienst, Sir. Ich muss Sie bitten, wieder in Ihr Auto zu steigen.«

»Der Sicherheitsdienst des Hotels?«

»Nein, ich bin …«

»Ein Agent des Security Service?«

»Nein, Sir. Ich bin privat angestellt. Der Sicherheitsdienst …«

»Der Leute, die da gerade aus dem Rolls gestiegen sind? Machen Sie sich keine Sorgen um uns, Junge. Sie können

Ihrem Arbeitgeber ausrichten, dass ich ihm in einer Angelegenheit helfen kann, die sich in den nächsten Tagen als ziemlich dringend erweisen wird.« Er stieß die Tür weit auf und forderte Flicka leise auf auszusteigen. Dann wandte er sich an den jungen Leibwächter: »Wenn ich Sie wäre, Freundchen, würde ich mich in Acht nehmen. Außerdem sollte sich jemand mal das Handgelenk ansehen. Sieht nach einer üblen Prellung aus.«

Eine Stimme rief: »Okay, Archie. Sie sind oben.«

Der junge Mann drehte sich um und trabte in Richtung des Mannes davon, der ihn gerufen hatte, während im selben Moment einer der Gepäckträger des Hotels herbeieilte.

»So, Sir. Tut mir leid, dass ich Sie habe warten lassen. Das Gepäck, Sir?«

Bond blickte über den Wagen hinweg zu Flicka. »Ich werde ihm Feuer unterm Hintern machen«, wiederholte er. »Das wird ein richtiges Freudenfeuer.«

»Lass mir auch noch was übrig«, sagte sie leise.

5

Wahrheit oder Pflicht

Am nächsten Tag, dem Samstag, war es, als würden Sir Max und Lady Trish gar nicht existieren. Weder Bond noch Flicka erwähnten sie – weder beim Frühstück noch während ihres Spaziergangs entlang der King's Parade, der sie vorbei am Senate House bis hinunter zum Trinity College führte, gefolgt von einem lockeren Bummel durch das St John's College. Hand in Hand liefen sie durch die wunderschönen alten Höfe, dann über die Bridge of Sighs und durch das große steinerne Filigran des New Court, das sie zu den Backs führte, dem langen grasbewachsenen, baumbestandenen Parkgelände, vorbei an den alten Brücken, die zu den großen Colleges führen. Der Frühling war die beste Jahreszeit für einen Besuch in Cambridge. Auf dem Fluss fuhren sogar ein paar Boote und die Ufer waren von einem Blumenmeer bedeckt.

Bond hatte Cambridge schon immer Oxford vorgezogen. Hier waren die Colleges besser zu sehen, und abgesehen von den klobigen, kastenförmigen Anbauten aus dem zwanzigsten

Jahrhundert sahen die Colleges wie das King's, das Trinity und das John's noch genauso aus wie zu ihrer Entstehungszeit. Ihm gefiel sogar der im neunzehnten Jahrhundert hinzugefügte New Court am St. John's College, der bei vielen als gotischer Schrecken verschrien war, dessen Kreuzgang und geschnitzte Verzierungen allerdings schon längst der Witterung anheimgefallen waren, während die großartige Aussicht von den Backs der alten Universitätsstadt eine fast zeitlose Atmosphäre verlieh.

Beim Mittagessen, das sie in einem beliebten Restaurant an der King's Parade einnahmen, wurden die Tarns immer noch nicht erwähnt, ebenso wenig wie während ihrer Wanderung nach Grantchester, über die Wiesen und wieder zurück. Am frühen Abend fühlten sie sich frisch und munter durch die Bewegung und die angenehme Gesellschaft des anderen. Es war gerade warm genug, um im Garten des Grantchester Arms zu sitzen und Tee mit Sandwichecken und Sahnetörtchen zu sich zu nehmen, bevor sie sich auf den Rückweg zum University Arms machten. Dort angekommen, fuhren sie mit dem alten Käfigaufzug auf ihr Zimmer und hängten das »Bitte nicht stören«-Schild auf. Erst ein paar Stunden später, als sie befriedigt und glücklich dalagen, kam Bond auf das Thema zu sprechen.

»Hast du sie gesehen?«, fragte er.

»Wen?«

»Unsere Freunde vom Security Service. Unsere Schutzengel, die Boten von Tarns Untergang.«

»Oh, die. Ich glaube, ich habe das eine oder andere Auto gesehen und eine ganze Schar Fußvolk.«

»Das Fußvolk könnte auch zu Tarn gehören. Ich habe unseren fiesen kleinen Freund von gestern Abend gesehen, in Straßenkleidung. Seine Hand war bandagiert.«

»Na, du hast ihn aber auch heftig zugerichtet.«

»Nicht heftig genug, aber ja, da stehen sechs oder sieben Autos und Lieferwagen. Es würde mich nicht überraschen, wenn Tarns Leute sie auch schon entdeckt haben. Die Lieferwagen sind ziemlich auffällig mit den getönten Seitenscheiben und den verdammt großen Antennen. Auf der anderen Straßenseite steht auch ein Lieferwagen von der British Telecom, in dem sie das Hotel abhören und Besuch von der Zentrale bekommen. Hast du das Pärchen gesehen, das sie hier eingeschleust haben?«

»Das junge Liebespaar?«

»Sie sehen nicht alt genug aus, um ohne ihre Eltern unterwegs zu sein, und ihre Tarnung stinkt zum Himmel. Ein echtes Liebespaar würde nicht so viel Zeit im Foyer verbringen, sondern oben auf dem Zimmer …«

»Wie wir, Liebling.«

»Ganz genau wie wir, und mehr davon wäre auch nicht verkehrt.«

Sie ignorierte seine letzte Bemerkung, indem sie sich von ihm löste und fragte, was er wegen Tarn zu tun gedenke.

»Ich habe Bedenken wegen der umfassenden Überwachung, aber ein Frontalangriff ist wirklich der einzige Weg. Eine kleine Notiz, wahrscheinlich gleich morgen früh. Dann improvisieren wir. Wenn seine eigenen Leute die unübersehbare Überwachung durch den Security Service mitbekommen haben, sollte er wohlwollend reagieren. Andererseits traue ich ihm auch zu, dass er sich nicht aus der Ruhe bringen lässt und einfach nach London zurückfährt, als wäre nichts gewesen. Ich habe immer gedacht, dass es nach hinten losgehen könnte, wenn wir ihm eine Warnung zukommen lassen.«

»Was wird der Ausschuss dann nur tun, die Armen?« Alle Mitglieder der Null-Null-Abteilung nannten MicroGlobe One gewöhnlich nur »Der Ausschuss«.

»Nichts, wenn sie vernünftig sind, aber ich glaube nicht, dass es mit ihrer Vernunft weit her ist. Höchstwahrscheinlich werden sie zu ihrem ursprünglichen Plan zurückkehren und mit viel Getöse reinstürmen, die Haftbefehle zücken und am Ende wie Idioten dastehen. Ich denke, ich werde in London anrufen und die Lage sondieren. Sie haben gesagt, ich soll auf die übliche Art in Kontakt bleiben.«

»Was auch immer das heißen mag.«

»Das heißt, dass ich die Sondernummer des Staatssekretärs anrufe und bete, dass ich einen Assistenten mit einem Minimum an gesundem Menschenverstand erwische.« Er stand vom Bett auf.

»Du willst von hier aus anrufen?«

Er ging auf das Badezimmer zu. »Auf gar keinen Fall. Die Vermittlung – sogar die automatische Leitung – wird gut überwacht sein. Während wir hier reden, nehmen wahrscheinlich ein verdammt großer Lieferwagen voller Elektronik und ein Dutzend Tonbandgeräte alles auf, was in der Suite der Tarns und in unserer eigenen vor sich geht.«

Zwanzig Minuten später ging er durch den Haupteingang des Hotels zur Wiese von Parker's Piece, wo sich drei öffentliche Telefonzellen befanden, von denen zwei bereits von Studenten in Roben besetzt waren, die sich lautstark unterhielten.

Er nahm das freie Telefon, benutzte eine Telefonkarte und wählte die Nummer von MicroGlobe One. Sofort meldete sich eine ruhige Frauenstimme mit einem »Ja?«.

»Bruder James.« Bond verdrehte die Augen. Der Staatssekretär war für die Codenamen verantwortlich, die bei Telefonkontakten verwendet werden sollten. Allerdings diente dieses ganze Ritual keinem tieferen Zweck. Doch selbst bei all den großen Veränderungen und Umstrukturierungen starben alte Gewohnheiten nur schwer.

»Ja, Bruder James, wie geht es Ihrer Schwester?«

»Den Umständen entsprechend. Ich rufe an, um zu sagen, dass ich den Brief morgen abschicken werde. Wahrscheinlich um die Mittagszeit. Ich wollte wissen, ob der ehrwürdige Abt weitere Anweisungen hat.«

»Nein, es scheint alles reibungslos zu laufen.«

»Gut. Vielleicht sagen Sie ihm besser, dass ich glaube, dass die Musik gehört wurde.«

»Sie meinen, Mr Watchman hat sie entdeckt?«

»Ich bin mir fast sicher. Ich glaube, es war die Amateur-Operngesellschaft.«

»Oh.«

»Wenn man sie etwas zurückfahren könnte, würde das vielleicht helfen.«

Nach einem langen Schweigen fragte sie: »Brauchen Sie sonst nichts?«

»Nein, ich melde mich entweder morgen spät am Abend oder gleich am Montag.«

»Ich denke, morgen Abend wäre am besten.«

»Was immer Sie für richtig halten.« Er legte den Hörer auf und ging zurück zum Hotel, gerade rechtzeitig, um zu sehen, wie Sir Max und Lady Tarn in vollem Ornat zum Rolls Royce geführt wurden. Zweifellos war Max auf dem Weg, seine Rede zu halten, dachte Bond. Er hoffte, dass das Abendessen schrecklich war und Tarns Rede nicht zu viele Klischees enthielt wie: »Der lange Winter der Rezession verwandelt sich in einen Frühling, der von unseren Finanzinstituten den Mut zum Handeln verlangt.«

Sie gingen die Straße hinunter zu einem kleinen indischen Restaurant, wo sie in Zwiebel-Bhajis, Lamm-Korma mit Bombay-Kartoffeln, Chapatis und einer Mischung aus verschiedenen Beilagen von Mango-Chutney bis Gurken-Raita schwelgten und zum Schluss einen Teller mit klebrig-süßen Jalebi aßen. »Wenigstens werden wir nur einander schmecken«, sagte Flicka, als sie zum Hotel zurückgingen. Von ihrem Zimmer aus rief Bond beim Zimmerservice an, um eine große Kanne Kaffee zu bestellen, und wies darauf hin, dass er ihn frisch gebrüht und kochend heiß haben wollte und ihn sonst zurückgehen lassen würde. Samstagabende in britischen Provinzhotels – selbst in einer großen Universitätsstadt – brachten oft das Schlimmste im Zimmerservice hervor. Diesmal war allerdings alles zu seiner Zufriedenheit und der Kaffee war ausgezeichnet. Sie tranken ihn, während sie an dem kleinen Schreibtisch saßen und an der Nachricht für Tarn arbeiteten.

Es dauerte eine Stunde, bis sie beide mit dem Wortlaut zufrieden waren, und selbst dann hatte Flicka noch ihre Zweifel am letzten Satz.

Sehr geehrter Sir Max,
mein Name ist James Busby, und meine Frau und ich waren Anfang des Jahres auf Ihrem Schiff, der Caribbean Prince, *unterwegs, als sich dieser Vorfall zugetragen hat. Sie haben vielleicht schon von uns gehört, da es uns gelungen ist, den anderen Passagieren während des versuchten Überfalls zu Hilfe zu kommen. Wir waren beide außerordentlich beeindruckt von der Art und Weise, wie sich Ihr Kapitän und Ihre Crew verhalten haben, als wir gezwungen waren, das Schiff aufzugeben. Sie haben sich sehr professionell verhalten und das Wohl der Passagiere stand an erster Stelle. Wir haben nichts als Bewunderung für sie und dementsprechend natürlich auch für Ihr Unternehmen.*

Ich bin ein Beamter mit guten Beziehungen im Innen- und Außenministerium und habe einige ziemlich heikle Informationen, die Sie und Ihre verschiedenen Unternehmen betreffen.

Wir verbringen das Wochenende im Hotel und ich wäre Ihnen dankbar, wenn Sie ein paar Minuten Zeit für mich hätten, damit ich mich bei Ihnen bedanken und Ihnen Informationen übermitteln kann, die für Sie von großem Interesse sein dürften.

Die Nachricht war mit J. Busby unterzeichnet und Flicka fand, dass der letzte Satz wie eine versteckte Erpressung klang.

»Genau so sollte es klingen.« Bond lächelte nicht.

»Um ihn in die Defensive zu drängen?«

»Nein. Vergiss nicht, dass er denkt, er hätte alles im Griff. Wir sind uns bereits einig, dass er sich für unangreifbar hält.

Der Brief ist ein bisschen verlogen, wenn man ihn genau liest – ein bisschen schmeichelnd, mit einem Hauch einer verschleierten Drohung am Ende. Ich möchte, dass er wie etwas klingt, das von einem Typ aus dem mittleren Dienst geschrieben wurde, mit einem kleinen Hinweis darauf, dass er glaubt, er hätte einen Goldschatz gefunden.«

Den Rest des Abends verbrachten sie damit, sich eine lehrreiche Dokumentation über die Wandergewohnheiten der Wale anzusehen. Normalerweise hätten sie sich beide dafür interessiert, aber dank der frischen Luft und der üppigen Mahlzeit schliefen »Mr und Mrs Busby« bald tief und fest in den Armen des anderen ein.

Am nächsten Morgen schien die Sonne über Cambridge, aber sie blieben bis fast elf Uhr auf ihrem Zimmer, bevor sie zum Brunch hinuntergingen. Das Hotel war zu zwei Dritteln belegt und fast alle Gäste hatten die gleiche Idee, was zu einer kleinen Wartezeit bei Kipper und Kedgeree führte. Sie hatten die Mahlzeit fast beendet, als die Tarns in den Hauptspeisesaal kamen, wobei sie aussahen wie der Gutsherr und seine Frau, die sich an einem Sonntag entspannten.

Die beiden Männer, die sie am Freitagabend mit den Tarns ins Hotel hatten kommen sehen, waren bei ihren Arbeitgebern. Der große, bullige Mann trug einen hellgrauen Anzug, dessen zweireihiges Jackett so gut geschnitten war, dass man die Wölbung unter dem linken Revers kaum sehen konnte. Der kleinere, stämmige Mann war genauso leger gekleidet wie Max Tarn: eine graue Hose und ein passender grauer Rollkragenpullover.

Bei Tageslicht konnten sie sehen, dass dieser letztere Mann nicht nur stämmig, sondern korpulent, etwa Anfang fünfzig und fast kahlköpfig war, aber eine vage militärische Ausstrahlung hatte. Außerdem hatte er eisblaue, funkelnde, scharfe Augen, die alles mit einem Blick erfassten. Der jüngere Mann tat dasselbe, aber mit dem Stil eines ausgebildeten Leibwächters: Er drehte den Kopf leicht, gefolgt von ein paar schnellen Blicken durch den Raum. Innerhalb von Sekunden nach Betreten des Raums, so vermutete Bond, würde dieser Mann genau wissen, wer wo saß.

»Ich glaube, es ist an der Zeit, dass ich die frohe Botschaft überbringe. Wenn du mich kurz entschuldigst.« Er stand auf und ging auf die Tür zu, als ein Kellner mit frischem Kaffee kam.

Es dauerte nur wenige Minuten, seine Nachricht an der Rezeption abzugeben. Er sah, dass das Liebespaar, das freundlicherweise vom Security Service abgestellt worden war, immer noch im Foyer saß, Kaffee trank und die Türen beobachtete, genau wie es ihnen – fälschlicherweise – aufgetragen worden war. Jeder Pfadfinder hätte sie als verdächtig eingeschätzt, ganz zu schweigen von Tarns ausgebildeten privaten Kugelfängern.

Er blieb etwa eine halbe Stunde mit Flicka im Speisesaal. Die Tarns schienen sich zu amüsieren. Immer wieder war Lachen von ihrem Tisch zu hören.

Zurück auf ihrem Zimmer konnten sie nur warten.

Um drei Uhr wurden beide nervös, doch eine halbe Stunde später klingelte das Telefon.

»Mr Busby?« Die Stimme hatte einen leicht knurrenden, autoritären Klang. Die Art von Stimme, wie man sie in einer Feldmesse übergangener Offiziere erwarten würde.

»Am Apparat.«

»Gut. Hier spricht Maurice Goodwin. Ich bin Sir Max Tarns Personalchef …«

»Ah ja.«

»Er hat Ihre freundliche Nachricht erhalten und würde sich gern mit Ihnen unterhalten, wenn Sie Zeit haben.«

»Natürlich.«

»Sie können gleich hochkommen, wenn es Ihnen passt. Ich weiß, dass es Sir Max sehr peinlich ist, sich nicht früher bei Ihnen gemeldet zu haben. Immerhin haben Sie sich um die Clowns gekümmert, die versucht haben, die Passagiere zu überfallen, und Sie haben nach der Explosion großen Mut bewiesen.«

»Ja, ich nehme an, wir haben einen kleinen Beitrag geleistet. Sagen Sie mir, wo …?«

»Die Senatssuite. Ganz oben im Hotel. Fahren Sie in den zehnten Stock, dort gibt es einen privaten Aufzug nach oben. Einer unserer Leute wird Sie dort empfangen. Ist das in Ordnung?«

»Natürlich, darf ich meine Frau mitbringen?«

Es entstand eine kurze Pause. »Uns wäre es lieber, wenn Sie allein kämen. Sir Max wollte mit Ihnen unter vier Augen sprechen. Wir sehen uns dann in ein paar Minuten?«

Bond zuckte mit den Schultern, als er den Hörer auflegte. »Klingt, als würde er mir eine Tapferkeitsmedaille überreichen wollen. Außerdem will er nicht, dass meine Frau dabei ist.«

»Offensichtlich ist das nicht politisch korrekt …«

»Flicka, ich glaube, du gehst besser nach unten. Gib das Signal – so anmutig und leise, wie du kannst –, dass ich bei ihm bin. Nur als Vorsichtsmaßnahme.«

»Oh Gott, James, das wird doch nicht wieder so ein kompletter Sicherheitsalbtraum werden, oder?«

»Ich weiß es nicht. Der Typ, der angerufen hat – ein Maurice Goodwin –, ist wahrscheinlich der korpulente, militärische Typ. Vielleicht hat er einfach nur Bedenken, oder sie glauben, dass ich offener bin, wenn ich ihn allein treffe. Es könnte auch sein, dass Lady T keine Konkurrenz haben will.«

»Durch mich? Sei kein Idiot, James.«

»In meinen Augen stichst du sie aus.«

Sie beugte sich vor und küsste ihn auf die Wange. »Sei bloß vorsichtig da draußen«, sagte sie in ihrem besten Fernsehcop-Tonfall.

Es war der große Bodyguard im grauen Anzug, der im zehnten Stock auf ihn wartete. Er überprüfte seinen Namen, indem er einfach fragte: »Mr Busby?«

Auf Bonds Nicken hin stellte er sich vor. »Conrad.« Er lächelte schief. »Sir Max nennt mich Connie, seine Idee eines kleinen Scherzes.« Er deutete in Richtung des kleinen Aufzugs mit der Aufschrift *Senatssuite.* »Ich bin für die Sicherheit von Sir Max und Lady Tarn zuständig.« Wachsam führte er Bond in den Aufzug, und bevor Bond wusste, wie ihm geschah, tastete Connie ihn schnell und erfahren ab. »Tut mir leid, Sir, aber wir müssen vorsichtig sein, verstehen Sie? Besonders bei jemandem wie Ihnen. Wir waren alle sehr beeindruckt davon, wie Sie und Ihre Frau mit den Typen umgegangen sind, die während der Kreuzfahrt das Schiff überfallen wollten – die *Caribbean Prince*, meine ich.«

»Ja. Ja, natürlich.«

Der Aufzug brachte sie in eine große Lobby, von der eine Doppeltür mit der goldenen Aufschrift *Senatssuite* auf einem dunklen Schild abging. Connie öffnete die Tür und bedeutete Bond mit einer Geste einzutreten, dann folgte er dicht hinter ihm und verkündete: »Mr Busby, Sir Max.«

Aus der Nähe sah Tarn aalglatt aus, mit glatt rasierten Wangen, die trotz der kräftigen Bräunung rosig wirkten. Er sah besser aus als auf den Fotos. Ruhige tiefbraune Augen, die Nase eine Spur zu lang, um symmetrisch zu wirken, und fast poliert wirkendes stahlgraues Haar, das in leichten Wellen über den kleinen Ohren zurückgekämmt war. Seine Bewegungen waren kontrolliert und sein Auftreten so charmant, dass er jeden aus dem Konzept bringen konnte.

»Kommen Sie herein, Mr Busby. Kommen Sie herein. Vielen Dank für Ihre Nachricht. Sehr freundlich. Ich hatte sowieso vor, Sie zu kontaktieren. Das Mindeste, was ich tun kann, ist, mich persönlich bei Ihnen für das zu bedanken, was Sie bei diesem Vorfall auf der *Caribbean Prince* geleistet haben.« Sein Händedruck fühlte sich an, als würde man eine Schlange berühren: trocken, glatt und gefährlich. Das Gefühl ließ Bond die Nackenhaare zu Berge stehen.

»Wie wäre es mit einem Drink oder einem Tee oder was auch immer Sie mögen? Übrigens, das«, er bewegte seine rechte Hand kaum merklich in Richtung des kleinen, korpulenten Mannes, der am Fenster stand, »ist Maurice Goodwin. Er ist meine rechte Gehirnhälfte, die sich um Reisen und das Personal kümmert.«

»Wir haben miteinander telefoniert, Mr Busby.« Goodwin machte keine Anstalten, den Raum für einen Händedruck zu durchqueren. Er nickte nur, während sein Chef Bonds Hand wie ein Schraubstock umklammerte.

»Gern einen Tee, wenn das keine …«

»Dann also Tee. Eine ausgezeichnete Wahl. Connie, einen Tee für Mr Busby. Was bevorzugen Sie, chinesischen, indischen …?«

»Was gerade da ist. Am liebsten indisch.«

»Ein Mann nach meinem Geschmack. Meine Frau liebt Lapsang Souchong, aber ich selbst bevorzuge eine gute alte Tasse Darjeeling.« Er neigte dazu, die Worte in die Länge zu ziehen. *Sooooochong* und *Darjeeeeling.*

»Bitte, setzen Sie sich. Machen Sie es sich bequem. Ihre Worte über meine Mitarbeiter und diesen schrecklichen Vorfall auf der *Caribbean Prince* waren sehr freundlich. Eine furchtbare Angelegenheit. Wir konnten die Angelegenheit noch nicht aufklären, aber das werden wir.«

»Davon bin ich überzeugt, Sir Max.«

»Sie haben sicher gehört, was mit den Ganoven passiert ist, die nach Ihrer kleinen Revolveraktion noch am Leben waren?«

»Nein.«

»Ah, ich dachte, Sie hätten inzwischen davon gehört. Wir haben sie nach der Explosion unauffällig von Bord gebracht und der Polizei in Miami übergeben. Unglücklicherweise hat jemand eine Abneigung gegen sie entwickelt, als sie zusammen mit einigen sehr unangenehmen Insassen in der Arrestzelle saßen. Jemand hatte ein improvisiertes Messer. Alle wurden während eines Handgemenges getötet. Die Polizei kann nicht feststellen, wer sie getötet hat, aber getötet wurden sie auf jeden Fall.«

»Ein erfreuliches Ende, würde ich sagen.« Bond spürte wieder, wie sich seine Nackenhaare aufstellten.

»Ja.« Er wandte seinen Blick nicht von Bond ab. Für eine Sekunde war es so, als würden sie sich einen Wettkampf liefern, wer sich zuerst abwandte. »Also, Sie haben mir etwas zu sagen? Ihre Nachricht deutete da etwas an … Ehrlich gesagt weiß ich nicht, was Ihre Nachricht angedeutet hat. Das Innenministerium. Das Außenministerium. Etwas über meine Geschäfte, die sich über den ganzen Globus erstrecken. Mr Busby, worum ging es da?« Obwohl Tarn nach außen hin charmant wirkte, hatte Bond den Eindruck, dass sein Charme nur eine hauchdünne Fassade war. Darunter lag etwas Bösartiges, ein Unterton von düsterem, unausgewogenem Bösem vermischt mit einem unbestreitbaren Charisma. Dies war die Art von Mann, die Länder zum Kollaps bringen, die schlimmsten Elemente der Gesellschaft bezaubern und Schwarz als Weiß erscheinen lassen konnte und umgekehrt. Tief im Inneren ahnte Bond, dass Sir Max Tarn ein sehr gefährlicher Gegenspieler sein könnte. Nicht nur für ihn, sondern für die gesamte Menschheit, wenn er sich dazu entscheiden sollte. Sein Charisma war das eines politischen Rattenfängers. Würde dieser Mann eine Karriere in der Politik einschlagen, wäre es ihm ein Leichtes, dass ihm ein gewisser Teil der Gesellschaft mühelos aus der Hand fressen würde.

»Ich denke, es wäre am besten, wenn wir uns vollkommen ungestört unterhalten könnten, Sir Max.«

»Ach, ist das so?«, sagte Goodwin, der immer noch neben dem Fenster stand, das zur Vorderseite des Hotels hinausging. »Sie bevorzugen Privatsphäre, was? Diese verdammten Leute von der British Telecom arbeiten immer noch da unten. Schon seit wir angekommen sind. Haben Sie etwas mit denen zu tun, Mr Busby? Haben Sie etwas damit zu tun, dass diese Leute die Gespräche anderer Leute abhören?«

Bond warf Tarn einen kurzen fragenden Blick zu.

»Sie können in Gegenwart von Goodwin ruhig offen reden, Mr Busby. Ah, hier kommt Connie mit dem Tee.«

Sie sprachen nicht, während Conrad den Tee einschenkte und daraus eine kleine Zeremonie machte. Als er fertig war, forderte Tarn ihn freundlich auf, draußen zu warten, und fügte etwas süffisant hinzu: »Mr Busby bevorzugt Privatsphäre. Sei nicht beleidigt, Connie, ich nehme an, es ist nichts Persönliches.«

Als der Leibwächter sich zurückgezogen hatte, ergriff Goodwin wieder das Wort. »Nun, Mr B., haben Sie eine Antwort für mich?«

»Ich wusste nicht, dass Sie eine Frage gestellt hatten … Mr G.«

»Wir sind von Leuten umgeben, die uns beobachten. Leuten, die jede Bewegung verfolgen. Leuten, die gern unsere Telefonate mithören würden – aber das können sie nicht, weil wir die Vermittlung umgehen.«

Bond öffnete den Mund, aber Goodwin war noch nicht fertig. »Wir interessieren uns sehr für die Armee von kleinen Vögelchen, die uns genau im Auge behalten. Haben Sie etwas damit zu tun, Mr B?«

»Ich kann Ihnen etwas darüber erzählen.«

»Aha«, sagt Max Tarn. »Dann verraten Sie mir bitte zuerst, *warum* Sie es erzählen wollen?« Der letzte Hauch von Charme wich aus seiner Stimme und die Frage hatte etwas zutiefst Abstoßendes an sich.

Schließlich antwortete Bond: »Weil ich etwas tun wollte, um zu helfen. Ich habe Sie immer bewundert, Sir, und seit der Sache mit der *Caribbean Prince* umso mehr …«

»Bewunderung. Ist das alles? Sie haben nichts davon? Sie tun das aus Pflichtgefühl – was auch immer *das* sein mag?«

»So was in der Art, Sir Max, ja. Ich darf offiziell nicht einmal davon wissen. Ich habe nur ein paar Dinge im Büro gesehen, die ich nicht hätte sehen sollen.«

»Also sind Sie hierhergetrabt, um mir alles zu erzählen?«

»Nein, Sir. Wir haben diesen Trip schon vor sechs Wochen gebucht. Sie können das hier im Hotel überprüfen.«

Tarn nickte. »Das haben wir bereits, oder besser gesagt, der gute alte Goodwin hat das überprüft. Also sagen Sie mir, was es damit auf sich hat. Spucken Sie es einfach aus, James – so heißen Sie doch, oder?«

»Ja, Sir Max.«

»Nun, James. Erzählen Sie mir alles.«

»Es liegt ein Haftbefehl gegen Sie vor. Gegen Sie und Lady Tarn. Sie werden am Montagmorgen vorgeladen und es gibt einen weiteren Durchsuchungs- und Beschlagnahmungsbeschluss für das Gebäude am Ludgate Circus – Tarn International – und auch für Ihre Privatwohnung. Es sind Leute vom Security Service, die Sie beobachten, und …«

»Ich habe es ja gesagt, Max«, sagt Goodwin. »Niemand sonst würde so einen Blödsinn veranstalten.«

»Ja, das hast du gesagt.« Max Tarns rosige braune Wangen waren etwas blass geworden. »Wofür genau soll ich denn verhaftet werden, Mr Bus…? Ach, zum Teufel damit, warum schenken wir uns nicht alle reinen Wein ein, Mr Bond? Sie heißen doch Bond und nicht Busby, oder? Wofür? Wie? Ich will alles wissen, oder Sie und Ihre Frau enden in einem hübschen kleinen Leichensack. Habe ich erwähnt, dass einige von Connies Leuten bei Ihrer Frau sind, während wir hier plaudern? Einer davon ist der junge Mann, dem Sie am Freitagabend fast das Handgelenk gebrochen haben. Er hält Ihre Frau für einen Leckerbissen – seine Worte, nicht meine. Ich würde mir so etwas nicht anmaßen. Aber ich würde mir anmaßen, Ihr gemeinsames Ableben zu veranlassen, wenn ich nicht die richtigen Antworten bekomme. Also, lassen Sie uns eine kleine Party feiern, Mr Bond. Lassen Sie uns Wahrheit oder Pflicht spielen, so wie ich es in meinem Kinderzimmer immer mit meiner lieben alten Nanny gespielt habe …«

6

Rösselsprung

»Sie ist nicht meine Frau.« Bond rang mit mehreren komplexen Problemen in seinem Kopf. Er hatte dieses Szenario mit Flicka nicht einmal besprochen, doch Max Tarn hatte seine wahre Identität von Anfang an gekannt. Und jetzt musste *er* lügen. Jede mögliche Variante abdecken. Er musste überzeugend lügen und beten, dass Flickas Geschichte mit seiner eigenen übereinstimmte. Tarn war sichtlich erschüttert von der bloßen Vorstellung der Existenz von Haft-, Durchsuchungs- und Beschlagnahmungsbefehlen gegen ihn. Das war wahrscheinlich das Letzte, womit er gerechnet hatte, genauso wie Bond nicht damit gerechnet hatte, dass man *seinen* Namen aufdecken würde. *Was weiß Tarn noch?*, fragte er sich in dem Sekundenbruchteil zwischen den Sätzen.

»Sie ist nicht meine Frau«, wiederholte er, zufrieden und ein wenig überrascht, dass er so gelassen klang. Tief in seinem Inneren regten sich metallene Schmetterlinge und trieben die Angst durch seine Eingeweide.

»Natürlich ist sie das nicht, Mr Bond«, entgegnete Tarn geschmeidig. »Sie ist eine ehemalige Agentin des Schweizer Geheimdiensts. Noch dazu eine in Verruf geratene Agentin. Sagen Sie mir also genau, was es mit diesem Haftbefehl auf sich hat und warum ausgerechnet Sie mich im Voraus warnen wollen?«

»Ich habe nicht die geringste Ahnung, was es damit auf sich hat. Ich kann Ihnen nur sagen, dass ich die Haft- und Durchsuchungsbefehle gesehen habe. Und das Warum habe ich Ihnen bereits gesagt. Ich habe Sie immer sehr bewundert. Jeder Mann, der die Intelligenz und das Geschick hat, quasi aus dem Nichts zum Multimilliardär aufzusteigen, verdient meinen Respekt …«

»Aber ich bin nicht aus dem Nichts aufgestiegen, mein Freund. Ich stamme von einer der ältesten und stolzesten Familien Deutschlands ab. Ich benutze das ›von‹ nicht, aber eigentlich heiße ich Sir Max *von* Tarn, so wie Ihre Freundin eine von Grüsse ist, ein Mitglied einer anderen altangesehenen und ursprünglich deutschen Familie. Meine ist allerdings etwas höhergestellt als die von Fräulein von Grüsse. Mein Großvater war ein General, der im Ersten Weltkrieg tapfer gekämpft hat, sein Vater war Feldmarschall und mein Urgroßvater hatte eins der höchsten Ämter im preußischen Reich inne und war mit der Familie Hohenzollern verwandt. Sehen Sie …« Er schob die elegante Strickjacke zur Seite und zeigte ein kleines Wappen, das auf sein Hemd gestickt war. Ein Schild mit Schnörkeln, darüber zwei gekreuzte Speere auf einem goldenen Feld und darunter ein Motto – *In Familia Vir*. In der Familie liegt die Stärke.

Max Tarn beanspruchte also *doch* eine direkte Abstammung von der alten Familie. »Das war mir nicht bewusst.« Er versuchte, aufrichtig erstaunt zu klingen. »Sir Max, wenn Sie einen so angesehenen und aristokratischen Hintergrund haben, warum setzen Sie ihn nicht ein?«

»Weil ich es vorziehe, es so aussehen zu lassen, als wäre ich aus dem Nichts aufgestiegen, und in gewisser Weise bin ich tatsächlich aus dem Nichts aufgetaucht. Immerhin haben die Nazis all meine Angehörigen abgesehen von meiner Mutter ermordet und unsere Familiengüter gestohlen. Meine Mutter hat zu Recht sehr viel über unsere Herkunft verschwiegen. Offiziell bin ich tot.« Ein freundliches, charmantes Lächeln umspielte seine Lippen und tief in seinen braunen Augen blitzte Vergnügen auf. Das Funkeln seiner Iris vermittelte einen seltsamen, unheimlichen Eindruck, als würde eine Brise eine Wasseroberfläche kräuseln. »Obwohl natürlich viele meiner engen Freunde und Geschäftspartner meine Abstammung kennen. Sie sind sehr gut damit umgegangen. Kein einziges Wort ist jemals an die Presse durchgesickert.« Er hielt inne, hob das Kinn und setzte ein Lächeln auf, das auf paradoxe Weise herablassend und einladend zugleich war.

»Nun, jetzt habe ich nur noch mehr Respekt vor Ihnen, Sir Max«, log Bond. »Ich stamme aus ziemlich bürgerlichen Verhältnissen und musste mir meinen Weg nach oben selbst erkämpfen. Ich war der Meinung, dass ich mich ganz gut geschlagen hatte, bis der Kalte Krieg fast über Nacht vorbei war. Wenn Sie meinen richtigen Namen kennen, wissen Sie wahrscheinlich auch, was ich getan habe, um meiner Königin und meinem Land zu dienen.«

»Ein Spion. Ein *Agent provocateur*. Ein Attentäter. Ein Saboteur. Richtig? All diese unangenehmen Dinge, die Menschen in dem tun, was die Presse glamourös ›die geheime Welt‹ nennt.«

»Ich war Agent beim britischen Geheimdienst, ja.«

»Oh, ich denke, etwas mehr als nur ein einfacher Agent, Mr Bond. Seien Sie nicht so bescheiden. Sie waren ein Star, ein Anführer, und wurden mehrfach ausgezeichnet, natürlich im Geheimen. Sie waren eine Legende in Ihrem Geheimdienst.« Er machte eine Pause, während er Bond von Kopf bis Fuß musterte. »Einen Mann wie Sie kann ich immer gebrauchen. Überlegen Sie es sich.«

»Nun.« Bond blinzelte schnell und wandte sich dann in gespielter Bescheidenheit ab. »Ich hatte Glück. Mein Problem war, Sir Max, dass ich dachte, es würde ewig so weitergehen. In mancher Hinsicht ist es mir wohl ganz gut ergangen. Wenigstens hat man mir einen neuen Job gegeben – für etwa ein Drittel meines alten Gehalts und mit einer entsprechend niedrigeren Rente. So werden Leute wie ich behandelt. Wenn wir nicht mehr gebraucht werden, um die Drecksarbeit zu machen, wollen die Mächtigen nichts mehr von uns wissen. Die Leute der Streitkräfte sitzen im selben Boot. Ganze Regimenter wurden aufgelöst, Stützpunkte geschlossen, Offiziere, Unteroffiziere und Soldaten mit einem feuchten Händedruck in ein Leben entlassen, das sie weder verstehen noch leben wollen.«

»Und das ist die Art von Leben, das Sie heutzutage führen, Mr Bond? Ich bitte Sie, Sie konnten es sich leisten, Fräulein von Grüsse auf eine meiner Kreuzfahrten einzuladen – das ist kein billiges Vergnügen. Nur einhundertzwanzig Ihrer Kollegen wurden auf die Rentnerliste gesetzt – das ist öffentlich einsehbar. Sie scheinen sich nicht zu zügeln. Sie sind gut gekleidet und leisten sich eine gute Adresse in London, wie ich höre.«

»Eine Art letztes Aufbäumen, Sir Max. Die Kreuzfahrt, meine ich. Der Job, den sie mir gegeben haben, ist eine Sackgasse. Er ist ungefähr so spannend, wie Sand in einer Sanduhr beim Rieseln zu beobachten. Ich habe sogar ein kleines Schild auf meinem Schreibtisch, auf dem steht: *Vorsicht, das Ende ist nah*. Ja, ich hatte ein wenig persönliches Kapital, wie die Snobs es nennen würden, aber das wurde im Laufe der Jahre aufgezehrt und jetzt sitze ich so gut wie auf dem Trockenen.«

»Ich wollte Sie ohnehin fragen, was in dem Haus am Bedford Square tatsächlich vor sich geht.«

»Nichts Aufregendes, fürchte ich. Wir sind eine Art Dokumentenlager. Hauptsächlich freigegebenes Material. Es ist eine Art Recherchezentrum für alte Kalte Krieger, die ihre Memoiren schreiben wollen. Es scheint in Mode zu sein, die Geschichte seines vermeintlich geheimen Lebens zu schreiben. Das tun gerade alle.« Tarn konnte so tief graben, wie er wollte, Bond hatte gerade nur die Tarnung beschrieben, die der neuen Null-Null-Abteilung gegeben worden war. Es gab sogar Leute im Innen- und Außenministerium, und sogar beim MI5 und MI6, die dachten, dass genau das am Bedford Square vor sich ging.

»Ja«, nickte Tarn. »Ich hatte gehört, dass Sie genau das dort treiben. Aber sagen Sie mir, Mr Bond, warum hielten Sie es für nötig, ein Pseudonym zu benutzen, um auf meinem Schiff zu reisen und sich in diesem Hotel einzubuchen?«

»Ich dachte, das liege auf der Hand. Fredericka – Fräulein von Grüsse – und ich haben eine Affäre.«

»Das scheint allgemein bekannt zu sein. Schließlich leben Sie ja zusammen.«

»Das wurde bei meinem alten Arbeitgeber allerdings nicht gern gesehen.« Bond zuckte ein wenig mit den Schultern. »Die Dinge haben sich in letzter Zeit ein wenig geändert, aber wir haben auf der Kreuzfahrt die Namen Mr und Mrs Busby verwendet, weil unsere Beziehung damals nicht geduldet wurde. Jetzt ist die Sache raus, aber in den letzten Monaten waren wir öfter hier und haben die falschen Namen benutzt. Das Personal kennt uns unter diesen Namen und wir haben beschlossen, sie nicht in Verlegenheit zu bringen, indem wir an diesem Wochenende unsere richtigen verwenden …«

»Und das soll ein Zufall sein?«

»Ein Zufall?«

»Dass wir zufällig zur gleichen Zeit hier sind.«

»Das habe ich gesagt und Sie können die Reservierungen überprüfen.«

»Ja, das haben Sie.« Er lachte kurz auf. »Und ich habe es bereits überprüft.«

Bond nickte, als würde Tarn damit einfach nur seinen gesunden Menschenverstand unter Beweis stellen. »Ich würde Sie auch gern fragen, Sir Max, woher Sie das alles über mich wissen? Es scheint, als hätten Sie sich die Mühe gemacht, in meiner Vergangenheit zu stöbern, und ich bin sicher, dass Sie das nicht allein an diesem Wochenende bewerkstelligt haben.«

»Nein. Das ist richtig. Die Wahrheit ist, dass ich Mitarbeiter habe, die die Namen aller Reisenden auf meinen

Kreuzfahrtschiffen überprüfen. Wenn sie etwas Interessantes finden, genehmige ich ein paar Nachforschungen. Sie wirkten sehr interessant. Ich fand die Tatsache, dass Sie sowohl für das Innen- als auch für das Außenministerium gearbeitet haben, sehr interessant, vor allem nachdem ich die Einzelheiten darüber gehört hatte, wie Sie beide mit den stümperhaften Halunken auf der *Caribbean Prince* umgegangen sind. Ich erinnere mich, dass ich zu Connie gesagt habe, Sie wirken wie zwei gedungene Profikiller. Also haben wir Sie überprüft. Sie beide. Das war relativ einfach, wissen Sie?«

»Natürlich weiß ich das, Sir. Ich habe das selbst schon getan. Ich habe sogar mal einen Blick in die Akte über Sie geworfen. Sie waren übrigens blitzsauber, deshalb hat mich der Haftbefehl so beunruhigt.«

»Vielleicht glaube ich Ihnen, Mr Bond, aber ich muss wirklich mehr über diese angeblichen Haft- und Durchsuchungsbefehle wissen. Sie kommen zu mir und erzählen mir das, weil wir zufällig zur selben Zeit am selben Ort sind. Wenn sich das als wahr herausstellen sollte – was ich bezweifeln würde, wenn da nicht diese plötzliche, seltsame Überwachung an diesem Wochenende wäre –, habe ich nichts davon gewusst. Nicht dass ich etwas zu verbergen hätte. Mein Gewissen ist rein. Aber ich möchte, dass Sie einen Moment über diese Haftbefehle nachdenken. Sie sagen, dass Sie sie gesehen haben. Wo war das?«

»Im Innenministerium.«

»Und was machen Sie, ein ehemaliger Agent der Spitzenklasse, der jetzt für die Verwaltung von Akten und Dokumenten zuständig ist, im Innenministerium?«

Bleib so nah an der Wahrheit, wie du kannst, dachte er. »Wie viel wissen Sie über die Umstrukturierung unserer alten Geheimdienste, Sir?«

»Nur das, was ich in den Zeitungen gelesen habe. Öffentlich bekannte Namen. Adressen, die öffentlich einsehbar sind. Ein neueres, weniger geheimes, freundlicheres und fürsorglicheres System.«

»Dann will ich es Ihnen erklären. Ja, bestimmte Dinge sind öffentlich. Aber all diese alten Organisationen mit den Buchstaben und Zahlen – MI5, MI6 und so weiter – werden jetzt von Bürokraten geleitet. Von Ausschüssen und kleinen Kabalen. Von Wachhunden. Hütern der Moral. Finanziellen Arbeitsgruppen. Staatssekretären mit besonderen Aufgaben. Sie sind überall aufgetaucht, um denjenigen das Leben zur Hölle zu machen, die sich an die guten alten Regeln gehalten haben.«

»Das ist auch richtig so«, sagte Tarn fast schnippisch. »Was das bedeutet, Mr Bond, ist, dass diese Geheimdienste jetzt Rechenschaft ablegen müssen. Das mussten sie vorher nie. Wenn ich jemals die Macht in einem Land hätte, würde ich dafür sorgen, dass Leute wie Sie mir persönlich unterstehen.«

»Das bedeutet auch, dass sie von jedem benutzt werden können, der an der Macht ist.«

»Was ist daran falsch?«

»Unter dem vorherigen System waren sie immer unpolitisch. Ja, sie haben für die Regierung gearbeitet, aber nie für die jeweilige Regierungspartei. Sobald die politische Partei, die an der Macht ist, Zugang – vollständigen Zugang – zu diesen

Organisationen hat, entstehen korrupte Organisationen. Können Sie mir folgen?«

Tarn schnaubte, als sei er nicht überzeugt. »Also, Bond, wie lange haben Sie sich diesen Haftbefehl angesehen?«

»Ziemlich kurz nur. Es hat gereicht, um Ihren Namen – zusammen mit dem von Lady Tarn – und die Adresse des Büros von Tarn International zu sehen.«

»Sie sagen, dass diese Befehle am Montag vollstreckt werden sollen. Woher wissen Sie das?«

»Es stand auf den Papieren. Montag, der 11.«

»Sie hatten also Zeit, auch das zu lesen?«

»Ja.«

»Sie wissen doch sicher, dass es zur Kunst des Verhörs gehört, auch Dinge herauszukitzeln, von denen der Verhörte nicht weiß, dass er sie gesehen hat? Das ist eine gängige Praxis bei der Polizei und – wie ich vermute – auch bei Ihren früheren Arbeitgebern, oder?«

»Ja.« Vorsicht jetzt.

»Nun, in einem Punkt hat sich das bereits erwiesen. Es sieht so aus, als hätten Sie nicht nur Namen und Orte gesehen, sondern auch das Datum, an dem die Haftbefehle vollstreckt werden sollten. Wenn Sie die Zeit hatten, diese Dinge zu sehen, dann hatten Sie vielleicht auch die Zeit, die Gründe für die Ausstellung dieser Dokumente aufzunehmen – und sei es nur unterbewusst.«

Die Stille dehnte sich aus, wie eine Leiche auf dem Seziertisch. Am Fenster bewegte sich Goodwin und murmelte: »Mein Gott, sie benutzen dasselbe verdammte Auto – den Volvo. Sie fahren seit einer halben Stunde immer wieder im Kreis.«

Schließlich antwortete Bond: »Nein, nein, mir fällt nichts ein.« Dann fügte er hinzu: »Warten Sie. Ich kann mich an etwas erinnern, das mit den Restriktionen für den Verkauf von Rüstungsgütern zu tun hat.« Aus dem Augenwinkel sah Bond, dass er zumindest Maurice Goodwins Aufmerksamkeit erregt hatte, und Max Tarns Schultern schienen sich leicht zu versteifen.

Es entstand eine längere Pause, bevor Tarn sagte, dass das sicherlich ein Irrtum sein müsse. »Rüstungsgüter? Rüstungsgüter im Sinne von Waffen?«

»Waffen zum Töten von Menschen, ja.«

»Aber ich hatte noch nie etwas mit Rüstungsfirmen zu tun.« Ein unsicheres Stirnrunzeln und ein leichtes Zittern in seiner rechten Hand verrieten seine Nervosität. Dann schien er sich zu fangen. »Ah ja. Ja, ich verstehe, was passiert ist. Ich habe gewisse Dinge gekauft. Wir planen ein kleines Museum – ein Kriegsmuseum – für eine der Inseln, die der Kreuzfahrtgesellschaft in der Karibik gehören. Es ist nur ein trostloser Streifen Land, aber mit einem schönen Strand. Wenn meine Schiffe dort anlegen, fliegen wir ein paar Leute aus Nassau ein. Sie richten ein paar Bars, ein kleines Restaurant und einen kleinen Laden ein, in dem lokale Kunstgegenstände verkauft werden. Die Passagiere mögen einen entspannten Tag am Strand mit ein paar Annehmlichkeiten.«

Sein Ton wurde überzeugender, als er fortfuhr: »Einer meiner Leute hat das Museum vorgeschlagen. Man würde nicht erwarten, so etwas mitten im Meer zu finden. Tatsächlich beginnen wir diesen Sommer mit dem Bau. Es soll bis nächstes Jahr fertig sein und wird alle möglichen Dinge beherbergen – Flugzeuge, Waffen, Gemälde, Modelle, Simulationen. Sogar ein U-Boot. Wir rechnen damit, dass es sich in ein paar Jahren amortisiert haben wird. Eine meiner Firmen hat eine ganze Reihe von Dingen für das Museum gekauft.« Er stieß einen Seufzer aus, der Erleichterung ausdrücken sollte, aber sein Ziel weit verfehlte. »Das muss es wohl sein. Irgendein Idiot in einer Ihrer Schnüffelabteilungen hat einen glorreichen Fehler begangen und meine Anschaffungen für etwas Gefährliches und Illegales gehalten.« Tarns Erklärung war gestelzt und wenig überzeugend.

»Dann werden Sie ja alles erklären können, Sir. Das ist gut.«

Tarn wandte sich ab und sein Blick wanderte zu Goodwin. »Ja, eine Erleichterung. Wahrlich eine Erleichterung, nicht wahr, Maurice?«

»Eine Erleichterung? Oh ja, in der Tat.« Goodwin klang nicht glücklich.

Tarn wollte gerade noch etwas anderes zu Bond sagen, als es an der Tür klopfte und Connie den Kopf in den Raum steckte.

»Auf ein Wort, Sir, wenn Sie erlauben.« Der Leibwächter drehte den Kopf, um zu signalisieren, dass er mit Sir Max in der relativen Privatsphäre des Gangs sprechen wolle.

Tarn entschuldigte sich und ließ Bond mit Goodwin allein, der ihn direkt ansah und dann aus dem Fenster blickte, bevor er seinen zynischen Blick wieder aufsetzte. »Glauben Sie, dass mein Chef Ihnen Ihre Geschichte abkauft?«

»Es ist keine Geschichte, Maurice. Es ist die ungeschminkte Wahrheit. Nebenbei bemerkt hatte ich mich darauf gefreut, Lady Tarn kennenzulernen.«

»Aber natürlich.« Goodwin lachte kurz auf. »Natürlich wollen Sie sie kennenlernen. Das will jeder. Die berühmte Schönheit, Trish Nuzzi. Erstaunlich, was man mit Geld so alles kaufen kann, nicht wahr?«

»Soll das heißen, dass Ihr Chef sie gekauft hat?«

»Nein, das habe ich nicht gesagt, Bond. Ich habe nur gesagt, dass es wunderbar ist, was man mit Geld alles kaufen kann.«

»Ja, aber …«

Die Tür wurde geöffnet und Tarn betrat wieder den Raum. »Maurice, könntest du uns für einen Moment nach draußen begleiten?« Dann sagte er zu Bond: »Es tut mir leid, Mr Bond. Aber die Pflicht ruft. Es wird nicht lange dauern.«

Bond nickte und sah zu, wie sich die Tür hinter ihnen schloss. Er ging zum Fenster und blickte auf die Straße vor dem Hotel hinunter. Als er die Überwachungsteams des Security Service beobachtete, dachte er, wie gut sie zusammengestellt waren. Ein Laie hätte sie nicht als solche erkannt. Nur jemand mit profunden Kenntnissen von Überwachungsmethoden hätte sie als das erkannt, was sie wirklich waren. Maurice Goodwin kannte sich also in diesen Dingen gut aus. Das war gar nicht so unwahrscheinlich, denn er hatte ganz offensichtlich einen militärischen Hintergrund.

Er wollte sich gerade vom Fenster abwenden, als die Tür zum Schlafzimmer leise geöffnet wurde. Lady Tarn stand unmittelbar hinter der Tür. Sie war wunderschön und noch atemberaubender als auf den Fotos, die er von ihr kannte, oder bei ihren flüchtigen Begegnungen im Hotel.

Sie zögerte, ihre Bewegungen waren schnell und voller Nervosität. »Mr Bond, ich kenne Ihren richtigen Namen. Ich möchte Sie nur kurz sprechen.« Sie blickte aufgeregt in Richtung Eingangstür. »Zunächst möchte ich Ihnen danken. Sie haben versucht, das Leben eines der Offiziere auf der *Caribbean Prince* zu retten …«

»Nun, ich …«

»Nein, ich möchte Ihnen nur danken. Sein Name war Mark Neuman. Er war mein Cousin. Ich weiß, dass Sie alles versucht haben, um ihn zu retten.« Tränen glitzerten in ihren Augen. »Ich wollte Sie auch warnen.«

»Mich warnen?«

»Mein Mann. Er ist nicht das, was er zu sein scheint. Seien Sie bitte sehr vorsichtig. Wenn Sie ihm einmal nützlich waren, wird er immer wieder versuchen, Sie zu benutzen. Max kann charmant sein, aber sein Ziel ist furchtbar. Ich weiß nicht …«

Die Tür ging auf. Tarn kam in den Raum gestürmt und hielt plötzlich inne, als er seine Frau sah. »Was machst du hier?« In seiner Miene und in seiner Stimme lag ein Anflug von gnadenloser Brutalität. Maurice Goodwin schlich hinter ihm her und wirkte ein wenig zu besorgt.

»Ich dachte, ihr wärt alle gegangen.« Ihre Stimme hatte einen fast flehentlichen Ton angenommen, als fürchte sie körperliche Schmerzen. »Ich habe nur …«

»Warte einfach im Schlafzimmer. Wir sind hier noch nicht ganz fertig.« Nachträglich fügte er hinzu: »Meine Liebe.«

Sobald sie weg war, veränderte er sich wieder. Jetzt lächelte er und versuchte offensichtlich, eine versöhnliche Stimmung zu vermitteln. »Es tut mir leid, dass ich Sie aufgehalten habe, Mr Bond. Sie waren sehr hilfreich. Sie beide. Sie und Fräulein von Grüsse …«

»Wenn Ihre Gorillas ihr auch nur ein Haar gekrümmt haben, werde ich …«

»Mr Bond, bitte.« Seine Stimme strahlte eine unendliche Gelassenheit aus. »Ich entschuldige mich zutiefst, sollte ich bei unserem Treffen streitlustig gewirkt haben. Wenn ich etwas tun kann, um das wiedergutzumachen …«

»Nein, lassen Sie uns einfach weiter unser Leben leben«, schnaubte Bond. »Ich bin gekommen, um Ihnen einen Gefallen zu tun …«

»Und ich weiß das zu schätzen. Ich bin durchaus bereit, Ihnen den Gefallen mit Zinsen zurückzuzahlen. Mit der Zeit werden Sie verstehen, dass ich mir bei Ihnen beiden absolut sicher sein musste. Ein paar Antworten von Ihrer guten Freundin Fräulein von Grüsse waren alles, was wir brauchten. Nur um Sie beide zu überprüfen.«

»Sie haben mir Ihre Fragen gestellt. Ich nehme an, Sie haben sie auch Flicka gestellt. Ich würde jetzt gern gehen, Sir, wenn Sie nichts dagegen haben.«

»Bitte sehr, Mr Bond. Sie haben mir einen Dienst erwiesen. Ich möchte mich einfach nur revanchieren …«

»Das ist nicht nötig. Ich wünsche Ihnen einen guten Tag, Sir Max.« Über die Schulter fügte er hinzu: »Ihnen auch, Mr Goodwin.«

Draußen stand der stämmige Connie bereit, um ihn mit dem Aufzug nach unten zu begleiten. »Nicht nötig, Conrad. Ich finde selbst hinaus.« Er legte die Handfläche seiner rechten

Hand auf die Brust des Leibwächters und schob ihn weg. Als sich die Türen des Fahrstuhls schlossen, sah er den überraschten Blick in den Augen des großen Mannes, der gegen die gegenüberliegende Wand stolperte.

Flicka stand am Fenster und blickte auf die Straße hinunter, als er zu ihrer Suite zurückkehrte.

»Ich habe gehört, du hattest Besuch?« Bond trat hinter sie und legte seine Arme um ihre Schultern.

»Ein paar gut gekleidete Affen, ja. Wenn sie nicht so gefährlich wären, hätten sie wie Zeichentrickfiguren gewirkt.« Sie sah zu ihm auf. »Einer von ihnen war der Trottel, dem du die Hand zerquetscht hast, bevor wir eingecheckt haben. Er ist immer noch verstimmt darüber. Er wurde sogar richtig unangenehm, James, und er trägt den reizenden Namen Mr Archie. Sein Freund ist Mr Cuthbert. Beide sind äußerst gebildet – sie haben den Mief einer der großen Privatschulen an sich. Ich hatte den Eindruck, dass sie miteinander verwandt sind, und es würde mich nicht überraschen, wenn sie Cousins zweiten Grades von Flashman aus *Tom Brown's Schooldays* wären. Die Art von hochmütigen Typen, die meinen, Vergewaltigungen seien ihr gutes Recht, und nicht mal böse Träume davon bekommen würden, wenn sie ihre Großmütter rösten und als Vorspeise servieren würden.«

»Und diese beiden kleinen Charmebolzen haben dich befragt?«

»Nur das übliche feindselige Verhör mit vielen unverhohlenen Drohungen. Die beiden waren sehr unangenehm, obwohl sie mir am Ende zu glauben schienen. Sir Max Tarns privater Knochenbrecher, Connie, ist gekommen und hat mich gehen lassen. Ich nehme an, dass uns ungefähr die gleichen Fragen gestellt wurden.«

Sie unterhielten sich etwa zwanzig Minuten lang und fanden heraus, dass Flicka nicht nach dem Haftbefehl gefragt worden war. Tarns Inquisitoren hatten sich ausschließlich auf ihre Beziehung zu Bond, die Gründe für ihre Verwendung von den Pseudonymen und die Aktivitäten in dem Haus am Bedford Square konzentriert. Sie hatten sich besonders dafür interessiert, wann und warum Bond und Flicka beschlossen hatten, das Wochenende in Cambridge zu verbringen.

»Ich habe ihnen die Antworten gegeben, die sie hören wollten, was im Grunde sowieso die Wahrheit war.« Sie zuckte mit den Schultern. »Danach haben sie anscheinend das Interesse verloren.«

»Da wäre ich mir nicht so sicher.« Bond zog sie dicht an sich heran. Ihr Haar roch nach Heu und Spätsommer, und er spürte die vertraute Woge der Zuneigung, die so sehr Teil seines Lebens geworden war, seit sie sich kennengelernt hatten. »Ich glaube, ich gehe besser und tätige einen kleinen Anruf«, sagte er schließlich. »Ich glaube, ich sollte das Büro auf dem Laufenden halten.«

Draußen in Parker's Piece waren die Telefonzellen leer. Bond wählte die Nummer des Staatssekretärs. Diesmal war es eine männliche Stimme, die antwortete.

»Bruder James«, meldete er sich.

»Bruder James. Sie rufen wegen des Rösselsprungs an?«

»Nein. Wann …?«, setzte er an. »Rösselsprung« war der von ihnen gewählte Code für extreme Notfälle.

»Der Anruf kam vor weniger als einer Minute. Los!« Die körperlose Stimme aus dem fernen London hatte die Dringlichkeit einer Bombendrohung.

Er knallte den Hörer auf, machte auf dem Absatz kehrt und rannte zurück zum University Arms. Er war keine zwanzig Meter entfernt, als er den Rolls Royce von Sir Max Tarn sah, begleitet von einem der Rover, der unter dem Vordach des Hotels hervorkam und sich in den Verkehr einfädelte.

Er verlangsamte seine Schritte und schlenderte ins Foyer. »Sir Max verlässt uns?«, fragte er beiläufig einen der Pförtner, die an der Tür standen.

»Er wurde plötzlich nach London zurückgerufen. Bei diesen wohlhabenden Leuten weiß man nie. Immer auf dem Sprung.« Der Pförtner blickte auf einen Fünfpfundschein – zweifellos sein Trinkgeld von Tarn. Er schien es als mickrig zu erachten.

Bond benutzte nicht den Aufzug, sondern ging die Haupttreppe hinauf. Dabei nahm er zwei Stufen auf einmal. Die Tür zu ihrer Suite war angelehnt, ein Wagen vom Zimmerservice stand davor.

»Hast du …?«, begann er, als er das Zimmer betrat und die Tür weit aufriss.

»Schließen Sie die Tür, Bond.« Er blickte in die kleine, runde Mündung einer automatischen Pistole, die der junge Schläger, dessen Hand er bei ihrer Ankunft verletzt hatte, in seiner Linken hielt. Wie hatte Flicka ihn genannt? Mr Archie?

Auf der anderen Seite des Raums hatte Archies Partner Cuthbert einen Arm um Flickas Hals geschlungen. Die andere hielt eine kleine Waffe, die Bond als eine kleine

Beretta .22 mm erkannte, nicht gerade eine Waffe mit hoher Schlagkraft.

»Machen Sie keine Dummheiten, alter Knabe«, sagte Archie. »Sir Max wäre sehr gern dabei gewesen. Er lässt sich entschuldigen, aber er musste kurzfristig abreisen. Er und Lady Trish. Sie waren sehr enttäuscht, ebenso wie Mr Goodwin und Connie. Sie wollten das nicht verpassen.«

7

Mr Cuthbert und Mr Archibald

Bond blieb absolut regungslos, verlagerte sein Gewicht auf die Fußballen und bewegte keinen Muskel, während er versuchte, das Risiko eines unmittelbaren Angriffs zu berechnen. Der Mann, der gesprochen hatte, stieß die Tür mit dem Fuß zu und trat dann hinter Bond. Sein Atem war warm und die leise Stimme klang bedrohlich. Die harte, kalte Berührung der Automatik in seinem Nacken vertrieb alle Gedanken an einen sofortigen Versuch, den Spieß umzudrehen.

»Also, Mr Bond, Sir. Wir werden eine kleine Spritztour machen. Nur wir vier. Ganz gemütlich und nichts, worüber man sich Sorgen machen müsste.« Die Stimme war leise, aber in der Tonlage lag etwas Seltsames.

»Nehmen Sie mich.« Bond passte die Lautstärke seiner Stimme an die seines Entführers an. »Nehmen Sie einfach nur mich. Lassen Sie Miss von Grüsse da raus.«

»Wie ritterlich.« Der Mann, der Flicka festhielt, bewegte sich leicht und drückte ihr die Mündung seiner Pistole fester in den Nacken. »Finden Sie das nicht ritterlich, Mr

Archibald? So etwas sieht man heutzutage nur noch selten.« Das Timbre seiner Stimme war fast identisch mit dem seines Partners.

»Außergewöhnlich uneigennützig, Mr Cuthbert. Ein Jammer, dass es nicht in unserer Macht steht, eine solche Bitte zu erfüllen.«

Flicka hatte diese beiden Männer sehr treffend beschrieben. Als Archibald sich um Bond herumbewegte und in sein Blickfeld kam, sah er, dass die beiden wie aus einem Zeichentrickfilm entsprungen wirkten. Trotz ihres makellosen Erscheinungsbilds gaben sie ein bizarres Paar ab. Beide trugen einen eleganten, hervorragend geschneiderten Anzug – der eine aus grauem Serge, der andere aus einem dunklen Stoff mit dünnen Nadelstreifen. Ihre Schuhe waren von Gucci, die Anzüge zweifellos von Armani, ihre weißen Seidenhemden waren vermutlich von Turnbull & Asser, während die identischen gestreiften Krawatten die Farben einer sehr renommierten britischen Privatschule zeigten.

Damit endete die Normalität allerdings auch, denn sie sprachen in diesem etwas affektierten Englisch, das manchmal als »Oxfordenglisch« bezeichnet wurde, obwohl es eher das nasale Gesäusel der Yuppies imitierte. Beide hatten dunkles Haar, das sehr kurz geschnitten war, in einem Stil, wie ihn einst die Beatles getragen hatten, und die Haarfarbe schien im Widerspruch zu ihrem rosigen, fast femininen Teint zu stehen. Sie waren offensichtlich verwandt, denn beide hatten unnatürlich dicke, blasse Lippen und dieselben clownhaften Augenbrauen – wie umgekehrte, dicke V –, was ihnen einen permanent fragenden Ausdruck verlieh.

»Ich denke, es ist wirklich an der Zeit, dass wir uns auf den Weg machen.« Archibald bewegte sich wieder. »Lassen Sie mich Ihnen sagen, was wir tun werden.«

»Ein ausgezeichneter Gedanke, Mr Archibald. Ich wollte gerade dasselbe vorschlagen.«

»Wir werden dieses Zimmer verlassen«, fuhr Archibald fort, »und die Dienstbotentreppe nach unten gehen. Es sind fünf Stockwerke bis nach unten, und – auch wenn das jetzt ein wenig melodramatisch klingt – sollte einer von Ihnen eine falsche Bewegung machen, sind Sie beide tot.«

»Und das auf der Stelle, meinen Sie nicht auch, Mr Archibald?«

»Das hätte ich selbst nicht besser sagen können, Mr Cuthbert.«

»Und was passiert danach?« Bond versuchte, gelassen zu klingen, während er verzweifelt nach einer Fluchtmöglichkeit suchte, die keine Gefahr für Flicka darstellen würde.

»Wir gehen zum Dienstbotenausgang, nicht wahr, Mr Archibald?«

»Wieder richtig, Mr Cuthbert. Der Dienstbotenausgang, vor dem ein Auto mit Fahrer stehen sollte.«

»Und dann unternehmen wir diese gemütliche kleine Fahrt ins Grüne?«

»Sie sind sehr schnell von Begriff, Mr Bond. Das wäre dann wohl alles. Rein in den Wagen und los. Um diese Zeit an einem Sonntagabend ist es unwahrscheinlich, dass wir von jemandem gesehen werden.«

»Und ich hatte Sie für unschuldige Chorknaben gehalten«, bemerkte Flicka ohne eine Spur von Angst.

»Sehr witzig, Miss von Grüsse. Tatsächlich haben wir ziemlich gute Stimmen. Vielleicht bekommen wir die Chance, auf Ihrer Beerdigung zu singen.«

»Tja, das ist sehr schön für Sie beide.« Bond bewegte sich ein wenig nach rechts. »Aber was ist, wenn wir nicht mitkommen wollen?«

»Sie haben keine andere Wahl, Mr Bond.« Archibald hielt die Pistole unsicher in der linken Hand und Bond konnte die Verbände unter der Manschette seines rechten Ärmels erkennen. Er war zweifellos der junge Mann, dessen Handgelenk er bei ihrer Ankunft in der Autotür verletzt hatte. Es war klar, dass er es nicht gewohnt war, die Waffe in der linken Hand zu halten.

»Oh nein, Mr Bond. Bitte denken Sie nicht einmal daran.« Archie wich ein paar Schritte zurück, als er sah, wie Bonds Blick auf das verletzte rechte Handgelenk fiel. »Sie haben tatsächlich einen Knochen gebrochen, wussten Sie das?«

»Nur einen?«

»Sehr schmerzhaft das Ganze. Aber ich kann sehr gut mit Schmerzen umgehen. Ich kann sie ertragen und zufügen, wie Sie wahrscheinlich noch erfahren werden. Wenn Sie jetzt so freundlich wären, zu Ihrer Freundin zu gehen.« Mit seiner Pistole gestikulierte er in Richtung Flicka. »Ich bitte Sie, Mr Bond, seien Sie nicht so widerspenstig. Bewegen Sie sich einfach.«

»Tu lieber, was er sagt, Liebling«, lächelte sie durch den Raum. »Ich glaube, die beiden haben ein recht aufbrausendes Temperament.«

Bond ging langsam zu ihr hinüber und warf ihr einen Blick zu, um ihr zu vermitteln, dass er trotz der grotesken

Erscheinung der beiden die Gefahr, die von ihnen ausging, durchaus begriffen hatte. Wenn Leute wie Cuthbert und Archie im Doppelpack auftraten, handelte es sich in der Regel um Psychopathen und er hatte keine Absicht, auch nur den Versuch zu unternehmen, sie auszuschalten, bis sich ein narrensicherer Moment bot.

Cuthbert war von Flicka zurückgetreten und Archie forderte sie auf, Händchen zu halten. »Tun Sie so, als wären Sie zwei Verliebte auf einem netten Spaziergang nach Grantchester«, fügte er hinzu und wies darauf hin, dass Tarns Leute sie seit ihrer Ankunft in Cambridge beobachtet hatten.

Als sich ihre Hände berührten, trat Cuthbert vor und legte den beiden ein Paar Handschellen an. »So«, gurrte er. »Ist das nicht wunderbar romantisch? Ich schlage vor, wir bewegen uns in einem gemäßigten Tempo. Mr Archibald wird vorangehen, Sie werden ihm folgen und ich werde das Schlusslicht bilden.«

»Und bitte zwingen Sie uns nicht, etwas zu tun, was wir bereuen würden«, fügte Archibald hinzu.

Er hielt kurz vor der Tür inne, nickte und führte sie den Gang entlang zu einer schlichten Tür mit der Aufschrift *Nur für Mitarbeiter.*

Die hintere Treppe war schmucklos: Betonstufen und weiß verputzte Wände. Bond fiel auf, dass sich diese ungewöhnlichen Schläger mit der schnellen, trittsicheren Geschwindigkeit gut ausgebildeter Soldaten bewegten, und der Gedanke, dass es sich bei ihnen um bezahlte Söldner handeln könnte, schoss ihm durch den Kopf. Aber ihrem Aussehen nach hätten sie auch Männer vom SAS oder der amerikanischen Delta Force sein können.

Sie waren sehr wachsam während ihres Abstiegs. Bond hatte keinen Zweifel daran, dass jeder Fluchtversuch zu einem schnellen, plötzlichen Tod führen würde.

Im Erdgeschoss deutete Archibald mit einer schnellen Kopfbewegung auf eine Flügeltür, die mit einem automatischen Stangenschloss gesichert war. In den wenigen Sekunden, die es dauerte, die Tür zu erreichen, verschwanden die Pistolen, aber beide Männer drängten ihre Gefangenen mit ihrem Körper in die richtige Richtung.

Durch die Türen gelangten sie auf eine Seitenstraße, in der Tarns zweiter Rover mit laufendem Motor und einem Mann am Steuer wartete. Archibald öffnete die Tür auf seiner Seite und schob Flicka und Bond in das Fahrzeug, während Cuthbert die Tür auf der anderen Seite öffnete und auf die Rückbank rutschte. Innerhalb von Sekunden waren sie losgefahren, dicht gedrängt auf der Rückbank des Wagens, flankiert von den beiden bewaffneten Männern.

»Alles gut gelaufen?« Der Fahrer drehte sich nicht um, sondern konzentrierte sich darauf, den Wagen in den Hauptstrom des Verkehrs zu lenken.

»Wie geschmiert«, antwortete Cuthbert.

»Wie am Schnürchen, würde ich sogar sagen«, fügte Archibald hinzu.

»Wo auch immer wir hinfahren, Sie werden angehalten werden, lange bevor wir aus der Stadt sind.« Bond war zuversichtlich, was diese Einschätzung anging. Mit den Überwachungsteams in der Nähe sollte es nicht lange dauern, bis eine der Einheiten dem zweiten Rover auf die Spur kam.

Doch nichts geschah. Der einzige Moment, der im Auto für Spannung sorgte, war, als sie rechts ranfahren mussten, weil zwei Feuerwehrwagen, zwei Krankenwagen und ein Polizeiauto mit Sirenengeheul vorbeirauschten. Sie erreichten die Auffahrt zur M11 ohne ein Anzeichen von polizeilichen oder paramilitärischen Straßensperren, obwohl der Fahrer ständig von Cuthbert ermahnt wurde, darauf zu achten, dass ihnen niemand folgte.

Gelegentlich schielte Bond zu Flicka, und wenn sich ihre Blicke trafen, versuchten sie, einander schwachen Trost zu spenden. Beide waren völlig ratlos, wie sie ihren sonderbaren Entführern entkommen sollten.

Eine weitere Sorge war, dass man ihnen die Augen nicht verbunden hatte.

Niemand schien auch nur im Geringsten besorgt zu sein, dass sie den Weg mit Leichtigkeit zurückverfolgen könnten.

»Es macht Ihnen nichts aus, dass wir sehen, wohin wir fahren?«, fragte Bond schließlich.

»Macht Ihnen das etwas aus, Mr Cuthbert?«

»Nicht im Geringsten, Mr Archibald.«

Das schräge Paar lachte und Cuthbert fügte hinzu: »Ich kann mir nicht vorstellen, dass der Chef Sie den Weg zurückverfolgen lässt.«

»Kein Rückfahrschein«, brummte Archibald süffisant.

Schließlich verließen sie die Autobahn an der Ausfahrt 8 und ein paar Minuten lang dachte Bond, sie wären zum Flughafen Stansted unterwegs, doch sie fuhren weiter durch das Städtchen Tackley und bogen etwa anderthalb Kilometer weiter auf eine Nebenstraße ab.

Jetzt wurde es schwierig, dem Weg zu folgen, denn sie schlängelten sich durch eine Reihe von Gassen und Nebenstraßen, die kaum ausgeschildert waren. Schließlich bog der Rover abrupt durch ein offenes Tor auf eine lange, gewundene Auffahrt, die von offenbar wild und unkontrolliert wachsenden Büschen gesäumt war. An einigen Stellen schrammten die Büsche, die in die Einfahrt hineinragten, am Auto entlang. Endlich konnte man im Scheinwerferlicht ein großes viktorianisches Haus erkennen. Die Dunkelheit verlieh den Giebeln und dem Mauerwerk ein unheimliches Aussehen: ein schauriger verfallener Bau, dessen Silhouette sich schwarz vor dem dunklen Himmel abhob. Das Haus hätte von den Brontës oder Dickens geschrieben sein können, in *Wuthering Heights* oder *Bleak House*.

Der Fahrer ließ die Scheinwerfer des Rover aufblitzen und aus der Tür kam ein kleiner Lichtstrahl als Antwort.

»Wie es aussieht, sind sie noch nicht da«, murmelte der Fahrer.

»Zu spät zu ihrer eigenen Beerdigung«, sagte Cuthbert fröhlich.

»Macht nichts, wir können es uns ja alle bequem machen.« Archibald versetzte Bond einen Stoß in die Rippen. »Wir sind da, Mr Bond. Alle aussteigen.«

»Alle an Land«, fügte Cuthbert hinzu.

Noch immer mit den Handschellen gefesselt stiegen sie aus dem Auto und traten in die kühle Nachtluft. Der Fahrer sprach leise und schnell mit einer sechsten Person – einer hochgewachsenen jungen Frau, die eine große Taschenlampe trug.

Der Fahrer wandte sich an Archibald, während Cuthbert dicht bei den beiden Gefangenen blieb. »Wenigstens hat Beth etwas zu essen für uns vorbereitet.«

»Etwas zu essen klingt ja nett, aber ich muss dringend auf die Toilette«, meldete sich Flicka zu Wort.

»Na, da haben Sie aber Glück«, sagte Archie. »Beth hier wird dafür sorgen, dass Sie nicht versuchen zu fliehen.«

Drinnen wirkte das Haus verwaist, mit wenigen Möbeln und ohne Strom. An den Ausgucken waren Kerzen aufgestellt worden. Die drei Männer nahmen Bond die Handschellen ab, die ihn an Flicka fesselten, und achteten genau darauf, dass sie keine Gelegenheit zu einem Fluchtversuch bekamen.

Nacheinander wurden sie zu einem Badezimmer im Erdgeschoss gebracht, das im Kerzenschein gut sichtbar von Schimmel überzogen war. Beth, die darauf achtete, ihr Gesicht im Schatten zu halten, bewachte Flicka, während Cuthbert auf Bond aufpasste. Dann wurden sie die Haupttreppe hinaufgeführt, die bei jedem Schritt knarrte und knackte. Das Haus roch feucht, muffig und nach Verfall. In dem Raum zwei Stockwerke höher, in dem sie schließlich eingesperrt wurden, hing die Tapete in großen Fetzen von der Wand. In einer Ecke stand ein alter eiserner Heizkörper, an den sie dieses Mal mit zwei Paar Handschellen gefesselt und mit einer einzigen brennenden Kerze in der Mitte des Raums zurückgelassen wurden.

Es war eine lange, schmale Kammer mit einem Dachfenster und einem nackten Dielenboden. Früher könnte es ein Dienstbotenzimmer gewesen sein und Bond fragte sich, wie viele junge Mädchen hier wohl in Elend gelebt hatten, nachdem sie zum ersten Mal von zu Hause weggeschickt worden waren und nur noch diesen kleinen Raum als Rückzugsort hatten.

Wenige Augenblicke nachdem sie an die Heizung gefesselt worden waren, kam Beth mit zwei Tassen undefinierbarer Suppe und ein paar Brocken Brot zurück. Sie sagte zu keinem der beiden etwas, obwohl Flicka munter versuchte, sich zu unterhalten und ihr zu danken. Draußen hörten sie das Klicken eines Schlüssels im Türschloss und das Echo von Beths Schritten auf den morschen Dielen, als sie die Treppe hinunterging.

»Was denkst du, James?«, flüsterte Flicka.

»Ich denke, wir sollten versuchen, diese verdammten Handschellen loszuwerden.«

»Ich habe mal einen Blick auf das Rohr geworfen, an dem sie mich festgemacht haben. Solide wie Stein.«

»Meins ist verdammt rostig, ich probiere es mal.« Mit der freien Hand tastete er am Rohr entlang. Es war offensichtlich die Leitung, durch die das heiße Wasser in den Heizkörper floss, aber selbst ein professioneller Klempner hätte Probleme gehabt, sie abzuschrauben.

»Glaubst du, die haben Befehl, uns zu töten?«, fragte Flicka.

»Noch nicht, aber ich denke, es ist sehr wahrscheinlich, dass sie auf Befehle warten. Hätten sie den Befehl erhalten, uns zu töten, wäre das Ganze schon längst erledigt.«

»Ein erfreulicher Gedanke.«

»Sie sind ein fröhliches kleines Paar. Psychopathen von der Sorte, die stolz auf ihre Arbeit sind. Ich schätze, sie sind Tarns menschliche Rottweiler.« Er wand die Kette der Handschellen um das Rohr, indem er seine rechte Hand immer wieder drehte. Irgendwann konnte er sie nicht mehr weiter bewegen. Dann übte er mit der linken Hand Druck auf die rechte Handschelle aus, um zu sehen, ob er genug Hebelwirkung erzielen konnte, um das Rohr zu zerbrechen oder sogar die Kette zwischen den Handschellen zu zerreißen.

Nach einer halben Stunde hielt er inne, trank die Suppe, die inzwischen kalt geworden war, und aß ein paar Bissen Brot. Er wollte sich keine falschen Hoffnungen machen, aber das Heizungsrohr hatte sich unter dem Stahl der Handschellen leicht verbogen, was ihm zwar einen blauen Fleck im Handgelenk beschert, aber das rostige Metall eindeutig beschädigt hatte.

Er ruhte sich ein paar Minuten lang aus und fing dann von Neuem an. Tief unter ihnen im Haus konnten sie Stimmen hören, als die drei Männer und Beth sich unterhielten.

»Wir müssen fernab von anderen Häusern sein«, sagte er keuchend vor Anstrengung, während er sich an dem Rohr abarbeitete. »Sie benehmen sich, als gehöre ihnen der Laden.«

»Wir können natürlich nicht überprüfen, ob das wirklich so ist.« Zum ersten Mal klang sie wirklich besorgt.

Bond sagte ihr, sie solle versuchen, sich auszuruhen. »Wer weiß, vielleicht brauchen wir unsere Kräfte noch, bevor der Abend vorbei ist.«

Er machte weiter, kam ein wenig voran und lauschte kurz darauf, wie ihre Atmung gleichmäßig wurde, als sie einschlief.

Bond wollte nicht aufgeben, obwohl sein Handgelenk bald aufgerissen und blutig war. Er hatte keine Ahnung, wie viel Zeit ihnen noch blieb, doch langsam bekam das alte Heizungsrohr unter dem harten Stahl der Handschellen Risse.

Aus Minuten wurden Stunden und die Zeit hatte keinerlei Bedeutung mehr. Dann plötzlich gab das Rohr mit einem lauten Knacken nach und er zog seine Hand vorsichtig von dem Heizkörper weg.

Die Kerze war fast erloschen und hinter dem schmutzigen Fenster zeigten sich die ersten Anzeichen der Morgendämmerung. Die tiefschwarze Nacht wurde von einem unheimlichen, perlmuttartigen Licht ersetzt.

Es gab nichts, was er tun konnte, um Flicka zu befreien, da sie an den alten Heizkörper selbst gefesselt war. Er streckte sein aufgerissenes, geprelltes und blutendes Handgelenk aus und versuchte, seine Glieder zu bewegen, die verkrampft waren und vor Schmerz sangen. Er hatte es gerade geschafft, sich aufzurichten und sich mit dem Rücken an die Wand zu lehnen, als das helle Licht von zwei Scheinwerfern durch das Fenster fiel und das Geräusch eines Autos erklang, das hinter dem Rover vor dem Haus anhielt.

Bond schlich langsam an der Wand entlang zum Fenster, blieb aber in Deckung, um nicht gesehen zu werden. Wie er vermutet hatte, war das kleine Fenster in das Dach des Hauses eingelassen und von unten drangen streitende Stimmen herauf. Er hörte Cuthbert recht laut sagen: »Aber wir können sie doch nicht einfach hierlassen.«

Eine andere Stimme, die er eindeutig als Max Tarn erkannte, antwortete: »Tja, genau das werden wir aber tun. Ich will nicht noch mehr Blut an den Händen von irgendjemandem. Jedenfalls noch nicht. Wir haben noch viel zu tun.«

»Die werden uns an die Bullen verpfeifen, Chef!«, beharrte Archibald.

»Steig in den Wagen, du verdorbenes, perverses kleines Monster, und tu, was der Chef sagt.« Diesmal war es die Stimme von Maurice Goodwin.

»Ich bin nicht pervers. Sie haben kein Recht, so mit mir zu reden. Cuthbert, sag doch auch was. Wir können die beiden nicht einfach da oben lassen.«

»Wir müssen, wenn der Chef es sagt.«

Es gab ein kurzes Handgemenge und einen Schmerzensschrei von Archibald. »Das war mein verdammtes Handgelenk, Goodwin. Lassen Sie mich los.«

»Dann steig in den Wagen. Wir haben nicht mehr viel Zeit.«

Bond schob sich bis zum Fenster und sah, dass beide Rover mit laufendem Motor draußen standen und der erste gerade losfahren wollte. Als er seine Augen anstrengte, erkannte er deutlich die Gestalt von Max Tarn im Scheinwerferlicht, die um die Vorderseite des zweiten Wagens herumstapfte und sich duckte, um sich auf die Rückbank zu setzen. Wenige Augenblicke später fuhren die Autos los. Ihre Rücklichter wurden kleiner, als sie die Auffahrt hinabfuhren.

Er wartete gut drei bis vier Minuten in der Hocke am Fenster und lauschte darauf, ob unter ihnen noch jemand zu hören war. Nichts. Weder Bewegung noch ein Wort.

»Flicka«, rief er sanft. »Flicka. Ich bin frei und …«

»Und sie sind weg. Ich habe es gehört. Was zum Teufel ist hier los?«

»Wir sind am Leben, also werde ich nachsehen, ob sie irgendjemanden zurückgelassen haben.« Er ging zur Tür, versuchte, den Griff zu betätigen, spürte, wie das einfache Schloss ein wenig nachgab, machte einen Schritt zurück und trat dagegen. Einmal. Zweimal. Beim dritten Tritt zersplitterte das Holz um das Schloss und die Tür schwang auf.

Ein leichter Schimmer der Morgendämmerung drang durch die Fenster unten. Die Kerzen waren gelöscht worden, also wartete er, bis sich seine Augen an die Dunkelheit gewöhnt hatten, bevor er den Gang entlang zur Treppe ging und dann hinunter in den Flur im ersten Stock mit der langen Balustrade stieg, der zur Haupttreppe und zur Eingangshalle führte.

Die Eingangstür stand offen, sodass ein kühler Wind in die Überreste des Hauses wehte. Papier oder Blätter flogen durch die Tür und wirbelten raschelnd durch den gefliesten Eingangsbereich.

Am Fuße der Treppe sah er etwas Kleines, Buckliges und Schwarzes, das er zunächst für eine Katze oder schlimmer noch eine große Ratte hielt. Aus einem Reflex heraus trat er aus, doch zu seiner Überraschung glitt das Objekt über den Boden und prallte mit einem dumpfen Knall und dem Klang einer Glocke gegen die Fußleiste. Es war ein altes Telefon, das noch angeschlossen war.

Er hob den Hörer ohne große Erwartungen ab und erschrak fast, als er das Freizeichen hörte. Automatisch wählte er die Kontaktnummer. Es meldete sich eine Frau am anderen Ende der Leitung.

»Bruder James«, sagte er, hörte das Kratzen in seiner trockenen Kehle und merkte, dass er außer Atem war.

»Geben Sie mir die Antwort auf Frage drei, Bruder James.«

Offensichtlich wollte niemand in London ein Risiko eingehen. Vor ihrer Abreise nach Cambridge waren sie die übliche

Liste von Codeworten und dem, was man gern als Telefonsicherheit bezeichnete, durchgegangen. Bond betrachtete das alles mit einer gewissen Portion Zynismus, aber er kramte das richtige Wort aus seinem Gedächtnis hervor.

»Einen Moment, Sir.«

»James?« Es war die Stimme von Bill Tanner, dem ehemaligen Stabschef von M, der jetzt offiziell der Geschäftsführer von MicroGlobe One war. »James, wo zum Teufel sind Sie?«

»Ich habe keinen blassen Schimmer. Sie müssen eine Ortung durchführen. Irgendwo auf der anderen Seite des Flughafens Stansted. Ich bin mir nicht sicher, wo genau. Ein altes, verfallenes viktorianisches Anwesen. Ich denke, es gehört wahrscheinlich den Tarns, denn sie sind gerade weggefahren.«

»Das kann nicht sein.« Tanner klang fast schockiert.

»Verfolgen Sie diese verdammte Telefonnummer zurück.«

»Ja, das tun wir gerade.«

»Und warum können die Tarns nicht gerade von hier weggefahren sein?«

»Weil«, sagte Bill Tanner langsam, »sie letzte Nacht in der Nähe von Cambridge bei einem Autounfall ums Leben gekommen sind. Ich habe die Leichen selbst gesehen. Sir Max, Lady Trish und ihr Fahrer.«

»Sie haben die Leichen *gesehen*?«

»Was von ihnen übrig ist. Sie sind bis zur Unkenntlichkeit verbrannt, aber es kann niemand anders sein.«

Hinter sich hörte Bond Flicka aus dem oberen Stockwerk rufen. In der knarrenden Dunkelheit des alten Gebäudes hallte ihre Stimme schrill wider und klang wie das Heulen einer Banshee.

8

Boxwood

»Es hat also niemand den Unfall mit eigenen Augen gesehen?« Bond blickte von dem Stapel grausiger Fotos auf, der vor ihm auf dem Tisch lag. Die schwache Sonne des späten Nachmittags schien durch das Fenster auf den hochglanzpolierten Tisch, um den die Mitglieder von MicroGlobe One saßen. Sie waren wieder da, wo alles angefangen hatte, im Besprechungsraum des Innenministeriums, und die Ereignisse des vergangenen Tages standen allen noch unangenehm vor Augen.

Zwei Polizeiautos und drei weitere Fahrzeuge des Security Service waren innerhalb von fünfzehn Minuten nach Bonds Gespräch mit Bill Tanner bei dem Haus eingetroffen. Erst später erfuhren sie, dass es sich bei dem Anwesen – Hall's Manor – um ein verfallenes Relikt aus besseren Zeiten handelte, acht Kilometer südlich des Dorfs Hope End.

Erbaut in der Mitte des Viktorianischen Zeitalters von einem Geschäftsmann, Sir Brent Hall, der für Hall's Peerless Pills bekannt war – ein nutzloses Placebo, das ihm durch geschickte Werbung und eine damalige Gesellschaft, die auch gegen kleinere Beschwerden alles Erdenkliche einnahm, ein Vermögen einbrachte –, galt das weitläufige Haus nicht nur als nutzloser Prunkbau, sondern auch als Ort, an dem es spukte. Die Menschen in den umliegenden Dörfern hielten sich in der Regel davon fern und in letzter Zeit hatte es immer wieder Geschichten von Lichtern in der Nacht und anderen Arten von Geisteraktivitäten gegeben.

Die Familie Hall war den Weg so vieler ähnlicher Selfmade-Sippen aus der Viktorianischen Zeit gegangen, die mit einer gut vermarkteten Idee reich geworden waren. Die Halls, so hieß es, waren binnen drei Generationen vom Tellerwäscher zum Millionär auf- und wieder zum vornehmen Bettler abgestiegen und hatten das verfallene Herrenhaus als riesigen, ziemlich nutzlosen Schandfleck in der Landschaft hinterlassen. Jeder Verkauf des Grundstücks wurde nun von einer verrückten alten Verwandten blockiert, die in einem Heim für Damen in ärmlichen Verhältnissen lebte, während sie sich an den Traum klammerte, dass Hall's Manor eines Tages wieder zu alter Größe zurückkehren würde.

Flicka – normalerweise unerschütterlich – hatte sich fast in einem Zustand nervöser Erschöpfung befunden, als die Retter eintrafen. Sie wurde ein paar Stunden im nächstgelegenen Krankenhaus behandelt, während Bonds Handgelenk verarztet und versorgt wurde.

Bill Tanner sorgte dafür, dass der Saab zum Krankenhaus gefahren wurde, und sie setzten ihre Reise zurück nach London fort, wo sie gut zu Mittag aßen und in die Wohnung an der King's Road zurückkehrten, um sich auszuruhen und zu erholen.

Am Abend waren sie so weit wiederhergestellt, dass sie einen kurzen Spaziergang zu einem ihrer Lieblingsrestaurants machen konnten. Danach zogen sie sich ins Bett zurück und schliefen fast zwölf Stunden lang eng umschlungen. Schließlich wurden sie von einem Telefonanruf geweckt, der sie beide zu einer ausführlichen Lagebesprechung rief.

Bei einem späten Frühstück gingen sie die Zeitungen durch. Sir Max hatte es auf jeden Fall in die Schlagzeilen geschafft – *Tycoon und seine Ehefrau bei Horrorautounfall ums Leben gekommen! Unfall fordert das Leben des Philanthropen und seiner Frau.* Auch die Tatsache, dass Tarns Hauptquartier in der Nähe des Ludgate Circus und sein Haus in Chelsea innerhalb weniger Stunden nach seinem Tod von Polizeibeamten durchsucht worden waren – unter anderem von Mitgliedern der Antiterror- und der Bombeneinheit sowie von Ermittlern des Betrugsdezernats und Sicherheitsexperten –, wurde hervorgehoben.

Bond rief sofort in seinem Büro am Bedford Square an, denn er wusste, dass es sich bei den »Sicherheitsexperten« um Mitglieder seiner eigenen Null-Null-Abteilung handeln musste.

Bevor sie zu ihrem Termin mit dem Ausschuss aufbrachen, vergewisserte er sich, dass seine vier besten Leute, zwei Männer und zwei Frauen, für das Projekt eingeteilt worden waren.

Der Staatssekretär eröffnete die Sitzung. »Jetzt, da die Durchsuchungsbefehle vollsteckt wurden und wir uns durch diesen Aktenwust wühlen müssen, wäre es am besten, wenn die Null-Null-Abteilung die gesamte Untersuchung übernehmen würde.« Bond konnte ihm daraufhin mitteilen, dass er persönlich Mitglieder seiner Abteilung damit beauftragt hatte, mit den anderen Behörden in Verbindung zu treten.

Alle Mitglieder des Ausschusses waren anwesend, einschließlich Bill Tanner, der als Geschäftsführer nur selten gebraucht wurde. Sein Job bei MicroGlobe One war eigentlich eine Position hinter den Kulissen, als Organisator und Verbindungsmann. Bond sprach jetzt mit Tanner, denn sein alter Freund war für die Koordination der Überwachungsteams des Security Service in Cambridge zuständig gewesen.

»Wie ich schon sagte, niemand hat den Unfall mit eigenen Augen gesehen. Würden Sie für mich also noch einmal die Ereignisse durchgehen, Bill?«

Tanner lächelte düster. Die Dinge, sagte er, waren von Anfang an nicht gut gelaufen. Die Überwachungsteams hatten es nicht geschafft, eingehende oder ausgehende Telefongespräche abzuhören. »Tarn scheint eine sehr ausgeklügelte Elektronik benutzt zu haben«, sagte er zu Bond, der sich an Maurice Goodwins Prahlerei erinnerte: »Es gibt Leute, die gern unsere Telefonate mithören würden – aber das können sie nicht, weil wir die Vermittlung umgehen.«

»Erst nach der plötzlichen Abreise gestern Abend ist es uns gelungen, ein Gespräch zu belauschen«, gab Tanner zu. »Es war nur ein Gespräch zwischen zwei Fahrern. Sie wollten zum Flugplatz Duxford, was uns plausibel erschien, aber sie hielten sich von der Autobahn fern, nahmen Nebenstraßen und fuhren durch die Dörfer. Wie Sie wissen, sind einige dieser Nebenstraßen gefährlich schmal.«

Die Überwachungsteams hatten die Gruppe von Sir Max gut eingekesselt. Einer der Rover begleitete den Rolls und

Bill Tanners Leute konnten weit vorausfahren, während eine andere Gruppe etwa einen Kilometer zurückblieb.

»Wir haben Duxford überprüft. Wir haben uns gefragt, ob der Firmenjet von Tarn dort gelandet sein könnte, was unwahrscheinlich und tatsächlich auch nicht der Fall war. Das verfolgende Team hatte als Erstes den Verdacht, dass etwas nicht stimmte. Als sich der Unfall ereignete, stieg eine Flammen- und Rauchsäule auf, die noch von der Autobahn aus zu sehen war.«

Zu diesem Zeitpunkt, am Dienstagnachmittag, hatte die Polizei bereits alle Fakten zusammengetragen und ihre Erkenntnisse lagen neben den Fotos. Der Rover, der vor dem Rolls von Tarn gefahren war, war verschwunden, aber der Rolls selbst war frontal mit einem schweren Tanklaster zusammengestoßen, der auf dieser Nebenstraße eigentlich nichts zu suchen hatte. Der Fahrer des Tanklasters sowie die Tarns und ihr Fahrer waren wahrscheinlich auf der Stelle tot. Ihre Körper waren von den Flammen verzehrt worden.

»Wie ich bereits sagte, James, der verdammte Tanker hatte hoch entzündliches Kerosin geladen. Er war es, der explodiert ist. Wahrscheinlich hat die Explosion den Rolls in wenigen Sekunden verschlungen.«

Bond wandte sich wieder den Fotos zu, auf denen der Rolls als verbogenes, verbranntes Metallskelett zu sehen war, das mit dem Führerhaus des Tanklasters, der in einem ähnlichen Zustand war, verschmolzen war. Die Straße war fast sechs Stunden lang gesperrt gewesen, hieß es.

Die nächsten Fotos zeigten die Überreste der vier Opfer, die in der Leichenhalle des Krankenhauses Addenbrooke in

Cambridge aufgebahrt worden waren: bis zur Unkenntlichkeit verkohlte Überreste, alle in der grotesken Fechterhaltung, die der menschliche Körper nach dem Tod durch Verbrennen einnahm. Der einzige wirkliche Anhaltspunkt war, dass drei dieser schrecklichen schwarzen Leichen einst unverkennbar männlich gewesen waren, die vierte war eine Frau.

»Wie steht es mit der Identifizierung?«, fragte Bond.

»James, Sie wissen so gut wie ich, dass die Sache mit den Zahnunterlagen eigentlich nur etwas für Krimiautoren ist. Man kommt nur selten an sie heran, aber wir überprüfen die DNA aller vier Leichen anhand von Haarspuren und Ähnlichem, was wir aus dem Haus der Tarns als Vergleichsproben genommen haben. Eine Woche, vielleicht zehn Tage für einen soliden Beweis. Das Einzige, was wir haben, sind die Überreste einer Halskette, die Trish Tarn getragen haben könnte, und die Überreste einer Rolex, die Sir Max gehört haben könnte.«

»Aber *wir* wissen, dass das nicht ihre Leichen sein können – zumindest nicht die von Sir Max.« Bond sah Tanner direkt in die Augen und bemerkte, wie sein alter Freund den Blick abwandte. »Also«, fuhr er fort, »keiner von Ihnen wird uns ernst nehmen. Sie haben Leichen, die aus dem Rolls und dem Tanklaster geborgen wurden. Ich habe meine Augen und Ohren. Max Tarn war zumindest gestern früh noch am Leben und in Hall's Manor. Gehen wir also die Möglichkeiten durch. Sie behaupten, dass nur die Tarns und ihr Fahrer im Rolls saßen. Wie viele Personen waren also in dem Rover?«

Tanner wiederholte seine frühere Aussage: Als der Rover das University Arms verlassen hatte, befanden sich darin ein Fahrer namens Hawkins, Maurice Goodwin, der Mann, den sie Connie nannten und der in Wirklichkeit Conrad Anthony Spicer hieß, das Dienstmädchen von Lady Tarn – ein Mädchen namens Susan Fawkes – und Tarns Kammerdiener George Drum.

Bond ging die Informationen durch, die sie über diese fünf Mitglieder des Gefolges hatten.

Soweit sie sehen konnten, war Maurice Goodwin Tarns rechte Hand. Er hatte die Kontrolle über die Sicherheit und kümmerte sich auch um so alltägliche Dinge wie Reisevorbereitungen, Hotels – wenn sie denn welche nutzten – und den allgemeinen Tagesablauf von Sir Max und Lady Tarn außerhalb des geschäftlichen Bereichs.

»Ich habe den dringenden Verdacht, dass er auch tief in das Tagesgeschäft von Tarn International involviert war«, hatte Bond ihnen gesagt, als sie die Liste zum ersten Mal durchgegangen waren. »Er scheint mit Tarn ziemlich eng befreundet zu sein. Als ich bei ihnen war, hat er wie ein Gleichgestellter mit Sir Max gesprochen. Sogar wie ein Partner.«

Commissioner Wimsey teilte ihnen mit, dass weder über Goodwin noch über den Fahrer Hawkins etwas in den Polizeiakten stand, auch das Dienstmädchen und der Diener seien unbeschriebene Blätter. Conrad Spicer war eine ganz andere Nummer: Tans persönlicher Leibwächter, der wahrscheinlich das Sagen hatte über andere Schläger, die von Tarn International beschäftigt wurden.

Connie Spicer hatte ein Vorstrafenregister, das eine kurze Gefängnisstrafe wegen schwerer Körperverletzung und eine weitere Anklage im Zusammenhang mit Schusswaffen enthielt, von der er jedoch freigesprochen worden war.

Allerdings hatte er auch einen militärischen Hintergrund und war mehrere Jahre beim Special Air Service gewesen. Er hatte sogar eine Auszeichnung für seine Tapferkeit während des Falklandkrieges erhalten.

»Na gut.« Bond lehnte sich zurück. »Ich werde es Ihnen noch einmal erzählen. Flicka und ich befanden uns in der gefährlichen Lage, die Gefangenen von zwei von Tarns anderen Leibwächtern zu sein. Ein reizendes Paar, das sich Mr Cuthbert und Mr Archibald nannte. Klingelt es bei diesen Namen?« Seine Frage richtete er an Wimsey, der den Kopf schüttelte und die Frage an Tanner weitergab.

»Sie wurden von den Überwachungsteams genau beschrieben. Wir haben sogar Fotos, aber sonst gibt es keine weiteren Informationen und ich muss Sie fragen, James, ob es sich nicht um eine persönliche Angelegenheit gehandelt haben könnte. Sie hatten schließlich eine Auseinandersetzung mit Archibald, als Sie im University Arms angekommen sind. Wir haben das sogar auf Band. Wir fanden, dass Sie etwas übers Ziel hinausgeschossen sind.«

»Das sehe ich anders. Der kleine Wicht war aufdringlich und wollte mich daran hindern, meinen Angelegenheiten nachzugehen. Wenn das Video auch eine Tonspur hat, wissen Sie auch, dass er mich bedroht hat und sich sogar als offizieller Sicherheitsmann ausgegeben hat – was er nicht war.«

»Sie bestreiten also, dass das, was am Sonntagnachmittag und am frühen Abend vorgefallen ist, in irgendeiner Weise eine persönliche Angelegenheit war?«

»Auf jeden Fall, und ich schlage vor, Sie befragen Flicka. Sie wird das alles bestätigen. Diese Kerle haben keinen Zweifel daran gelassen, dass sie auf Tarns Anweisung handeln. Ich persönlich glaube, dass diese beiden Witzbolde – die beiden sind sehr seltsame Zeitgenossen – davon ausgingen, dass man ihnen befehlen würde, uns zu töten und die Leichen in Hall's Manor zu verstecken. Am späten Sonntagabend und in den frühen Morgenstunden des Montags habe ich die folgenden Personen gesehen oder gehört: Cuthbert und Archibald, einen Fahrer, dessen Name nie genannt wurde, ein großes, langhaariges Mädchen namens Beth, Maurice Goodwin und Max Tarn. Ich nehme einfach an, dass Lady Tarn ebenfalls in dem Rover saß, der in den frühen Morgenstunden am Anwesen eintraf. Vor allem Cuthbert war sehr verärgert darüber, dass sie uns einfach dort zurücklassen wollten. Ich war nicht bewusstlos und hatte es geschafft, mich zu befreien und mich dabei zu verletzen.« Er hob sein rechtes Handgelenk. »Ich *weiß*, was ich gesehen und gehört habe. Sie hingegen haben keine Berichte über einen der beiden Rover erhalten.«

Tanner zuckte mit den Schultern und antwortete leicht zähneknirschend: »Nein.«

»Aber die Polizei und die anderen Überwachungsleute haben nach beiden Autos Ausschau gehalten?«

»Ja.«

»Also bleibt uns nur eine mögliche Schlussfolgerung.« Er blätterte in den Papieren vor sich. »Es scheint, dass Lady Tarns Dienstmädchen, Miss Fawkes, und Sir Max' Kammerdiener von ähnlicher Statur waren wie ihre Arbeitgeber.«

»Da stimmt wohl, ja.« Tanners Gesicht verriet, dass ihm die Richtung, die Bond einschlug, nicht gefiel. »Ich weiß schon, was Sie damit andeuten wollen, James, aber glauben Sie wirklich, dass jemand wie Tarn so skrupellos sein könnte?«

»Ja. Aus heiterem Himmel steckt er plötzlich in großen Schwierigkeiten. Wenn Ms Informant, wie hieß er noch gleich? Peter Dolmech …?«

M nickte, trug aber nichts zum Gespräch bei.

»Wenn Peter Dolmech recht hat, stand unser Freund Tarn, ein Industrieller, eine Säule der Gesellschaft und ein Philanthrop der Extraklasse, kurz davor, den Boden unter den Füßen weggezogen zu bekommen. Wenn Dolmech recht hat, hat Tarns Gewissen ihn nicht davon abgehalten, mit dem Tod zu handeln – nämlich Waffen und Sprengstoff zu schmuggeln. Als ich die Nachricht überbracht habe, war Tarn unglaublich ruhig. Er war wirklich außerordentlich gelassen, obwohl Goodwin erschüttert wirkte. Ich kann mir nicht vorstellen, dass ein Mann wie Tarn zweimal darüber nachdenkt, das zu tun, was ich vermute …«

»Sie wollen behaupten, dass er seinen eigenen Tod und den seiner Frau vorgetäuscht hat.«

»Tatsächlich soll er vier Menschen ermordet haben – Lady Tarns Dienstmädchen, seinen Kammerdiener und zwei Fahrer«, schaltete sich Wimsey ein.

»Genau. Wissen Sie etwas über den Fahrer des Tanklasters?«

Es herrschte eine lange, angespannte Stille, an deren Ende Claude Wimsey den Kopf schüttelte. »Um die Wahrheit zu sagen, Bond, wir wissen nicht einmal, woher der Tanklaster kam oder ob er überhaupt einer lokalen Firma gehört, die vom Flugplatz Duxford aus operiert.«

»Überzeugt Sie das immer noch nicht?« Bond wandte sich an den gesamten Ausschuss: »Ich habe Ihre Anweisungen befolgt und ihm den Tipp gegeben, dass er wegen illegalen Waffenhandels verhaftet und das Hauptquartier von Tarn International durchsucht werden soll. Ihre Idee war, ihn aus der Reserve zu locken, die Presse zu täuschen und ihn zu erwischen, wenn er versucht, Beweise verschwinden zu lassen. Stattdessen heckt er einen schnellen Plan aus, seinen Tod zu fingieren. Ergibt das etwa keinen Sinn für Sie?«

»Es ergibt viel zu viel Sinn.« Der Staatssekretär blickte zu M, der nickte und sich an Bond wandte.

»James, Tatsache ist, dass wir das alles wohl nicht hören wollten. Ich kenne Sie gut genug, um alles zu glauben, was Sie sagen. Sie haben eine klare Möglichkeit aufgezeigt. Was sagt Ihnen Ihr Bauchgefühl über Tarns Bewegungen, nachdem er die drei anderen von Hall's Manor abgeholt hat?«

»Sie waren ganz in der Nähe von Stansted, Sir. Ich habe gehört, wie einer von ihnen, ich glaube Goodwin, gesagt hat, sie hätten nicht mehr viel Zeit. Ich schätze, dass sie innerhalb einer Stunde, nachdem sie Flicka und mich zurückgelassen hatten, von Stansted abgeflogen sind.«

Commissioner Wimsey erhob sich vom Tisch. »Ich werde meine Leute bitten, die privaten Abflüge von Stansted gestern Morgen zu überprüfen. Wonach suchen wir? Acht Passagiere?«

»Neun, fürchte ich.« M sah ernst und unglücklich aus. »Ich habe mit Ihren Leuten im Hauptquartier von Tarn International und in seinem Privathaus Kontakt gehalten. Niemand hat Peter Dolmech gesehen. Es ist sehr wahrscheinlich, dass er entführt worden ist. Oder Schlimmeres.«

Der Commissioner verließ den Raum und es herrschte eine kurze Stille, bevor der Staatssekretär das Wort ergriff: »Captain Bond, wie es aussieht, liegt diese Angelegenheit jetzt in Ihren Händen. Ich werde dafür sorgen, dass die Polizei eng mit der Null-Null-Abteilung zusammenarbeitet. Unsere einzige Hoffnung ist, dass Sie bei dieser Schnitzeljagd eine Spur finden können. Wenn Wimsey weitere stichhaltige Beweise dafür vorlegt, dass Tarn noch am Leben sein könnte, werden wir selbstverständlich alle Beteiligten, von Interpol bis zum Secret Intelligence Service, alarmieren, um aggressiv nach ihm zu fahnden. Gibt es sonst noch etwas, das Sie brauchen?«

»Ich würde gern etwas mehr über diese beiden Clowns Cuthbert und Archie erfahren und versuchen, die Identität des Mädchens herauszufinden, das sie Beth genannt haben. Es wäre auch keine schlechte Idee, herauszufinden, ob eine von Tarns Firmen Hall's Manor erworben hat. Jemand hat erwähnt, dass sich die Anwohner in den letzten Wochen aufgrund von Lichtern und plötzlichen Aktivitäten ferngehalten haben. Wenn Tarn irgendein Recht hat, das Gebäude zu nutzen, würde er es sicher nicht einfach grundlos in seinen Plan einbinden, für tot erklärt zu werden. Der Ort ist für meinen Geschmack zu nah an Stansted.«

Er wollte gerade fortfahren, als Wimsey zurückkehrte, sein Gesicht eine Maske des Zorns. »Schlechte Nachrichten, fürchte ich. Ein Firmenflugzeug, das zu einer Firma namens Rendrag Associates gehört. Diese Firma gibt es natürlich nicht und die Lackierung des Flugzeugs sah aus, als wäre sie frisch aufgetragen worden. Auch die Beschreibungen passen und sie hatten einen Flugplan nach Paris, Charles de Gaulle, eingereicht, aber es gibt Hinweise darauf, dass das nicht ihr endgültiges Ziel war. Meine Leute arbeiten daran.« Er setzte sich hin, atmete tief durch und versuchte, seinen Ärger zu zügeln. Dann fügte er hinzu: »Es tut mir leid. Das hätte nicht passieren dürfen. Meine Leute haben die Sache ordentlich in den Sand gesetzt.«

Der Staatssekretär öffnete den Mund, um etwas zu sagen, aber das Telefon vor ihm surrte leise. Er nahm den Hörer ab und sprach leise hinein – kaum ein Flüstern. Fast sofort hob er den Blick und sah zu M hinüber.

»Er ist hier. Einen Moment.« Eine Hand bedeckte die Sprechmuschel, als er M sagte, es sei für ihn. »Dringend«, fügte er hinzu und hielt ihm den Hörer hin.

M knurrte in den Hörer, dann wurde er plötzlich hellwach. »Sie sind sich absolut sicher, dass es Boxwood war? … Und die Stimmabdrücke stimmen überein? … Gut … Ja … Ja, lassen Sie ihn sofort herschicken, mit einer bewaffneten Wache … Nein, nein, das ist *kein* Witz. Wenn ich sage, mit einer bewaffnete Wache, dann meine ich das auch. Der Stabschef wird ihn draußen in Empfang nehmen. Ja. Sofort.« Er legte den Hörer auf, und bevor er irgendetwas anderes sagte, sah er Tanner an. »Gehen Sie nach unten, Stabschef. Der Diensthabende schickt ein kleines Paket her. Wir brauchen es hier, sofort.«

Ohne ein Wort erhob sich Tanner und verließ den Raum.

»Ich nehme an, dass wir in diesem Gebäude so etwas wie einen Kassettenrekorder haben?« Er richtete die Frage an niemand Bestimmten, doch der Staatssekretär nickte. »Was …?«, setzte er an, aber M hatte sich bereits an den gesamten Ausschuss gewandt.

»Es scheint, dass mein Mann Peter Dolmech wieder aufgetaucht ist. Wir haben eine gesicherte Leitung mit eingebauter Stimmanalyse und einer Reihe anderer technischer Wunderwerke. Dolmech hat vor etwa einer halben Stunde eine Nachricht auf dem Band hinterlassen. Mein Diensthabender hat sie entschlüsselt, es ist zweifellos Dolmech. Sein Codename ist Boxwood und der Offizier sagt, die Nachricht sei extrem dringend.«

Der Staatssekretär verließ den Raum, um sich persönlich auf die Suche nach einem Abspielgerät zu machen. Niemand sprach, auch nicht, als er mit einem ausgeklügelten elektronischen Gerät zurückkehrte. Danach waren die Gespräche auf ein Minimum beschränkt, bis Bill Tanner mit einer kleinen Kassettenhülle zurückkam, die von einem Metallgehäuse umgeben war.

M legte die Kassette in das Gerät ein, stellte die Regler ein und bat darum, dass niemand sprach, bevor die Kassette nicht mindestens einmal abgespielt worden war.

Die Stimme war beherrscht und leise, aber der Sprecher klang selbstbewusst. »Hier ist Boxwood«, begann er. »Ich glaube, ich habe nicht viel Zeit, aber was ich für Sie habe, ist von größter Bedeutung. Sie haben vielleicht den Eindruck, dass unser gemeinsamer Freund Morgan tot ist. Das ist er nicht und seine Frau auch nicht. Wir sind in einer Villa in den Hügeln über Sevilla, die ihm gehört. Wir sind gestern früh nach Paris und dann weiter nach Spanien geflogen und ich stehe offensichtlich unter einer gewissen Beaufsichtigung. Zwei der Anwesenden behalten mich genau im Auge, obwohl es nicht schwer ist, ihnen zu entwischen. Ich habe alle Papiere, die Sie brauchen, um zum Kern der Angelegenheit vorzudringen. Morgen kann ich mich leicht davonschleichen. Ich werde um Punkt Mittag in den Jardines del Alcazár sein. Ich werde Jeanshemd, Jeansjacke und Jeanshose tragen und einen Beutel über meiner rechten Schulter haben, wenn die Luft rein ist. Wenn die Lage schwierig ist, werde ich den Beutel über meiner linken Schulter tragen. Ich schlage vor, sie holen mich an der Straße San Fernando ab, mit einem Auto oder einem Motorrad. Ich werde jemanden erwarten, der eine Ausgabe der *Financial Times* von morgen trägt, mit demselben Signal wie bei mir: in der rechten Hand, wenn alles in Ordnung ist, in der linken, wenn die Situation unklar ist. Wenn Sie mich mitnehmen können, fantastisch. Wenn etwas schiefgehen sollte, stellen Sie um jeden Preis den Beutel sicher. Soweit ich gehört habe, sind wir nur zwei Tage hier, wir haben also nur diese eine Gelegenheit. Ich sage Ihnen nicht, wo die Villa ist, denn ein Angriff wäre extrem gefährlich. Außerdem brauchen Sie, was ich habe, um die Tore zu Morgans Geheimnis zu öffnen. Morgen. Punkt Mittag.« Auf dem Band war ein deutliches Klicken zu hören, als Dolmech irgendwo in der Nähe von Sevilla den Hörer auflegte.

»Admiral?« Der Staatssekretär erteilte M das Wort.

»Wie schon gesagt, bei Boxwood handelt es sich um Peter Dolmech. Er weiß mehr über Tarns Geschäfte als irgendjemand sonst. Morgan ist Tarn. Wir hielten einen alten Piratennamen für passend. Nun, es gibt nur eine Antwort darauf.« M musterte jedes Mitglied des Ausschusses, bevor sein Blick letztlich auf Bond landete. »So dringend wir auch Max Tarn hinter Gittern sehen wollen, unsere oberste Pflicht muss Peter

Dolmech sein. Ohne ihn stehen uns Monate der Arbeit bevor. Ich werde dafür sorgen, dass ein Team meiner besten Leute noch heute Nacht nach Sevilla fliegt.«

»Sir«, kam es scharf und entschieden von Bond.

»Schlagen Sie sich das aus dem Kopf, Captain Bond.« Ms Gesicht war hart wie Granit und seine Augen schienen die Farbe von Zinn anzunehmen. »Die wissen, wer Sie sind. Sie und Miss von Grüsse.«

»Wenn wir Glück haben, werden uns Tarn und seine Leute nie zu Gesicht bekommen, Sir. Ich will nur, dass wir Dolmech für Sie abholen. Mein Plädoyer dafür, dass *wir* Tarn zur Strecke zu bringen, werde ich später halten. Ich finde, das steht uns zu. Ich werde ihn jagen und, falls es sein muss, töten. Das hier ist eine einfache Mission, die Fräulein von Grüsse und ich im Schlaf erledigen können.«

Es war M, der das lange Schweigen durchbrach. »Dann sei es so. Aber wenn Sie scheitern, Bond, werde ich dafür sorgen, dass Sie endgültig aus dem Dienst ausscheiden. Haben Sie verstanden?«

9

Die Wiege der Geschichte

Die Mädchen der Flamencoschule von Sevilla boten ein einzigartiges Farbenspiel. Ihre langen Röcke hoben sich und wirbelten, während sie auf dem *tablao* – einer leicht erhöhten Plattform – tanzten, das etwa fünfzig Meter hinter dem Eingang zu den Alcázar-Gärten aufgebaut worden war. Es gab zwei Gitarristen und die vier Tänzerinnen gaben mit Kastagnetten und Fußstampfen einen Gegenrhythmus vor, während einer der Gitarristen gelegentlich in *jaleos* ausbrach, jene gutturalen Aufmunterungsrufe, die immer Teil einer *juerga* waren – einem Spektakel aus Gesang und Tanz.

Juergas fanden in Sevilla regelmäßig im Frühling und Sommer unter freiem Himmel statt. Die charakteristischen Melodien und Akkorde, der fast aggressive Takt der Füße der Tänzer, das kontrastierende Klatschen und die traditionellen Bewegungen, einige stilisiert, andere spontan, ließen eine typisch spanische Szene für die Einheimischen und Touristen, die sich in den Gärten drängten, entstehen.

Die pulsierende, farbenfrohe und aufregende Kunstform des Flamenco war eine Mischung aus überlieferter, wiedergegebener, geliehener und weiterentwickelter Musik aus Traditionen, die ihren Ursprung in griechischen, karthagischen, römischen und byzantinischen Musiksystemen hatten.

Mit Blick auf die Rückseite des Palasts, des Alcázar, und die riesige Kathedrale, die gleich dahinter zu sehen war, waren Augen und Ohren wie hypnotisiert von der Musik, der sinnlichen Schönheit der Bewegung und der fast überwältigenden Kulisse der gewaltigen Architektur, die eine Mischung aus maurischer und iberischer Baukunst darstellte. Diese Mischung reichte aus, um jeden zu verführen, sich in diesen Teil Spaniens zu verlieben.

Männer und Frauen wie die, die an der *juerga* teilnahmen, tanzten schon seit Jahrhunderten auf diese Weise, denn Sevilla und seine Umgebung waren ein Schmelztiegel vieler Zivilisationen. Auf dem berühmten Jerez-Tor in der Nähe des Alcázar standen die Worte *Herkules erbaute mich, Cäsar umgab mich mit Mauern und Türmen, der Heilige König eroberte mich.* An diesem Morgen hatten Flicka und Bond zum Tor hinaufgeblickt, waren durch die Kathedrale und den Alcázar gelaufen und hatten das Gefühl von Geschichte in sich aufgesogen, das sich in der Architektur, der Umgebung und sogar in den Gesichtern der Menschen in diesem Schmelztiegel Europas spiegelte.

Der Himmel war zwar hellblau und wolkenlos, aber die Sonne war noch schwach und es lag eine gewisse Frische in der Luft. In ein oder zwei Monaten würde die Hitze drückend und unerbittlich sein, aber jetzt – etwa zehn Minuten vor

Mittag – war Bond froh über die Motorradbekleidung aus Leder, die er trug, während er an einem Tisch im Freien vor einer kleinen Bar saß und auf die Alcázar-Gärten blickte, ein Glas herben spanischen Brandy vor sich.

Sie waren am Abend zuvor mit einem Jet der Royal Air Force aus Northolt über Gibraltar eingereist. Zwei dunkelhäutige Männer, die Spanisch mit andalusischem Akzent und so fehlerfreies Englisch sprachen, dass es schwierig war, ihre tatsächliche Herkunft zu bestimmen, hatten sie über die Grenze gebracht. Dann waren sie die Küste hinauf nach Sevilla gefahren und hatten Bond und Flicka in einer kleinen Wohnung abgesetzt, wo ein dritter Mann zusammen mit einer schweigsamen, verdächtig aussehenden Frau gewartet hatte, um sicherzustellen, dass sie alles hatten, was sie brauchten: Essen, Trinken und die anderen unentbehrlichen Dinge, die sie für die Übergabe am Mittag des folgenden Tages brauchten.

Im Flugzeug hatten sie detaillierte Straßenkarten von Sevilla studiert und die Route abgesteckt, die Bond nehmen würde, sobald er Dolmech abgeholt hatte. Jetzt würden sie Zeit haben, die letzten Etappen dieser Strecke zu organisieren: eine Route, die Bond und den geretteten Dolmech zurück zur Wohnung bringen würde.

Der Mann und die Frau in dem sicheren Unterschlupf hatten überprüft, ob die Motorradbekleidung und der Helm Bond passten, ihm gezeigt, wo die große Triumph Daytona versteckt war – in einem kleinen Schuppen drei Minuten zu Fuß von der Wohnung entfernt –, und waren erst gegangen, nachdem sie sich vergewissert hatten, dass der Plan für den nächsten Tag auf die Sekunde genau durchgeplant war.

M hatte darauf bestanden, dass einige seiner anderen Leute als Unterstützung vor Ort waren. Bond erkannte keinen von ihnen aus seiner langjährigen Tätigkeit, aber er kannte Leute, die genauso waren: Menschen, die der Geheimhaltung verpflichtet waren und alles dafür taten, dass ein gefährlicher Auftrag reibungslos über die Bühne ging. Wenn etwas schiefgehen sollte, würde die Schuld nicht auf dem Gewissen derer lasten, die die Operation geplant hatten.

Zum ersten Mal seit Monaten hatte Bond seine 9 mm Browning ASP und sechs Magazine mit Munition erhalten, während Flicka mit einer kleineren, aber ebenso tödlichen Beretta Automatik bewaffnet war, die sie für diese Mission gewählt hatte. In den frühen Morgenstunden saßen sie in der kleinen Wohnung, zerlegten die Waffen, überprüften sie immer wieder und fielen dann eng umschlungen in einen leichten Schlaf.

Die schweigsame Frau war morgens um halb sechs zurückgekehrt, hatte sie sanft geweckt und Kaffee und frische Brötchen mit Butter vorbereitet. Sie sprachen kaum miteinander, während sie aßen, und auch später nicht, als sie durch die Stadt spazierten und sich die wichtigsten Aussichtspunkte rund um die Alcázar-Gärten und die Straßen, die sich um die Gegend schlängelten, ansahen.

Jetzt, wo sich die Zeiger seiner Uhr der Mittagszeit näherten, warf Bond etwas Geld auf den Tisch und ging davon. Er bog in die Straße ein, die links am Café vorbeilief. Er hatte es vorhin gestoppt: genau zwei Minuten, um vom Café zur Daytona zu gelangen, seine Handschuhe anzuziehen, den Helm aufzusetzen und das Visier zu schließen. Er schwang sich in den Sattel, warf den Motor an und spürte, wie die immense Kraft unter ihm zu vibrieren begann, wenn er mit der Hand am Gashebel drehte und den Motor in kurzen, lauten Stößen hochdrehen ließ. *Kein Wunder, dass Leute, die ständig auf diesen Ungetümen fahren, süchtig danach werden*, dachte er. Schließlich vergewisserte er sich, dass die Automatikpistole an ihrem Platz war und er sie bei Bedarf leicht greifen konnte, bevor er den Ständer des Motorrads wegtrat und langsam auf die Straße fuhr, die zur San Fernando führte. Auf der anderen Straßenseite entdeckte er Flicka, die sich zielstrebig zu seiner Linken bewegte, die Umhängetasche in der rechten Hand, zusammen mit einer Ausgabe der *Financial Times*. Dolmech war ebenfalls da.

Er lenkte das Motorrad auf die Straße und ordnete sich in den Verkehr ein. Etwa zwanzig Meter weiter befand sich ein großer Kreisverkehr, der es ihm ermöglichte, zu wenden und wieder in die San Fernando einzubiegen, sodass er nur wenige Meter von Flicka entfernt am rechten Straßenrand anhalten konnte. Er fuhr durch den Kreisverkehr und dreißig Meter weiter sah er Dolmech aus den überfüllten Gärten treten und lässig auf sie zugehen. Er war genau wie angekündigt gekleidet: blaue Jeans, Jeanshemd und Jeansjacke, die schwere Ledertasche hing lässig über seiner rechten Schulter.

Bond fuhr an den Straßenrand und warf einen Blick in den rechten Spiegel, dann in den linken. Als sein Blick nach links wanderte, sah er das andere Motorrad. Es war eine Harley Davidson mit einem Soziussitz. Er fluchte, denn es gab keine Möglichkeit, dem Motorrad den Weg abzuschneiden, als es hinter ihm auftauchte und so dicht an ihm vorbeifuhr, dass er den Fahrtwind spürte und einen Moment lang um sein Gleichgewicht kämpfen musste.

Von diesem Moment an schien alles in Zeitlupe zu passieren. Bond war durch das zweite Motorrad gewarnt worden, hatte aber die Gefahr noch nicht ganz erfasst. Als er sein Motorrad wieder ausbalanciert hatte, bemerkte er, wie die Harley plötzlich beschleunigte, vor ihm ausscherte, nach rechts ausschwenkte und ihn zu einer Vollbremsung zwang.

Er sah das Heck des zweiten Motorrads und sah hilflos zu, wie es an ihm vorbeischoss und direkt vor Flicka und Dolmech abbremste. Dann streckte der Sozius seine Hand aus, die etwas kleines Schwarzes hielt. Später hätte Bond schwören können, dass er drei laute Knallgeräusche gehört hatte. Auf jeden Fall sah er, wie der Fahrer die Hand ausstreckte und nach dem Beutel griff, als Peter Dolmech von der Wucht der drei Kugeln nach hinten geschleudert wurde und sein Kopf in einem feinen scharlachroten Nebel verschwand, als ihn die Kugeln im Gesicht trafen. Er sah Flickas Gesicht, verzogen zu einer furchtbaren Fratze des Grauens: der Mund aufgerissen zu einem wütenden Schrei, die Augen geweitet. Er sah, wie sie nach der Waffe in ihrer Umhängetasche griff und sich zur Seite drehte, als erwarte sie, dass jeden Moment Kugeln ihren eigenen Körper durchschlagen würden.

Er war hilflos und dachte, dass auch sie getroffen worden war, als die blutrote Wolke über ihr zu schweben schien und große rote Flecken aus Blut und Gewebe über ihr Gesicht verteilte. Doch als sie die Waffe halb aus der Umhängetasche gezogen hatte, war das Motorrad schon davongerauscht und schlängelte sich durch den Verkehr.

Die Daytona unter ihm schnellte vorwärts, als seine Hand das Gas betätigte. Immerhin wusste er, dass dieses Motorrad wendiger war als die Harley. Was auch immer geschehen war, der einzige Gedanke, der ihn jetzt beschäftigte, war, den Beutel zurückzubekommen.

In dem dichten Verkehr, der die Straßen der Innenstadt von Sevilla verstopfte, konnte er nur gelegentlich einen Blick auf das Motorrad erhaschen, mit dem die beiden Männer unterwegs waren. Seine Geschwindigkeit beizubehalten und ihnen zu folgen erforderte seine ganze Konzentration. Das Handling der Daytona war perfekt und es gelang ihm, sich durch das dichte, langsam fahrende Gewimmel von Autos und Lastwagen zu winden, das sich wie eine endlose Schlange zu erstrecken schien. Bond wich nach links und rechts aus und schlängelte sich durch schmale Lücken und hinter Fahrzeugen entlang, die fast Stoßstange an Stoßstange standen. Sein einziges Ziel war, so nah wie möglich an das andere Motorrad heranzukommen. Hätte er ihre Operation geplant, wäre der Beifahrer längst ausgestiegen und hätte den Beutel zu Fuß weggeschafft, aber als er näher herankam, stellte er erleichtert fest, dass beide Männer noch auf der Maschine saßen. Sie fuhren vom Stadtzentrum weg, in Richtung der alten Stadtmauern. Innerhalb von fünfzehn Minuten hatten sie die Straßen der Stadt hinter sich gelassen und fuhren aufs offene Land hinaus, wo der Strom der Autos nicht mehr so dicht war.

Er war jetzt etwa einen halben Kilometer hinter seiner Beute und glaubte, weit hinter sich das Heulen einer Polizeisirene zu hören. Zu diesem Zeitpunkt fuhr er knapp unter hundertsechzig Stundenkilometer, was bedeutete, dass das Motorrad, das er verfolgte, eine ähnliche Geschwindigkeit draufhaben musste. Er überlegte, dass das Drehmoment der Maschine mit einem Beifahrer an Bord zuweilen einen gefährlichen Bereich erreichen musste.

Bond konnte die volle Wirkung der Schwerkraft auf sein eigenes Motorrad und auf sich selbst spüren. Es war zwar aufregend, aber es gab auch Momente, in denen die Räder auf kleine Vertiefungen trafen, sodass die Maschine abhob und schwankte. Selbst mit Helm und Visier wurde sein Körper manchmal in den Sattel gepresst und er stellte fest, dass sein Gehirn Entscheidungen traf, weit bevor er den restlichen Verkehr erreichte.

Sie gelangten an eine lange Steigung. Er hörte und spürte die erste Überlastung des Motors, also schaltete er schnell herunter und gab wieder Gas, um die Geschwindigkeit zu halten. Langsam, stellte er fest, holte er seine Gegner ein.

Sie befanden sich jetzt auf einer dreispurigen Autobahn ohne Gegenverkehr. Die größte Gefahr waren Autos und Lastwagen, die sich nicht die Mühe machten, beim Spurwechsel zu blinken. Die Geschwindigkeit und die Kraft der Maschine waren berauschend und er musste sich konzentrieren, während seine Gedanken immer wieder zu der Harley wanderten, die nur noch ein paar Hundert Meter vor ihm lag.

Ohne Vorwarnung sah er, wie das Motorrad vor ihm plötzlich nach rechts kippte. Fahrer und Beifahrer lehnten sich zur Seite, als die Maschine einen Winkel von fünfundvierzig Grad einschlug, dann richtete sie sich wieder auf, schoss durch den Gegenverkehr und verschwand in einer Abzweigung.

Bond blinkte und sah, wie ein großer, schwerer Lieferwagen hinter ihm nach links zog. Er gab Vollgas, lehnte sich in die Kurve, als die Daytona zu kippen begann, und hörte das Hupen des Lieferwagens, der bremste, als er direkt vor ihm auf die rechte Spur wechselte. Die Ausfahrt kam sehr schnell näher und er spürte, wie das Hinterrad die Bodenhaftung verlor und nach außen ausbrach. Er schaltete herunter, betätigte die Bremse und zog das Motorrad wieder gerade, dann schoss er in die Abfahrt.

Jetzt wusste er, wo sie hinfuhren, denn er erhaschte einen Blick auf das grün-weiße Schild mit der Aufschrift *Itálica*. Sie fuhren in den Schoß des Römischen Reichs, in die Überreste der großen römischen Stadt, in der die Kaiser Hadrian und Trajan geboren waren. Vor ihnen befand sich ein Ticketschalter mit einem großen Schild in vier Sprachen, auf dem stand, dass die Ruinen geschlossen seien. Er sah auch die Bremslichter der Harley, als sie durch die Einfahrt raste, abtauchte und den Weg hinauffuhr, der zu den sich den Hang hinaufziehenden Skelettbauten führte. Zu seiner Rechten hatte er eine großartige Aussicht und etwas weiter vorne lag der steile Hang, in den die Überreste des Amphitheaters von *Itálica* wie eine Schale in die Erde gegraben waren. Er verfolgte ein Paar moderner Mörder in eine von Europas Wiegen der Geschichte.

Bond gab noch einmal Gas, um noch näher heranzukommen, aber dies war kein Ort für Geschwindigkeit. Er sah, wie das Motorrad nach links schwenkte und einen Weg entlangfuhr, der einst eine schmale Kopfsteinpflasterstraße gewesen war, doch als er die Kurve erreichte, war von seiner Beute nichts mehr zu sehen. Er drosselte das Tempo, sodass das Motorrad gerade noch lief, und bemühte sich im Sattel, das Geräusch des anderen Motors auszumachen. Aber die Welt war plötzlich still geworden und seine Gedanken stürzten sich auf die schlimmste Möglichkeit – dass das Paar auf der Harley hier im Schatten der einst blühenden römischen Gemeinde ein Treffen vereinbart hatte. Wenn das der Fall war, hatte er verloren, also konnte er genauso gut jetzt verschwinden und retten, was noch zu retten war.

Er erinnerte sich daran, dass er noch nie einen Einsatz abgebrochen hatte, und griff in die Lederjacke, um langsam die ASP und ein Ersatzmagazin herauszunehmen. Er schaltete den Motor der Daytona aus, dann schlich er sich mit dem Rücken an den alten, trockenen und bröckelnden Mauern der verbliebenen Gebäude vorwärts und spürte instinktiv, dass er beobachtet wurde.

Es waren etwa zwanzig Meter bis zum Ende der Straße. Der erste Schuss fiel, als er die Stelle erreichte, an der das Kopfsteinpflaster endete und die Überreste der Gebäude in eine Art T-Kreuzung mündeten. Er hörte den Knall, als die Kugel in den Stein links von seinem Kopf einschlug, wo sie einen kleinen Krater hinterließ und Staub aufwirbelte, der gegen sein Visier schlug.

Er duckte sich nach rechts weg, klappte das Visier hoch und stürmte in die verfallene Straße, die den Querbalken des T bildete, schwang die Hände in einem weiten Kreis und umklammerte den Kolben der Pistole eine Spur zu fest.

Etwas bewegte sich zu seiner Linken. Er schwang seinen Körper in diese Richtung, ohne seine Füße zu bewegen, und gab die standardmäßigen zwei Schüsse ab. Die Gestalt war zu schnell für ihn und duckte sich wieder in eine Gasse, bevor die erste Kugel die Wand traf, an der der Mann einen Sekundenbruchteil zuvor noch gestanden hatte.

Er drehte sich wieder um, denn er wusste, dass die beiden Männer versuchten, ihn einzukreisen und in die Zange zu nehmen. Er schwenkte seine Hände von links nach rechts, den Rücken hart gegen den Stein gepresst, und wirbelte in die Richtung des Ziels, das er gerade verfehlt hatte. Als er sich ein zweites Mal nach links drehte, bewegte sich etwas am Rand seines Blickfelds. Diesmal war er schneller. Er brachte die Hände in Schussposition und richtete den Lauf der ASP auf die Brust der schwarz gekleideten Gestalt.

Die beiden Kugeln, die er abfeuerte, schlugen in das Ziel ein, zerrissen das Leder und verteilten einen grässlichen Schwall aus Blut und Gewebe an der Wand dahinter. Jetzt waren die Chancen ausgeglichen.

Er bog wieder nach links ab und erreichte die Kreuzung, an der eine Reihe unebener Ruinen eine weitere raue Straße bildete, parallel zu der, auf der er die Daytona zurückgelassen hatte. Für eine Sekunde schweiften seine Gedanken ab und er hatte das Gefühl, dass er von den lachenden, streitenden, liebenden und sterbenden Geistern der Männer, Frauen und Kinder, die diesen Ort einst bevölkert hatten, umgeben war. Er atmete tief durch und trat in Schussposition vor, bereit, alles auszuschalten, was sich ihm in den Weg stellte.

Die Straße war leer, doch er erkannte, dass der Mann, den er verfolgte, in einem der winkeligen, verstreuten Gebäude hocken könnte. Nach ein paar Schritten neigte sich der Boden unter seinen Füßen. Eine Sekunde lang erhaschte er um das Ende des verblichenen Mauerwerks herum einen Blick auf die fantastische Aussicht über die Guadalquivir-Ebene. Diese eine Unaufmerksamkeit hätte ihn fast das Leben gekostet, denn diesmal kamen zwei Kugeln von links, zerrissen die Stille und schlugen in das alte Mauerwerk ein, von wo sie mit einem tödlichen Heulen nur Zentimeter von seinem Gesicht abprallten.

Er erwiderte das Feuer, schoss aber nur in die grobe Richtung, aus der die Kugeln gekommen waren. In der darauffolgenden Stille konnte er das Stampfen von Stiefeln hören, die sich von dem Gemäuer entfernten.

Er rannte den Rest der Straße hinunter, wechselte dabei das Magazin und spürte einen schrecklichen Anflug von Frustration, als ein Motor in der Nähe aufheulte. Der zweite Killer hatte Bonds Maschine gefunden und raste den sanften Hügel hinunter. Er sah, wie das Motorrad links aus seinem Blickfeld verschwand, in Richtung der Ebene, die sich unter ihm erstreckte.

Als er die freie Fläche erreichte, erspähte er es wieder, wie es einen grasbewachsenen Abhang hinunterraste und direkt auf die Überreste des Amphitheaters der Stadt zusteuerte, das jetzt nur noch ein unregelmäßiges Oval aus Steinbänken war, mit dem großen Bühnenbereich weit unten. Die Daytona holperte fast gemächlich einen der Gänge hinunter, die einst durch die Sitzreihen geführt hatten. Der Fahrer versuchte verzweifelt, Geschwindigkeit aufzunehmen, musste aber ständig bremsen, um das Gleichgewicht auf dem steilen Gefälle zu halten.

Es war ein weiter Schuss für eine Pistole, aber seine Hände waren ruhig, als er das Ziel anvisierte. Später stellte er fest, dass er praktisch ein ganzes Magazin an Munition verschossen haben musste. Er spürte, wie die Waffe in seinen Händen zuckte, und sah die kleinen Staubexplosionen um das Motorrad herum, dann die beiden Schüsse, die den Fahrer im Rücken trafen, ihn in die Luft hoben und wieder in den Sattel setzten, wobei sein Körper über dem Lenker zusammensackte. Als die Daytona zur Seite kippte und außer Kontrolle geriet, reagierte Bond und gab zwei weitere Schüsse in die Nähe des Ziels ab.

Der Fahrer saß immer noch auf dem Motorrad, als es umkippte. Den Lederriemen des Beutels hatte er über die rechte Schulter geschlungen, sodass die Tasche an der linken Hüfte anlag, als das Motorrad und der Körper in einer langen, schmerzhaften Rutschpartie in den Bühnenbereich des Amphitheaters stürzten.

Es war Bonds letzter Schuss, der den Benzintank traf.

Er sah die Flammen vom Motorrad hochtanzen, bevor er das Getöse der Explosion hörte. Das Feuer schien zu flackern und dann aufzusteigen und hüllte Maschine, Fahrer und den Beutel in eine scheinbar unauslöschliche Flammenblüte.

Bond stürmte vorwärts und rannte mit voller Geschwindigkeit einen der Gänge hinunter in Richtung der Katastrophe – hier, wo Hunderte von Menschen gelacht und geweint hatten über die kruden Übersetzungen klassischer griechischer Theaterstücke und die derberen, rüpelhafteren Darbietungen der römischen Stücke, glaubte er, Rufe zu hören, die ihn anfeuerten. Als er das glühende Inferno erreichte, das das Motorrad umgab und seinen letzten Fahrer verschlang, erkannte er, dass die Rufe echt waren, aber sie kamen von spanischen Polizisten, die am Rand der Arena über ihm lärmten.

Der Geruch von brennendem Fleisch stieg ihm in die Nase, als er einen Handschuh ins Feuer streckte und an dem angesengten Beutel zog, der fast von den Flammen verzehrt worden wäre.

10

Cathy und Anna

Trotz der Vereinbarung, die zwischen MicroGlobe One und den spanischen Behörden getroffen worden war, galt es, eine Menge Fragen zu beantworten. Nicht weniger als sechs Polizeiautos, mehrere Motorradpolizisten und zwei Krankenwagen parkten in dem Bereich, in dem normalerweise die Autos der Besucher standen.

Die Polizisten zeigten wenig Respekt und behandelten Bond sofort, als wäre er ein skrupelloser Verbrecher, obwohl er ihnen sagte, sie sollten sich mit gewissen hochrangigen spanischen Geheimdienstoffizieren in Verbindung setzen, deren Namen er in seinem Kopf gespeichert hatte. Obwohl er sich dagegen wehrte, nahmen sie ihm den angesengten Beutel mit der Begründung ab, dass dieser möglicherweise als Beweismittel dienen könnte. Die ASP-Automatikpistole wurde ihm entrissen und so behandelt, als wäre sie die Mordwaffe von Jack the Ripper persönlich.

Zurück in Sevilla brachten sie ihn zum Polizeirevier, wo er Flicka entdeckte, die schweigend in einem Verhörraum saß. Die nächste Stunde wurden sie beide von zwei Männern in Zivil befragt, die die ganze Zeit über stinkende spanische Zigaretten rauchten.

Schließlich ließen die Ermittler die beiden allein – fast zu offensichtlich in der Hoffnung, dass sie sich gegenseitig in einem Gespräch belasten würden, das für spätere Zwecke aufgezeichnet wurde.

Während des Verhörs hatte Bond Flicka mehrmals gefragt, ob sie ihnen gesagt hätte, sie sollten die leitenden Offiziere ihrer Geheimdienste einschalten. Sie sagte, das habe sie getan, aber sie wisse nicht, was diesbezüglich unternommen worden sei. Abgesehen davon bestanden ihre Antworten aus Name, Dienstgrad und Dienstnummer.

Flicka schien tief verzweifelt zu sein und das übliche Funkeln in ihren Augen und ihr Sinn für Humor waren getrübt. Sie machte sich Sorgen darüber, was passiert war. Aufgrund der Abhörgeräte erzählte Bond ihr gerade so viel, dass sie zumindest lächeln und erleichtert nicken konnte, dass er den Beutel zurückgeholt hatte.

»Allerdings weiß ich nicht, in welchem Zustand er ist«, sagte er. »Die Außenseite ist ziemlich verbrannt, aber ich glaube, ich habe ihn erwischt, bevor die Dokumente zerstört wurden. Ich hoffe nur, dass diese Leute keinen Unfug damit treiben.«

Sie ging das Trauma von Dolmechs Tod noch einmal durch und wiederholte langsam ihre Beschreibung des Geschehens, als versuche sie, sich damit abzufinden. Er lehnte sich über den leeren Tisch und nahm ihre Hand. »Sie haben ihm eine Falle gestellt, dem armen Teufel.« Er sah ihr in die

Augen, erkannte den Schmerz und die Wut und fügte hinzu: »Sie haben uns allen eine Falle gestellt.«

»Im Nachhinein lässt sich das leicht so abtun.«

»Ich weiß, aber wir werden den Mistkerl kriegen.«

Eine halbe Stunde später änderte sich alles. Zuerst kam ein lächelnder Polizist mit Kaffee und Sandwiches herein. Ihm folgte ein ranghoher Beamter, der eine fast schon förmliche Entschuldigung aussprach. Innerhalb einer Stunde erschienen zwei weitere ranghohe Beamte in Zivil. Sie sprachen mit Bond und Flicka in hilfsbereitem, freundlichem Ton und gaben Bond die ASP und Flicka die Beretta zurück. Schließlich gaben sie den in einer Plastiktüte eingepackten Beutel zurück und sagten, Bond und Flicka könnten gehen.

Draußen warteten die beiden Männer, die sie in der Nacht zuvor abgeholt hatten, mit einem Auto. Sie fuhren zurück nach Gibraltar und machten unterwegs eine Pause für ein freudloses und stilles Essen. In La Linea gab es keine Zoll- oder Einwanderungsformalitäten und sie fuhren direkt zum Flughafen. Ein Flugzeug der Royal Air Force brachte sie nach Lynham, wo ein Wagen auf sie wartete, um sie nach London zu bringen.

Sie fuhren zunächst zum Büro, wo zwei der Mitarbeiter der Null-Null-Abteilung angewiesen worden waren, den Beutel direkt zu einem Mitglied von MicroGlobe One zu bringen. Um ein Uhr nachts waren sie zurück in ihrer Wohnung. Sofort streckte sich Bond auf dem Bett aus.

»Was für ein verdammt anstrengender und frustrierender Tag.« Er stieß einen tiefen Seufzer aus und Flicka, die sich schnell von ihrer Niedergeschlagenheit erholte, kam auf ihn zu, küsste ihn sanft und knabberte dann liebevoll an seiner Lippe.

»Aber doch nicht zu anstrengend, James, Liebster. Ich hoffe, nicht *zu* anstrengend.«

»Ah«, lächelte er. »*Dafür* niemals.«

In der folgenden Woche schienen sie im Büro am Bedford Square plötzlich voll ausgelastet zu sein. Memos und Anweisungen wurden von oben durchgegeben. Dokumente, die offensichtlich aus Dolmechs Beutel stammten, wurden per Sonderkurier gebracht, und die Mitarbeiter der Null-Null-Abteilung begannen, den Hinweisen aus den vielen Kisten mit Akten, Disketten und Tonbändern nachzugehen, die aus der Zentrale von Tarn International abtransportiert worden waren.

Flicka verbrachte jede wache Stunde damit, über den Computern zu brüten, was ihr Spezialgebiet war, und langsam fingen sie an, die vielen Geschäfte von Tarn zu entwirren. Das meiste davon war altmodischer Waffenhandel, aber mit der Hilfe von Peter Dolmech, der für seine Beisetzung nach England überführt worden war – Bond war streng verboten worden, daran teilzunehmen –, erkannten sie langsam, wie weit der Multimillionär bereit war zu gehen, um seine Kunden mit den neuesten Waffen und Militärgütern zu versorgen. Es handelte sich nicht um ein Nebengeschäft, bei dem er kleine Ladungen Plastiksprengstoff oder M16 an die IRA lieferte, sondern um eine Operation von riesigem Ausmaß. Flugzeuge für Libyen, Panzer und Raketen für den Iran und den Irak, eine Fülle von dubiosen Geschäften im gesamten Nahen

Osten, Spezialausrüstung für so ziemlich jede bekannte Terrororganisation der Welt. Tarn war im wahrsten Sinne des Wortes der Quartiermeister für große terroristische Gruppen und für Länder, gegen die ein Embargo bestand. Einige der Lieferungen waren mehr als besorgniserregend: nicht registriertes Plutonium für Nordkorea und China oder Boden-Luft-Raketen für Terroristen, die schon lange behaupteten, dass sie bald in der Lage sein würden, Verkehrsflugzeuge auf den großen Flughäfen der Welt abzuschießen, einschließlich des Kennedy Airports in New York und Heathrow in London.

Die Beweise verdichteten sich sehr schnell, nachdem die Mitglieder der Abteilung mit den Informationen von Dolmech versorgt worden waren, doch trotz der vorherrschenden Dringlichkeit fühlte sich Bond unruhig und gereizt. Das war nichts Neues, denn dieses Gefühl, in den vier Wänden eines Büros gefangen zu sein, war ein Problem, das er mit einem gewissen Stoizismus über die Jahre hinweg immer dann ertragen hatte, wenn er gezwungen gewesen war, im Büro zu arbeiten. Er war ein Mann der Tat, der nur dann glücklich war, wenn er sich mitten in der Gefahr befand, fast wie jemand mit Todessehnsucht.

Mit jedem Tag, der verging, wünschte er sich nichts sehnlicher, als das Land verlassen zu dürfen und Tarn zu jagen, ihn zu töten oder irgendwo einzusperren, wo er keinen Schaden mehr anrichten konnte. Solange Tarn noch auf freiem Fuß war, würden die Geschäfte weiterlaufen, und er hatte das Gefühl, dass er an einen Schreibtisch in London gefesselt war, anstatt aktiv zu werden. Es gab Zeiten, in denen er sogar darüber nachdachte, zu kündigen und in den Ruhestand zu gehen.

Gegen Ende der Woche erhielt Bond einen Anruf vom Sekretär des Staatssekretärs. »Es tut mir leid, Ihnen das sagen zu müssen, Sir. Aber Ihr alter Chief ist erkrankt. Er ist zu Hause, eine Krankenschwester ist vor Ort. Er hat nach Ihnen gefragt und der Staatssekretär wäre Ihnen dankbar, wenn Sie so schnell wie möglich nach ihm sehen könnten.«

Es war Mittag, als er den Anruf entgegennahm, und Bond machte sofort Pläne, um das Büro zu verlassen. Er informierte seine neue Sekretärin, die auf den Namen Chastity Vain hörte und eine Figur hatte, die selbst den heiligsten Mann in Verlegenheit bringen würde, dass er für den Rest des Tages unterwegs sein würde. Er gab ihr Ms Privatnummer für den Fall irgendeiner größeren Katastrophe, dann verließ er das Gebäude, stieg in den Saab, nahm die M4, bog an der Ausfahrt Windsor ab und fuhr zu Ms Wohnsitz, Quarterdeck – einem wunderschönen Herrenhaus im Regency-Stil am Rand des Windsor Forest. Er hielt für ein Mittagessen in einem Pub an und erreichte das Haus schließlich um kurz vor halb drei.

Als er an der berühmten Schiffsglocke läutete, die vor der Haustür hing, wurde er von einer attraktiven Krankenschwester empfangen, die sich etwas förmlich als Schwester Frobisher vorstellte. »Gott sei Dank.« Sie atmete erleichtert auf, als er ihr seinen Namen nannte. »Er ist nicht gerade mein pflegeleichtester Patient. Er sollte sich eigentlich ausruhen, aber er arbeitet ständig an irgendwelchen Papieren oder telefoniert. Ich habe gestern versucht, das Telefon zu entfernen, aber ich musste es ihm zurückgeben. Er steigert sich in diese Zustände hinein. Kommen Sie mit hoch. Vielleicht können Sie ihn dazu bringen, sich auszuruhen. Denn wenn er das nicht tut, fürchte ich, dass er nicht mehr lange unter uns weilen wird.« Letzteres sagte sie mit einem Hauch von Traurigkeit, der Bond beunruhigte und bedrückte.

»Das bezweifle ich.« Er folgte ihr die Treppe hinauf zu Ms Schlafzimmer.

Sein alter Chief hatte Kissen in den Rücken gestützt und das Bett war übersät mit Papieren und Notizblöcken.

»James, mein Junge. Dem Himmel sei Dank, dass Sie gekommen sind. Diese übergriffige Frau macht mich noch wahnsinnig.«

Schwester Frobisher zog die Augenbrauen hoch und verließ leise den Raum, als M Bond zu sich winkte und ihm sagte, er solle sich ans Bett setzen.

»Ich mache ein wenig blau, mein Guter. Es tut gut, sich von einer so schönen Dame ein wenig pflegen zu lassen, wenn ich ganz ehrlich sein soll.« Obwohl seine Stimme klar und kräftig war, sprach seine Miene eine andere Sprache. Das klare Funkeln seiner grauen Augen war stumpf und sein wettergegerbtes Gesicht zeigte Anzeichen von Ermüdung. Unter der Bräune, die der alte Mann pflegte, lag eine Blässe, die Bond nie zuvor gesehen hatte, und die Haut spannte über seinen Wangenknochen.

»Hören Sie mir zu.« Er hielt nur kurz inne, um Luft zu holen. »Ich weiß, dass Sie keinen Urlaub geplant haben, aber ich frage mich, ob Sie diesen verdammten Ausschuss davon überzeugen können, Ihnen ein langes Wochenende zu gewähren. Es hat sich etwas ergeben, das ich niemandem außer Ihnen anvertrauen will – na ja, vielleicht Ihnen und dieser netten Schweizerin.«

»Ich kann mich immer davonschleichen, ohne dass der Ausschuss davon erfährt.«

M runzelte die Stirn, dann lächelte er verkniffen. »Wäre nicht das erste Mal, oder?«

»Wohl eher nicht, Sir.«

»Gut, dann will ich Sie mal ins Bild setzen. Sie wissen schon, dass Spanien eine Nullnummer war?«

Bond nickte. Er hatte das achtseitige Memo zur Nachbereitung des Vorfalls in Sevilla sorgfältig gelesen. Mithilfe der spanischen Behörden hatten sie die Villa von Max Tarn in den Hügeln oberhalb der Stadt ausfindig gemacht, aber als die Razzia durchgeführt werden sollte, waren die Schränke bereits ausgeräumt und es gab Anzeichen für eine überstürzte Abreise.

»Nun.« M lehnte sich gegen die Kissen und die Müdigkeit kehrte in seine Augen zurück. »In dem Beutel, den der arme Peter Dolmech bei sich trug, befand sich ein kurzer Brief, der an mich persönlich adressiert war. Leider wurde er nicht rechtzeitig an mich weitergeleitet. Heutzutage geht einiges durcheinander. Ich habe nicht mehr die gleiche unangefochtene Macht.«

»So scheint es, Sir. Was ist mit dem Brief?« Er wollte zur Sache kommen, ohne den alten Mann zu ermüden.

»Hm.« M streckte sich zum Nachttisch und nahm ein einzelnes, sauber gefaltetes Blatt Papier. »Lesen Sie selbst.« Er reichte das Blatt über das Bett.

Der Brief war kurz und prägnant:

Sehr geehrter Admiral,
nur für den Fall, dass ich es nicht schaffe, hat mich soeben eine kleine Information erreicht. Es scheint, dass

Lady Tarn mit Sir Max' Geschäften nicht einverstanden ist. Ich weiß nicht, wie es um ihre Kenntnis der Geschäfte bestellt ist, aber sie ist heute Morgen nach Jerusalem aufgebrochen. Ich kenne keine Einzelheiten darüber, wo sie unterkommen wird, aber Sie erinnern sich vielleicht daran, dass sie als Trish Nuzzi häufig in Israel zu Besuch war, sodass es gut möglich ist, dass sie eine Wohnung in Tel Aviv oder Jerusalem hat. Es könnte sich lohnen, dem nachzugehen. Ich habe die vage Vermutung, dass sie manchmal einen israelischen Arzt aufsucht, aber das kann ich nicht beschwören.

Ich hoffe, Sie bald zu sehen.

Unterschrieben war der Brief in einer sauberen Handschrift mit Peter.

Bond reichte ihn zurück. »Sie wollen, dass ich hinfahre und mir das ansehe, Sir?«

»Ich habe keine wirkliche Befugnis, Sie dort hinzuschicken, James. Eigentlich müsste ich den Brief direkt an den Ausschuss weiterleiten, aber … da es sich um einen persönlichen Brief handelt, dachte ich, ich sollte mich persönlich um die Sache kümmern. Ich habe mich mit unserem alten Freund Steve Natkowitz vom Mossad in Verbindung gesetzt. Trish Nuzzi ist im King David untergekommen. Vielleicht haben Sie ja Zeit, bei ihr vorbeizuschauen. Es ist natürlich möglich, dass sie einen Ort sucht, an dem sie sicher ist. Ich kann mir nicht vorstellen, dass die Lady die Machenschaften ihres Mannes gutheißt. Wenn sie vor ihm sicher sein will … warum bringen Sie sie dann nicht zurück nach London?«

»Ich werde tun, was ich kann, Sir.«

»Ja.« M nickte ernst. »Wenn von Frieden die Rede ist, wird es in diesem kleinen Land etwas hitzig, aber Sie waren ja schon mal dort.«

»Ich werde am Freitagabend abreisen.«

»Morgen? Schaffen Sie es nicht heute Abend oder morgen früh?«

»Ich glaube nicht, dass das klug wäre, Sir. Aber keine Sorge, ich werde Ihnen persönlich Bericht erstatten, bevor ich jemand anders einweihe.«

»Gut, und im Gegenzug werde ich Sie hier mit allem versorgen. Rufen Sie die übliche Nummer an, wenn Sie Verstärkung brauchen. Wissen Sie, wie Sie Natkowitz kontaktieren können?«

»Kein Problem, Sir. Meinen Sie nicht, dass Sie sich jetzt etwas ausruhen sollten?«

»Ich werde im Jenseits noch viel Zeit haben, mich auszuruhen, James. Bleiben Sie noch eine Weile und reden Sie mit mir. Diese verflixte Schwester hat zwar einen guten alten Marinenamen, aber sie hat kein Herz.«

Wie aufs Stichwort erschien Schwester Frobisher mit einem Tablett, auf dem sie Tee, drei Tassen und einen Teller mit Keksen angerichtet hatte. »Es ist sowieso Zeit für den Admiral, seine Medizin zu nehmen.« Sie schenkte ihnen ein strahlendes Lächeln. »Ich dachte, Tee kann nicht schaden.«

Bond wurde bald klar, dass er auch zu Ms Medizin gehörte, denn die Schwester machte Andeutungen, dass er bleiben und sich unterhalten sollte. Irgendwann sagte sie leise, dass es eine gute Idee wäre, ihren Patienten zu ermüden, damit er gezwungen wäre, sich auszuruhen. Am Ende war es nach fünf, als er zurück nach London fuhr.

Als er die Wohnungstür öffnete, wusste er sofort, dass Flicka nicht gut gelaunt war.

»Du hattest nicht einmal Zeit, mir Bescheid zu sagen, dass du unterwegs bist?«, fragte sie mit einem Anflug von Bitterkeit in der Stimme.

»Es war leider sehr geheim, aber …«

»Ja, diesen Eindruck hat mir die Schickse in deinem Büro vermittelt. Ich nehme an, du weißt, dass sie jeden behandelt, als wäre sie der Chef, wenn der Chef nicht da ist?«

»Nein, ich …«

»Oh ja. Sie benimmt sich wie deine Ehefrau, und dieser blöde Name – Chastity – passt überhaupt nicht zu ihrer Erscheinung. Ihre Röcke werden von Tag zu Tag kürzer, seit sie ihre Stelle hat, aber ich gehe davon aus, dass dir so was gar nicht auffällt?«

»Sei doch endlich mal still!«, blaffte Bond sie an. »Das hier ist wichtig und geht dich auch was an.«

Es entstand eine lange Pause, in der sie sich gegenseitig hitzige Blick zuwarfen. Dann fragte sie:

»Was geht mich auch was an?«

»Wir fliegen morgen nach Jerusalem. Es gibt eine Menge zu organisieren.«

Flicka schwieg während seines Berichts über den Besuch bei M, bis auf die Stelle, an der er Schwester Frobisher erwähnte. Sie murmelte etwas über die Uniformen von Krankenschwestern und dass diese Dame wahrscheinlich hundert Jahre alt war.

»Nein, sie war Mitte zwanzig und sehr attraktiv, aber ich war da, um mit M zu reden«, unterband er ihre Sticheleien.

»Wir erzählen also niemandem davon?«, fragte sie, als er die ganze Geschichte erzählt hatte.

»Keiner Menschenseele, also halt bitte deinen hübschen kleinen Mund.«

»Jetzt sofort?«, hakte sie nach, schob sich an ihn heran und hob ihr Gesicht, um von ihm geküsst zu werden.

Jedes Mal, wenn er am Flughafen Ben Gurion ankam, hatte Bond das gleiche paradoxe Gefühl. Um ihn herum begrüßten sich Paare mit Küssen, Umarmungen und sogar Tränen. Es waren Menschen, die in ihr Heimatland zurückkehrten, und sie strahlten eine große Freude aus. Doch unter die Freude mischte sich immer auch ein Gefühl von Gefahr. Jedes Mal, wenn er in diesen Teil der Welt flog, spürte er sie wie eine dunkle Wolke um sich herum und sah sie in den Gesichtern der Soldaten und Polizisten, die am Flughafen Dienst hatten. Es war der Inbegriff der Art und Weise, wie sich dieses winzige Land wie ein Löwe an den kleinen Streifen Land klammerte, den es sein Eigen nannte, das Heimatland, die Hoffnung, Israel.

»James.« Die vertraute Gestalt von Steve Natkowitz – ein Mann, der so gar nicht israelisch aussah – schälte sich aus der Menge, die auf die Passagiere des El-Al-Flugs vom Flughafen London Heathrow wartete. »James, schön, dich zu sehen!« Er umarmte Bond wie einen lange verlorenen Bruder und wandte sich dann an Flicka: »Und das muss die berühmte ›Furchtlose Flicka‹ sein.« Natkowitz schenkte ihr ein strahlendes, einladendes und ansteckendes Grinsen.

»Wer um Himmels willen nennt mich denn die ›Furchtlose Flicka‹?« Sie wirkte aufrichtig verblüfft.

»James' alter Chef. So hat er dich mir gegenüber am Telefon genannt. Allerdings war es eine sichere Leitung.«

Er führte sie nach draußen, wo ein Auto wartete, um sie nach Jerusalem zu bringen.

»Ich hoffe, das King David ist in Ordnung für dich, James.« Natkowitz hatte die unerfreuliche Angewohnheit, so zu fahren, als würde sich der Verkehr von selbst regeln, denn er wandte sich ständig von der Straße ab und drehte sich sogar im Sitz um, wenn er mit hoher Geschwindigkeit fuhr.

»Immer noch so laut wie früher, nehme ich an?«

»Schrecklich, aber wenn man ein Hotel mitten in Jerusalem baut, ist das nicht anders zu erwarten. Warst du schon mal im King David, Flicka?«

»Ich hatte noch nicht das Vergnügen.«

»Oh, dann kannst du dich auf was freuen. Es ist das alte viktorianische England von seiner besten Seite. Na ja, vielleicht nicht von seiner besten Seite, es ist eine Mischung aus viktorianischer Eleganz und einem Hauch von Orient. Und mach dir keine Sorgen um den Lärm, das Gebäude ist gut isoliert. Der Pool und die orientalischen Gärten lassen einen vergessen, dass man sich mitten in einer so alten Stadt wie Jerusalem befindet. Auch die Mitarbeiter lassen sich durch nichts aus der Ruhe bringen. Manchmal denke ich, sie glauben, dass sie immer noch unter britischem Mandat leben.« Er erzählte die alte, absolut wahre Geschichte, dass während des Unabhängigkeitskrieges eine telefonische Bombendrohung gegen das King David mit der typischen britischen

Gelassenheit aufgenommen worden war – mit katastrophalen Folgen. Sie hielten es einfach nicht für angebracht, die Gäste zu warnen oder irgendwelche Vorsichtsmaßnahmen zu treffen, sondern warteten einfach auf die Explosion, die, als sie kam, großen Schaden anrichtete und Dutzende von Menschen tötete.

Steve wartete in der Lobby, während sie auf ihr Zimmer gebracht wurden, das Flicka als absolut wunderbar bezeichnete. Gemeinsam gingen sie in den berühmten Regency Grill, der genauso gut im Herzen Londons hätte liegen können – die Speisekarte war britischer als die der meisten Hotelrestaurants in der britischen Hauptstadt, aber sie bot auch das Beste der jüdischen Küche.

Sie unterhielten sich wie alte Freunde, die sich zum ersten Mal seit Jahren wiedertrafen, und Steve Natkowitz sorgte dafür, dass Flicka nicht zu kurz kam. Erst als sie aufbrechen wollten, sagte Steve leise: »Sie ist in Suite 510. Ich kann euch jede Hilfe anbieten, wenn sie mit euch nach London zurückkehren möchte. Sie ist eine sehr schöne Frau und ihre Begleitung ist genauso aufregend.«

»Ihre Begleitung?«, fragte Bond.

»Zwei Mädchen, mit denen sie reist. Sie scheinen sich sehr nahezustehen, aber die beiden sind wirklich umwerfend.«

Natkowitz schenkte Flicka sein charmantes Lächeln und versprach, sie am Morgen anzurufen.

»Ich denke, wir sollten sie sofort treffen.« Bond erklärte, dass es angesichts der begrenzten Zeit, die ihnen zur Verfügung stand, am besten wäre, herauszufinden, was Lady Tarn den Informationen, die sie bereits hatten, hinzufügen konnte.

»Wenn sie sich von Max bedroht fühlt, möchte sie vielleicht wissen, dass sie unsere Unterstützung hat.«

Flicka schnaubte nur, als sie in den Aufzug stiegen, und Bond trat zurück, um zwei junge Frauen – eine Blondine und eine Brünette – in den Fahrstuhl zu lassen. Als die Türen zugingen, warf er einen kurzen Blick zu den beiden Mädchen, die ihm seltsam bekannt vorkamen. Sie trugen ähnliche, stylische Hosenanzüge, der eine in Grau, der andere in Scharlachrot, und darunter weiße Seidenblusen. Erst als sie alle aus dem Aufzug im vierten Stock stiegen, sah er die bandagierte Hand der Blondine.

Im selben Moment sprach die Brünette mit tiefer, rauer Stimme. »Wie schön, Sie hier zu treffen, Mr Bond. Wir dachten schon, wir würden uns nie wiedersehen.«

»Aber hier wären wir«, fügte die Blondine hinzu. »Und dann auch noch in Begleitung der hübschen Flicka.«

Flicka blieb der Mund offen stehen, als ihr die Wahrheit dämmerte.

»Wir sind es wirklich«, sagte Cuthbert.

»In Fleisch und Blut, und in unseren wahren Identitäten. Sie haben nicht mal geahnt, dass wir Mädchen sind, oder? Ich bin Anna – das ist mein richtiger Name – und das ist Cathy. Wir nehmen an, dass Sie unsere Chefin, Trish Nuzzi, besuchen wollen. Dann kommen Sie bitte hier entlang, sie ist sicher schon ganz aufgeregt.«

»Fast so aufgeregt wie wir«, sagte Cathy. »Wir alle konnten es kaum erwarten, Sie wiederzusehen. Nicht wahr, Anna?«

»Wir sind ganz aus dem Häuschen.« Anna kicherte vergnügt.

11

Trish Nuzzi

»Warten Sie kurz, während ich die Tür öffne.« In ihrer neuen Rolle schob Cathy den länglichen Plastikschlüssel in den Steckplatz, wartete, bis das Licht von Rot auf Grün wechselte, öffnete dann die Tür zu 510, trat ein und rief: »Trish, wir sind zurück und haben ein paar nette alte Spielkameraden mitgebracht, die dich sehen wollen.«

Anna kam hinter ihnen herein, schloss die Tür und rief: »Trish, wo bist du? Wir haben eine schöne Überraschung für dich.«

Sie kam aus dem Badezimmer und selbst die sonst so fröhliche Flicka stieß ein hörbares Keuchen aus. Sie hatten beide schon viele Fotos von Trish Nuzzis umwerfendem Gesicht und ihrer Figur aus den Tagen vor ihrer Heirat mit Sir Max Tarn, als sie noch ein Topmodel war, gesehen – wer hatte das nicht? –, aber dieses betörende Wesen in natura zu sehen, war eine ganz andere Sache, wie sowohl Bond als auch Flicka bestätigen konnten.

Sie trug ein silbernes, kurzes Abendkleid mit einem Diamanthalsband, aber auf den ersten Blick fielen ihnen nur ihre berühmten Beine auf, die gar kein Ende zu nehmen schienen, denn sie war über einen Meter achtzig groß. Obwohl sie ausgesprochen schlank war, hatte sie fantastische Proportionen und einen nussbraunen Teint. Ihr Markenzeichen war allerdings das dichte, lange schwarze Haar.

Dann fiel ihr Blick auf ihr Gesicht.

Unter den blauen Flecken und der offensichtlich gebrochenen Nase musste immer noch das liegen, was Heerscharen von Modejournalisten einst als »elfenhaft und spitzbübisch zugleich« bezeichnet hatten, aber so sah es aus, als hätte jemand ihr Gesicht als Sandsack benutzt. Wenn sie sprach, klang ihre Stimme nasal und zitterte leicht.

»Was gibt es?« Sie blickte von Anna zu Cathy und wieder zurück und versuchte gar nicht erst, Bond oder Flicka in die Augen zu sehen.

»Das sind *der* Mr Bond und Fredericka von Grüsse. Wir haben dir von ihnen erzählt. Sie sind Freunde. Ich glaube sogar, dass Mr Bond in Wirklichkeit ein Ritter in strahlender Rüstung ist.«

Trish lächelte schief. »Mr Bond habe ich bereits getroffen und mit ihm gesprochen. Miss von Grüsse habe ich nur aus der Ferne gesehen. Es ist schön, Sie wiederzusehen, Mr Bond, und schön, Sie kennenzulernen …« Sie nickte in Flickas Richtung. »Verzeihen Sie, dass ich körperlich nicht ganz auf der Höhe bin, und nennen Sie mich bitte Trish.«

»Ihr habt gesprochen …?«, setzte Anna an, verstummte dann aber.

»Einen Moment mal.« Bond war zu Anna hinübergetreten und packte mit seiner Hand ihr unversehrtes Handgelenk wie ein Schraubstock. »Das letzte Mal, als ich Sie gesehen habe, waren Sie gekleidet wie ein sehr unsympathischer Schlägertyp und haben sich mit dem Ehemann dieser Dame vor einem fast verfallenen Anwesen namens Hall's Manor gestritten. Sie wollten hoch in das Zimmer gehen, in dem Sie Miss von Grüsse und mich zurückgelassen hatten. Sie waren sehr eindeutig, was Ihre Absichten anging. Sie wollten hochkommen, um uns den Garaus zu machen. Sie beide haben sehr bizarre Männer abgegeben, und ich ziehe Sie als Frauen vor – falls Sie das überhaupt sind ...«

»Natürlich sind wir Frauen«, fauchte Cathy. »Die andere Sache haben wir für Trish hier getan.«

»Einschließlich des Versuchs, uns zu töten?«

Unter seinem festen Griff, mit dem er ihr den Arm hinter den Rücken verdrehte, stöhnte Anna leise auf. »Wir wollten Sie gehen lassen«, sagte sie, wobei ihre Stimme zu einem Flüstern wurde. »Cathy war auf dem Weg zurück, um Ihnen zu sagen, was wirklich los war. Wir hatten die Schlüssel für die Handschellen. Tarn hätte uns nie zu Ihnen gelassen, wenn wir nicht gesagt hätten, dass wir Sie töten wollen. Sie haben keine ...«

»Sie sagt die Wahrheit.« Trish Nuzzi nickte und er sah, dass ihr sogar das Sprechen Schmerzen bereitete. Ihr Kiefer war verdrahtet. »Sie sagt die Wahrheit. Sie haben das alles für *mich* getan. Sie haben Max davon überzeugt, dass es eine gute Idee wäre, Sie beide aus dem Weg zu räumen. Er hat zwar gezögert, aber schließlich eingewilligt, dass sie in Cambridge zurückbleiben. Bitte, sie sagen die Wahrheit.«

Widerwillig ließ Bond das Handgelenk los. »Warum sollte ich Ihnen trauen? Warum sollte ich irgendjemandem in diesem Raum trauen?«

»Setzen Sie sich. Bitte.« Trish Nuzzi deutete zu den Sesseln und einem langen Sofa. »Cath, hol eine Flasche Champagner. Trinken wir einen Schluck. Ich brauche das, die Schmerztabletten lassen nach und ich darf die nächsten paar Stunden keine mehr nehmen.« Die Grimasse auf ihrem Gesicht war Beweis genug, dass sie nicht schauspielerte.

»Wer hat Ihnen das angetan?«, fragte er und deutete mit einer Hand auf ihr Gesicht.

»Was glauben Sie denn?« Sie lachte zynisch auf und tätschelte den Platz neben sich auf dem Sofa. Flicka stieß einen langen Laut aus, der wie ein Räuspern klang, und deutete auf einen der bequemen Sessel. Bond zog eine Augenbraue hoch, als sie an ihm vorbeiging und sich neben Trish setzte.

Als er sich selbst setzte, fiel sein Blick auf Anna, die ihn die ganze Zeit angestarrt hatte. Jetzt schenkte sie ihm ein kleines, wissendes Lächeln, dann funkelte sie ihn wieder an und berührte ihr Haar. »Perücken«, brummte sie. »Bis unser Haar nachgewachsen ist.«

»Ich bevorzuge Sie auch mit echten Augenbrauen«, sagte Bond mit ungerührter Miene.

»Gleichfalls.« Anna machte eine obszöne Geste, während Cathy mit einer Flasche Dom Perignon in einem Eiskübel und Gläsern zurückkam.

»Wer?« Er wandte sich wieder an Trish.

»Was glauben Sie, habe ich gefragt.«

»Ihr Mann?«

»Zum Teil. Max fügt anderen gern Schmerzen zu, aber das richtige Knochenbrechen überlässt er diesem Schweinehund Connie Spicer.«

»Dann ist das nichts Neues? Sir Max hat ein Faible dafür, Sie zu misshandeln?«

»Das ist einer der Gründe, warum ich Cathy und Anna in die Ehe eingebracht habe.«

»Sie haben …?«

»Liege ich richtig, wenn ich davon ausgehe, dass Sie für die britischen Behörden arbeiten und Max Tarn für tausend Jahre in ein Hochsicherheitsgefängnis stecken wollen?«

»Tausend und eins sogar.«

»Noch lieber zweitausend«, sagte Flicka.

»Gut.« Trish nahm ein Glas Dom Perignon von Cathy entgegen, die Bonds Hilfe abgelehnt hatte. Sie nahm einen großen Schluck. »Ich brauche das. Wenn ich für längere Zeit reden muss, brauche ich im Moment ein Hilfsmittel.«

»Lassen Sie sich Zeit.« Flicka tätschelte ihr den Arm.

»Sie haben gesagt, dass Sie Cathy und Anna in die Ehe eingebracht haben?«

»Hören Sie, Mr Bond. Ich weiß, dass ich ein Dummkopf war. Ich hatte die Qual der Wahl. Ich hätte jeden heiraten können. Max konnte amüsant sein und er hatte andere Dinge zu bieten – wie sein Geld. Ich habe ihn wegen seines Geldes geheiratet, so einfach ist das. Ich wusste, dass es ihn aufgeilt, Frauen wehzutun, aber bevor wir geheiratet haben, dachte ich, dass das nicht so gefährlich wäre. Nur Spielchen. Sie wissen, was ich meine. Dann hat er vorgeschlagen, dass ich, sobald wir verheiratet sind, ein paar Leibwächter haben sollte. Er sagte, er würde es arrangieren. Ich habe gesagt, *ich* würde mich darum kümmern. Und so kamen Cathy und Anna ins Spiel.«

»Wir haben unsere Dienste schon vielen Leute in der Branche angeboten«, fügte Cathy hinzu. »Wir sind geschult in verschiedenen Kampfkünsten und wissen, wie man schießt.« Sie machte eine Pirouette und eine kleine automatische Pistole kam unter ihrer Jacke zum Vorschein. Als Bond reagieren wollte, lachte sie leise und steckte die Waffe zurück in ihr Versteck. »Wir können zwei richtig gefährliche Miststücke sein, wenn wir wollen. Außerdem haben wir uns gut mit Trish verstanden. Sie kam mit dem Vorschlag zu uns und wir haben angenommen.«

»Max hätte sie als Frauen nicht ernst genommen …«, begann Trish.

»Max ist nur ein ganz gewöhnlicher Chauvinist.« Cathy schüttelte den Kopf, als wären Chauvinisten eine vom Aussterben bedrohte Art.

»… also mussten sie sich verkleiden«, fuhr Trish fort. »Und sie sahen bizarr genug aus, dass Max sie als Männer ernst nahm. Er hat einen merkwürdigen Geschmack, was Leibwächter angeht.«

»Sie wussten, dass er gewalttätig sein kann. Wussten Sie auch von seinen geschäftlichen Aktivitäten?«, schaltete sich Flicka wieder ein.

»Nein, erst viel später. Die Mädchen wussten es vor mir, weil Max ihnen ein paar Aufgaben aufgetragen hatte, die sie erledigen sollten. Sie waren nicht sehr glücklich darüber, aber sie haben versucht, das Schlimmste von mir fernzuhalten.«

»Bis es zu spät war.« Anna saß in aufrechter Haltung in einem der Sessel.

»Was ist schlimmer? Das Ausmaß seiner illegalen Waffengeschäfte oder die Verachtung, die er zeigt, indem er Sie ständig körperlich misshandelt?«

»Oh.« Sie runzelte die Stirn und wirkte ein wenig verdutzt. »Sie kennen Max nicht. Normalerweise konnte ich seine Anfälle von Sadismus ertragen, aber vor etwa fünf Jahren habe ich entdeckt, worauf er mit seinen Geschäften und Intrigen abzielt.« Sie nahm einen weiteren Schluck von ihrem Getränk. »Zuerst konnte ich nicht verstehen, warum er jedes Mal wütend wurde, wenn ich Israel besucht habe – ich reise jedes Jahr ein paarmal hierher.« Sie erklärte, dass sie sich vor etwa zehn Jahren wegen eines leichten Augenproblems in Behandlung begeben hatte. »Mein Arzt – Julius Hartman – hat den Eingriff und die Nachuntersuchungen in der Harley Street durchgeführt. Dann hat er als guter Jude beschlossen, London zu verlassen und hier in Israel zu leben. Also habe ich meine halbjährlichen Kontrolluntersuchungen bei ihm hier in Jerusalem gemacht. Anna und Cathy sind immer mitgekommen.«

»Komisch.« Bond sah erst Anna und dann Cathy an. »Ich dachte, ich hätte Sie beide mit dem Motorrad durch ganz Sevilla gejagt. Ich dachte, ich hätte Sie beide erschossen.«

»Sie haben was getan?« Anna setzte sich noch gerader auf.

»Wenn Sie mit Trish unterwegs waren, haben Sie einen kleinen Zwischenfall verpasst. Ich habe zwei seiner Handlanger getötet und ein Mann namens Peter Dolmech wurde ermordet.«

»Oh nein.« Trish Tarn schlug die Hände vor das Gesicht. »Peter? Er war einer der nettesten Männer in Max' Umfeld.«

»Er war auch unser Informant, doch leider hat ihn das Glück verlassen.«

»Das waren wahrscheinlich Pixie und Dixie«, sagte Cathy.

»Pixie und …?«

»So haben wir sie genannt. Alle haben sie so genannt. Sie waren früher mal Stuntfahrer. Sie haben Stunts mit Autos und Motorrädern gemacht. Sehr fiese Zeitgenossen. Sie haben eine Menge unschöner Jobs für Max erledigt. Ihre richtigen Namen sind nie gefallen und ich hatte den Eindruck, dass sie in etwa sieben verschiedenen Ländern von der Polizei gesucht wurden.« Trish hielt ihr Glas für mehr Champagner hin und atmete tief durch. »Aber um auf Max zurückzukommen: Als wir wieder in Sevilla waren, habe ich ihn zur Rede gestellt. Zu dem Zeitpunkt wusste ich schon viel mehr, aber ich war außer mir vor Wut und Trauer. Es wäre klüger gewesen, den Mund zu halten, aber ich habe ihm die Wahrheit gesagt, und das ist das Ergebnis. Er war so wütend, dass er das meiste davon selbst angerichtet hat. Connie Spicer hat mir dann die Nase und den Kiefer gebrochen. Wie Sie sicher wissen, leidet Max an einer Art Größenwahn. Er hat die meiste Zeit seines erwachsenen Lebens nichts anderes getan, als Tod und Zerstörung zu säen, aber er glaubt, dass er das irgendwie wiedergutmachen kann. Und wenn es so weit ist, glaubt er, dass alle die Waffen und Menschen – er handelt auch mit Menschen, vor allem mit Söldnern – vergessen und ihn als Helden feiern werden. Als den wahren Helden. Ich hätte ihn an diesem letzten Tag in Sevilla nicht mit der Wahrheit konfrontieren sollen.«

»Was war diese schreckliche Wahrheit, mit der Sie ihn konfrontiert haben, Trish?«

»Sie haben wirklich keine Ahnung?« Sie stieß ein kurzes, bitteres Lachen aus. »Ich habe ihm die Wahrheit gesagt, weil ich wusste, dass ihn das aus der Fassung bringen würde. Wissen Sie, ich bin zu einem Viertel jüdisch, mütterlicherseits, und ein gutes katholisches Mädchen. Mein Vater war Italiener und meine Mutter Engländerin. Kurz vor meiner Erstkommunion haben sie es mir erzählt. Es war ein großes Familiengeheimnis. Ich bin zu einem Viertel jüdisch. Das hat gereicht, um meinen lieben Mann in Rage zu versetzen, als ich es ihm unter die Nase gerieben habe.«

»Er hat Sie einfach verprügelt und dann gehen lassen?« Bond hatte immer noch nur eine vage Ahnung davon, was sie wirklich meinte.

»Nicht ganz.« Wieder das bittere Lachen. »Er hat die Kontrolle verloren. Er hat gesagt, er würde für den Rest seines Lebens viermal am Tag baden müssen, um den jüdischen Schmutz von seinem Körper zu waschen. Er hat mich angeschrien. Er hat gesagt, dass niemand jemals davon erfahren dürfte und dass er sich selbst verabscheuen würde. Er hat mir das Gesicht und die Rippen so zugerichtet. Ich habe gesagt, dass ich gehe, also hat er Connie reingeschickt. Ich glaube, er wollte mich so weit außer Gefecht setzen, dass ich nicht gehen konnte, aber Connie hatte nicht mit den Mädchen gerechnet.«

»Sie haben Connie ausgeschaltet?« In Bonds Tonfall schwang deutliche Bewunderung mit.

»Sagen wir, wir haben ihn kampfunfähig gemacht.« Cathy setzte ihr schelmisches Lächeln auf.

»Sagen wir, er wird eine Weile keine Damen befriedigen, aber wie ich Connie kenne, ist er erstaunlich zäh. Wahrscheinlich kann er jetzt schon wieder rumhumpeln.«

»Trish, das tut mir leid.« Bond suchte nach den richtigen Worten, denn er war sich nicht ganz sicher, ob er den gesamten Subtext dessen, was sie ihm gerade erzählt hatte, verstand. »Wollen Sie damit sagen, dass Max faschistische Tendenzen hat?«

Diesmal war ihr Lachen nicht bitter, sondern voller echter Belustigung, die sich im Kichern von Anna und Cathy widerspiegelte.

»James«, sagte sie schließlich. »Nein, Max hat keine faschistischen Tendenzen. Ich dachte, das wüssten Sie bereits. Tatsächlich hatte ich angenommen, dass Sie deshalb hinter ihm her sind. Max Tarn ist nicht einfach irgendein Faschist. Max Tarn hält sich für den Nazi-Messias persönlich – für die Reinkarnation von Hitler, Himmler, Goebbels und wie sie alle heißen. Die ganze Sache mit dem Waffenhandel war nur ein Mittel zum Zweck. Die erste Phase seiner Wiederauferstehung. Dass er in den letzten Jahrzehnten Waffen in die falschen Hände gegeben hat, diente nur einem Zweck: der vollständigen Destabilisierung Europas – wenn nicht sogar der Welt. Er hat vor Freude getanzt – wortwörtlich getanzt –, als die Berliner Mauer gefallen ist. Als die Nachricht kam, hat er tatsächlich gesagt: ›Meine Zeit ist nah. Der Fall der Mauer wird alle wahren Nazis ans Tageslicht bringen. Wenn ich so weit bin, werden sie mir genauso folgen, wie sie in den 1930ern dem Führer gefolgt sind.‹«

Bond versuchte, sein Entsetzen und seine Faszination zu verbergen. »Und trotzdem hat er Sie gehen lassen, als Sie ihm von Ihren jüdischen Wurzeln erzählt haben?«

Nach einem Moment des Schweigens sagte Trish: »Ganz so einfach ist es nicht, James. Wie die alten Nazi-Anführer hat er diese unheimliche Neigung zur Doppelmoral. Nach den ersten Jahren unserer Ehe wurde mir klar, dass er mich nur als Vorzeigepüppchen betrachtete. Vielleicht kann er das winzige bisschen jüdisches Blut in meinen Adern einfach ignorieren. Max hat erschreckend weitreichenden Einfluss. Wahrscheinlich kann er mich überall finden und zurückholen, obwohl ich glaube, dass er im Moment alle Hände voll zu tun hat.«

»Wie die Nazis, die bei den Juden, die sie zum Funktionieren brauchten, ein Auge zugedrückt haben?«

»Ganz genau. Wissen Sie, dass Hitler immer gewusst hat, dass die Totengräber im Nazi-Reich Juden waren? Sie haben ihnen nichts angetan, weil sie notwendig waren. Bestimmte Menschen sind für Max notwendig, und vielleicht gehöre ich dazu.« Sie schüttelte den Kopf, als wollte sie einen Albtraum verscheuchen. »Lassen Sie mich Ihnen ein anderes Beispiel nennen. Ihm gehört – und ich meine das wörtlich, ihm *gehört* – ein afroamerikanisches Mädchen, das zufällig ein Junkie ist. Er benutzt ihr gegenüber eine entsetzlich rassistische Sprache. Und zwar immer dann, wenn er gezwungen ist, sich in ihre Nähe zu begeben. Aber er toleriert sie, weil sie eine Auftragskillerin ist, die ihre Arbeit sehr ernst nimmt. Die Befehle erhält sie entweder von Connie oder Goodwin, denn obwohl sie Max gegenüber loyal sind, haben sie nicht die gleichen Hemmungen, in ihrer Nähe zu sein. Wenn er da ist, sorgt er dafür, dass sie in ihrem Zimmer bleibt. Wenn sie im Gefolge sein muss, stellt er sicher, dass sie in einem anderen Auto fährt.«

»Wie heißt sie?«

»Beth. Ich kenne nur diesen Namen. Alle nennen sie Beth. Sonst nichts.«

»Aber Trish, ich habe gehört, dass er behauptet, von der Familie von Tarn abzustammen …«

»Ich glaube nicht, dass er nur behauptet, von dieser Familie abzustammen. Ich glaube, das stimmt. Aber …«

»Aber die Nazis sollen seine Familie ermordet haben.«

»Eine Familie, die er im Laufe der Jahre zu verachten gelernt hat.«

»Ich verstehe.« Der Schock über diese jüngsten Enthüllungen begann gerade erst, Wirkung zu zeigen.

»Max ist mächtig, James. Zweifeln Sie nie daran. Er ist eine sehr gefährliche Bestie.«

»Sie wissen nicht zufällig, wo er jetzt ist?« Bond sprach die Frage so beiläufig aus, dass sie beinahe unbemerkt blieb, aber er sah, wie Anna sich regte und einen Blick in Richtung Cathy warf.

»Ich weiß es nicht. Er könnte jetzt gerade unten einchecken.« Trishs Hand wanderte zum ersten Mal, seit sie im Zimmer waren, zu ihrem Haar und fuhr mit gespreizten Fingern tief durch den dichten, weichen Wust. »Aber das glaube ich nicht. Was Sie mich eigentlich fragen wollen, ist, wo Sie ihn am besten festnehmen können, oder?«

Bond beugte sich vor. »Ich kann Ihnen Sicherheit bieten, Trish.«

»Oh bitte.« Sie lachte. »Sie können mir keine Sicherheit bieten, bis Sie ihn unter die Erde gebracht haben. Er hat eine ganze Armee da draußen.«

»Trish«, übernahm Flicka, »wir können Ihnen eine gewisse Sicherheit bieten. Wir können Sie gleich morgen früh aus Jerusalem rausbringen. Wenn Sie erst mal in England sind, sind wir hundertprozentig sicher, dass wir Sie beschützen können. Sie und die Mädchen.«

»Die Mädchen können auf sich selbst aufpassen, aber ja, ich hätte sie gern für eine Weile bei mir.«

»Dann kommen Sie mit uns?«

»Ich kann nirgendwo anders hin und Max wird wissen, dass ich hier bin. Sogar Connie wird es inzwischen begriffen haben. Ja. Okay, bringen Sie mich nach London und verstecken Sie mich an einem Ort, an dem mich keiner von Max' Idioten in die Finger kriegen kann. Was springt für Sie dabei raus?«

»Ihre Sicherheit, Trish«, sagte Bond. »Ihre Sicherheit und Ihre Kooperation.«

»Meine Kooperation haben Sie auf jeden Fall. Sie wollen wissen, wo Max ist? Okay, ich kann Ihnen sagen, wo ich denke, dass er sein wird, wenn er nicht auf dem Weg hierher ist, um mich mit Gewalt zurückzuholen.«

»Ist das eine Möglichkeit?«

»Immer, aber ich glaube nicht, dass er im Moment viel Zeit hat, mir nachzujagen.«

»Also, wenn er nicht auf dem Weg hierher ist …?«

»Vielleicht im Moment noch nicht, aber irgendwann wird er in der Karibik sein.«

»Um mit seinen Kreuzfahrtschiffen zu spielen?«

Sie lächelte müde und der Schmerz trat wieder zum Vorschein. »Er hat zwei Operationsbasen, die vollkommen abgeschottet sind. Sevilla ist die eine. Der Binnenhafen ist sehr nützlich. Er hat viele Leute dafür bezahlt, keine unangenehmen Fragen zu stellen. Der andere Hafen, den er benutzt, ist San Juan in Puerto Rico.«

»Und den hat er auch abgesichert?«

»So ziemlich. Außerdem besitzt er dort einige Immobilien. Wir haben den Verdacht, dass er Fracht in Puerto Rico versteckt und plant, dort ein Volksheld zu werden.« Das »wir« schloss die Mädchen mit ein. Sie machte eine Geste in ihre Richtung und sowohl Cathy als auch Anna nickten zustimmend. »Wir glauben, dass er Lagerhäuser und andere kleinere Immobilien besitzt und mit Geld um sich wirft, als käme Bargeld bald aus der Mode.«

»Er betreibt also eine komplexe Operation von zwei verschiedenen Standorten aus. Eine liegt in Europa, die andere in der Karibik, wo er eine Art Ass im Ärmel hat?«

»Das trifft es in etwa. Seine Handelsbank wäscht das Geld, vermute ich.«

»Da haben Sie recht. Wir sind dabei, das aufzuklären. Wir haben eine Menge Beweise und untersuchen gerade die finanzielle Seite.«

»Er sagte, *dieser* Teil könnte nie geknackt werden.« Cathy war in eins der anderen Zimmer gegangen und hatte eine weitere Flasche Dom Perignon geholt. »In Sevilla habe ich ihn sagen hören, dass seine Banken absolut wasserdicht sind.«

»Wir hätten uns auch bis zum Sankt-Nimmerleins-Tag daran abgearbeitet, wenn Peter Dolmech nicht geholfen hätte.«

»Er hat uns ein kleines Vermächtnis hinterlassen. Eine Art Legende für den Geldfluss.«

Eine kurze Pause entstand, in der Trish und die Mädchen sich nicht ansahen. Dann brach Trish das Schweigen. »Armer Peter. Wenigstens hat er etwas Sinnvolles zustande gebracht, bevor er gestorben ist. Max hat ihm bedingungslos vertraut. Ich hätte nie gedacht, dass er der Maulwurf war.«

»Sie haben einen Maulwurf vermutet?«

»Nein, aber Max schon. Er war paranoid deswegen. Er hat ständig die Abläufe geändert und Spielchen gespielt, um Leute in die Falle zu locken. Aber es ist ihm nie gelungen, jemanden zu erwischen.«

»Er hat mehr getan, als Dolmech in eine Falle zu locken, und er hätte fast die Informationen zerstört.« Er schilderte die Ereignisse in Sevilla, wobei er die blutigsten Details ausließ.

Wieder herrschte Schweigen. Eine Pause, die einen Hauch zu lang dauerte. Trish Nuzzi fuhr sich noch einmal mit der Hand durchs Haar, dann sagte sie leise, dass es ihr leidtäte, aber sie müsse sich wirklich hinlegen. »Dr. Hartman hat dafür gesorgt, dass meine Nase und mein Kiefer gerichtet wurden«, fügte sie als Nachsatz hinzu.

»Max wird also irgendwann in der Karibik auftauchen. Wo könnte er sonst noch sein?«

»Er könnte in Deutschland sein. In Wasserburg. Er will Tarnenwerder – den alten Familiensitz – in aller Stille zu seinem früheren Glanz restaurieren.«

»Tatsächlich?«, stutzte Bond.

»Dann bringen wir Sie morgen zurück nach London und in Sicherheit«, schlug Flicka vor.

»Ja. Ja, natürlich. Das ist alles, was ich jetzt will: weg von alldem und ein normales Leben führen.«

»Wann?«, fragte Cathy nüchtern.

»Wir rufen Sie gleich morgen früh an.« Bond hatte bereits beschlossen, Plätze auf dem erstmöglichen Flug zurück nach Heathrow zu buchen. »Ich glaube, es gibt einen Flug gegen Mittag. Werden Sie heute Abend zurechtkommen?«

»Wenn nicht, rufen wir Sie schon an.« Anna klang selbstgefällig und vielleicht eine Spur zu selbstsicher.

»Also, was denkst du?«, fragte Bond, als sie wieder in ihrer eigenen Suite waren.

»Meinst du die überraschende Geschlechtsumwandlung, die verzweifelte Lady Tarn oder die Reinkarnation von Adolf Hitler?« Flicka hatte begonnen, sich auszuziehen.

»Alle drei, nehme ich an. Was hältst du von den Damen, Flick? Traust du ihnen?«

»Die Geschichte von dem fanatischen, verrückten Nazi hat mich erschüttert, aber ich denke, dass sie wahrscheinlich wahr ist. Der Zeitpunkt ist günstig für ihn in Deutschland. Es gibt so viele Nazi-Organisationen, die gerade aus dem Untergrund auftauchen. Die Skinhead-Gruppen, die Neo-Nazis – auch wenn an ihnen nichts ›Neo‹ ist. Sie sind schlicht und einfach Nazis: Deutschland den Deutschen, und natürlich nur den reinrassigen Deutschen. Alle Ausländer raus. Selbst Leute, die bis vor ein paar Jahren gesagt haben, dass das nie und nimmer ein zweites Mal passieren kann, haben jetzt Zweifel. Was den Rest betrifft, habe ich ihnen geglaubt, bis wir Dolmech erwähnt haben. Dann wurde alles ein wenig unglaubwürdig.«

»Vielleicht hatte Lady T. ein kleines Techtelmechtel mit Dolmech.«

»Der Gedanke ist mir auch gekommen. Entweder sie oder … Nein, so unvorsichtig wären sie nicht gewesen – die Mädchen, meine ich.«

»Um ganz ehrlich zu sein …« Bond hob die Stimme, als sie ins Badezimmer ging. »Um ganz ehrlich zu sein, würde ich den beiden niemanden anvertrauen – außer La Nuzzi natürlich. Ihr sind sie offensichtlich treu ergeben.«

»Ich will auch ganz ehrlich sein, Liebling. Wenn es um dich geht, würde ich keiner von ihnen trauen. Selbst mit ihrem ramponierten Gesicht hat Trish dich eindeutig angeschmachtet und die beiden Schreckschrauben hätten dich stundenlang verwöhnt.«

»Mir ist nichts in der Richtung aufgefallen. Ich glaube, du übertreibst, Flicka.«

Sie antwortete nicht, also lächelte er vor sich hin und ging zum Telefon, um sowohl El Al als auch British Airways anzurufen. Es gab einen El-Al-Flug von Ben Gurion nach Heathrow gegen Mittag, auf dem noch Plätze frei waren. Er buchte fünf, gab ihre Namen an und sagte, dass er sich gleich morgen früh mit den Informationen über die anderen drei Passagiere zurückmelden würde. El Al war wie immer sehr verschwiegen.

In dem großen Doppelbett aneinandergekuschelt schliefen die beiden tief und fest. Das Telefon riss sie aus dem Schlaf. Bond sah auf seine Uhr und stellte fest, dass es nicht der für sieben bestellte Weckruf war, denn es war erst zehn nach sechs. Schläfrig krächzte er in den Hörer. Am anderen Ende meldete sich Steve Natkowitz klar und deutlich und versicherte ihm, dass dies eine sichere Leitung sei.

»Ich glaube, ihr habt ein kleines Problem.« Der Mossad-Mann kam direkt zur Sache.

Bond war sofort hellwach. »Was für ein Problem?«

»Ich weiß nicht, was letzte Nacht bei euch los war, aber ich habe gerade einen Anruf vom Flughafen Ben Gurion erhalten. Es scheint, dass Trish Nuzzi und ihr Gefolge mit dem Sechs-Uhr-Flug nach Paris aufgebrochen ist.«

Bond antwortete nur mit einem Fluchen. »Scheiße!«

12

Ein furchtbarer Tod

Sie brauchten weniger als zehn Minuten, um zu entscheiden, dass es sinnlos war, in Jerusalem zu bleiben, und dass es auch keinen Sinn hatte, Trish Nuzzi und den Mädchen nach Paris zu folgen.

Es regnete, in Jerusalem hatte es eine Schießerei gegeben, in Tel Aviv war es zu einer Auseinandersetzung mit Tränengas und Steinwürfen gekommen und auf der Straße zwischen den beiden Städten gab es eine weitere Gewalttat, die dazu führte, dass sie fast zu spät zu ihrem Flug kamen – El Al empfahl, sich etwa drei Stunden vor dem Check-in einzufinden statt wie bisher zwei. Das alles gehörte zu den ständig wechselnden Gefahren des Nahen Ostens, aber es gab auch andere Passagiere, die in letzter Minute eintrafen, was zu einem verspäteten Abflug und einer unglücklichen Flugbesatzung führte.

Als sie gegen neunzehn Uhr in ihre Londoner Wohnung zurückkehrten, fanden sie zwölf Nachrichten auf dem gesicherten Telefon und eine auf der privaten Leitung vor. Die zwölf Nachrichten auf dem gesicherten Telefon waren kurz und bündig – er sollte den Staatssekretär so schnell wie möglich anrufen und er sollte Bill Tanner so schnell wie möglich anrufen. Die erste Nachricht war spät am Vorabend eingegangen und die letzte war erst eine Stunde vor ihrer Rückkehr hinterlassen worden.

Er rief zuerst Ms Stabschef an, denn bei Bill Tanner wusste er wenigstens, woran er war. Laut Tanner herrschte helle Aufregung und der Staatssekretär hatte nach ihm gesucht, damit er so schnell wie möglich an einem Treffen mit den zuständigen Mitgliedern des Ausschusses teilnehmen konnte. Es hatte den Anschein, als gäbe es einen Durchbruch im Fall Tarn.

Er rief sofort die Privatnummer des Staatssekretärs an, wo man ihm das Gleiche sagte. »Wir waren ein paar Tage lang nicht da«, sagte Bond kleinlaut.

»In Zukunft wäre ich Ihnen dankbar, wenn Sie eine Kontaktnummer in Ihrem Büro hinterlassen würden, wenn Sie ein Wochenende nicht in London sind.« Der Staatssekretär tadelte ihn nur kurz. »Ich kann alle Beteiligten innerhalb einer Stunde zusammenrufen, also möchte ich Sie um Punkt acht im Innenministerium sehen.«

»So viel also zu einem ruhigen Abend vor dem Fernseher.« Flicka versuchte, pikiert zu klingen.

»Wann haben wir denn je ruhige Abende vor dem Fernseher verbracht?« Er sah auf, bemerkte ihr Grinsen und zuckte mit den Schultern.

Er war versucht, die Nachricht auf dem Privattelefon zu ignorieren, spulte sie aber doch zurück und drückte fast automatisch auf die Wiedergabetaste. Die heisere Frauenstimme erkannte er sofort.

»Hier ist Cathy, James. Es tut uns leid, dass Trish beschlossen hat, Sie in letzter Minute sitzen zu lassen, aber wie Sie sich vorstellen können, traut sie im Moment niemandem – außer uns natürlich. Machen Sie sich keine Sorgen, wir werden dafür sorgen, dass ihr nichts passiert, und bleiben in Kontakt.«

Während das Band noch lief, drückte er auf die Taste der Anruferkennung neben dem Telefon. »Sie sind nicht in Paris«, sagte er stirnrunzelnd. »Der Anruf kam von einer 071-Nummer aus London. Die Mädchen haben sie hergebracht. Aber woher zum Teufel haben sie diese Nummer?«

Flicka versicherte ihm, sie würde die Nummer zurückverfolgen lassen und ihn im Innenministerium anrufen. »Wir wollen doch nicht, dass du den Staatssekretär verärgerst, weil du zu spät kommst«, mahnte sie. »Wo kämen wir da sonst hin?«

»In den alten Zeiten wäre das nie passiert. Wenigstens wurden wir damals nicht von verdammten Ausschüssen geleitet. Bis die aufgehört haben, sich zu streiten, ist es meist schon zu spät, um noch was zu unternehmen.« Er war an der Tür. »Oh, Fredericka, könntest du Ms Krankenschwester – Frobisher heißt sie – anrufen und fragen, wie es dem alten Mann geht?«

»Natürlich, aber was willst du dem Ausschuss sagen?«

»Was meinst du?«

»Hast du vor, ihnen von der Nazi-Sache zu erzählen? Das ist ernst, James. Jeden zweiten Tag werden wir hier in Europa im Fernsehen vor dem rechtsextremen Flügel in Deutschland gewarnt. Die Aufmärsche, die Trommeln, die Gewalttaten gegen Ausländer: die ganze groteske Neo-Nazi-Bewegung.«

»Die *Nazi*-Bewegung, Flicka, schon vergessen? An diesen Fanatikern ist nichts Neo. Was den Ausschuss anbelangt, werde ich nach eigenem Ermessen vorgehen. Vielleicht sollten wir diese Information für uns behalten. Natürlich könnten sie es aber auch schon wissen. Das könnte dieser Durchbruch in der Sache Tarn sein.«

Er verließ die Wohnung mit einer Gewitterwolke über dem Kopf und einer Wut im Bauch, die zu nah an der Oberfläche brodelte.

Im Innenministerium waren nur die wichtigsten Mitglieder des Ausschusses sowie Bill Tanner anwesend. Wimsey hatte einen Chief Superintendent dabei, während die Generaldirektion des Security Service durch drei Personen vertreten war: ein Trio, gegen das Bond große Vorbehalte hatte. Der Erste von ihnen war ein hagerer Mann mit schütterem blondem Haar, dessen Name – Thickness – im Widerspruch zu seinem Aussehen stand. Bei ihm waren zwei weibliche Offiziere, Judy Jameson und Jane Smith, die beide dafür bekannt waren, großen Einfluss auf den Generaldirektor zu haben. Alle wirkten nervös und besorgt.

Bond erinnerte sich, dass er schon einmal mit ihnen in einer relativ unbedeutenden Angelegenheit aneinandergeraten war. Ihre Anwesenheit ließ vermuten, dass Uneinigkeit in Bezug auf Tarn herrschte.

»Na endlich.« Der Staatssekretär klang mehr als nur eine Spur sarkastisch. »Der verlorene Sohn kehrt zurück.«

»Wo zum Teufel waren Sie, Bond?«, fragte Thickness.

»Ich habe versucht, Tarn zu finden, wenn Sie es genau wissen wollen. Ich hatte vergessen, dass ich dem Ausschuss gehöre.«

»In vielerlei Hinsicht gehören Sie uns tatsächlich, Bond. Die Dinge haben sich geändert. Und was Tarn betrifft, gibt es einen neuen Durchbruch. Der Mann ist wieder im Land. Wir haben eindeutige Beweise.« Der Staatssekretär gab Bill Tanner ein Zeichen, der zu einem Großbildfernseher mit eingebautem Videorekorder ging und eine Kassette in das Gerät einlegte.

»Er hat sich gestern am späten Nachmittag über Dublin ins Land geschlichen«, sagte Jane Smith einleitend. In ihrem Tonfall schwang der Vorwurf mit, dass Bond eigentlich hätte anwesend sein müssen.

Der Bildschirm leuchtete auf und zeigte den langen Korridor zur Gepäckausgabe im Terminal eins in Heathrow. Etwa siebzig Menschen drängelten sich an dem Zollbeamten und dem Mann vom Security Service vorbei, der immer den Schalter am Eingang zu den Gepäckbändern besetzte.

Bei Flügen, die aus Dublin kamen, ging man kein Risiko ein. Normalerweise holte ein Bus die Passagiere ab und brachte sie direkt ins Terminal, wo sie durch eine Schleuse geleitet wurden. Wie Schafe – wie das Personal der Fluggesellschaften die Passagiere ohnehin nannte – wurden sie gezwungen, diesen Kontrollpunkt zu passieren. Nur selten wurde jemand angehalten. Die Passagiere wurden von Sicherheitskameras überprüft und manchmal kam es bei der Zollkontrolle zu Verhaftungen. In anderen Fällen wurde ein »Gesicht« – so nannte der Security Service mutmaßliche Kriminelle oder Terroristen – unauffällig verfolgt. Das System galt als idiotensicher, aber manchmal war es auch nur ein Beweis, dass Idioten existierten.

Da, wirklich und leibhaftig schritt Max Tarn seelenruhig in den Bereich der Gepäckausgabe. In der Ferne nahm die Kamera Maurice Goodwin und Connie Spicer auf, gefolgt von einem muskulösen, durchtrainierten schwarzen Mädchen in Jeans, weißem Hemd und einer modischen Weste. Ohne genau zu wissen, warum, erkannte Bond plötzlich, dass es sich um Beth handelte, die Frau, die sie im Dunkeln in Hall's Manor gesehen hatten – die Frau, die Trish als Auftragskillerin bezeichnet hatte.

»Der hält sich für allmächtig.« In Jane Smiths Stimme lag ein Knurren. Bond musste an die Bemerkung von Trish Nuzzi denken, dass Tarn an Größenwahn litt.

»Wir haben sie also, wo wir sie haben wollen?«, fragte er.

Es wurde mit den Füßen gescharrt und vereinzelt gehüstelt.

»Unglücklicherweise haben unsere Leute sie verloren.« Thickness wirkte nicht einmal besorgt. »In London wurden sie wieder gesichtet.« Der Offizier vom MI5 schien das alles für eine Art Spiel zu halten.

Wimsey räusperte sich. »Meine Beamten sind zusammen mit Mitgliedern des Security Service ausgerückt, aber ich fürchte, die ganze Truppe ist wieder entkommen.«

»Wo in London?«

»Eine Wohnung hinter Harrods. Sie gehört Tarn. Für ihn ist nur das Beste gut genug.«

»Und haben Sie die schwarze Frau schon identifiziert?«

»Welche schwarze Frau?«, fragte Judy Jameson vom MI5 scharf.

Er ließ das Band noch einmal laufen und zeigte auf die Frau, die Goodwin und Connie Spicer folgte.

»Sie ist uns nicht mal aufgefallen. Was glauben Sie, wer sie ist?«, fragte Thickness, dem seine lockere Haltung zur Situation abhandengekommen zu sein schien.

»Die Frau namens Beth, die in Hall's Manor war.«

»Ah. Dann setzen wir sie besser auf die Liste.«

»Apropos Hall's Manor, es ist noch nicht alles verloren …« Der Staatssekretär versuchte, zuversichtlich zu klingen. »Wir haben eine weitere interessante Information. Wie Sie wissen, Bond, haben wir das Anwesen überprüft.«

Bond nickte. Er hatte ein mieses Gefühl bei der ganzen Sache. Irgendetwas war da faul.

»Es scheint, dass das letzte verbliebene Mitglied der Familie Hall schließlich nachgegeben hat«, fuhr der Staatssekretär fort. »Das gesamte Anwesen – tausend Hektar und das Haus – wurde im Januar verkauft, erworben von einer Firma, die sich Bulwark Real Estate nennt.«

»Sagen Sie nichts.« Bond lehnte sich auf seinem Stuhl zurück. »Bulwark ist eine Tochtergesellschaft von Tarn International.«

»Bingo.« Der Staatssekretär klang sehr erfreut.

»Sie setzen also alle darauf, dass Tarn zu dieser Ruine fährt?«

»Ich halte das für naheliegend.«

»Tatsächlich, Sir? Das Haus ist eine Bruchbude. Außerdem wäre das zu offensichtlich. Sie wussten nicht, dass Tarn eine Wohnung in Knightsbridge besitzt, er könnte also noch ein Dutzend andere Schlupflöcher hier in London haben.«

»Ich glaube nicht.« Jane Smith klang selbstgefällig. »Eine von Commissioner Wimseys Einheiten hat sich – etwas verspätet, wie man zugeben muss – mit der Information gemeldet, dass auf der M11 ein Auto gesichtet wurde, das Tarn gehört.«

»Was genau soll das heißen, ›etwas verspätet‹?«

»Sie sind ein wenig zu schnell gefahren. Das Kennzeichen wurde notiert und dann wiedererkannt, als meine Leute die Informationen rausgeschickt haben«, polterte Wimsey. »Sie haben es umgehend gemeldet.«

»Lassen Sie mich meine Frage von vorhin also noch mal umformulieren. Sie alle *wissen*, dass Tarn zu dieser Ruine fährt?«

»Definitiv.« Der Staatssekretär sprach mit dem Tonfall eines Schulmeisters, der keinen Widerspruch duldete. Die Pontius-Pilatus-Stimme, wie Bond sie nannte – *was ich geschrieben habe, bleibt geschrieben.*

»Dann gehe ich davon aus, dass Sie Leute haben, die Hall's Manor in diesem Augenblick umstellen?«

»Nein. Wir haben *einen* Mann. Der MI5 hat ihn vom SAS geholt. Er ist sehr gut. Sie haben ihn gestern Abend hingebracht und er versteckt sich dort. Wenn Tarn auftaucht, werden wir das innerhalb von Sekunden wissen.«

Der Staatssekretär lächelte zufrieden, als hätte er Max Tarn bereits im Alleingang in die Falle gelockt.

»Warum sollte ein Mann wie Tarn riskieren, mit seinem halben Gefolge wieder ins Land zu kommen, Sir?«, fragte Bond leise, der wusste, dass es darauf keine klare Antwort geben konnte. »Er hat keine Anstalten gemacht, seine Identität zu verbergen. Ich glaube, dass er etwas im Schilde führt, von dem er glaubt, dass es ein Segen für die Gesellschaft sein wird, und dass er alles riskieren würde, um es durchzuziehen. Ich habe keinen blassen Schimmer, was es ist. Aber ich weiß, dass er politisch ein Stückchen rechts von Adolf

Hitler und Dschingis Khan steht. Solche Leute glauben oft wirklich, dass sie unbesiegbar sind. Nur ein Narr oder ein Eiferer würde so dreist einreisen. Die Frage ist, warum ist er zurückgekommen?«

»Es muss einen wichtigen Grund geben.« Der Staatssekretär hüstelte und runzelte die Stirn, als ihm klar wurde, dass er etwas Offensichtliches von sich gegeben hatte.

»Und Sie glauben, dass dieser Grund in Hall's Manor zu finden ist?«

»Was soll ich denn sonst glauben? Der Mann kann nicht weit kommen.«

»Kann er nicht? Ich glaube, er wird uns noch ganz schön auf Trab halten. So wie er in Heathrow gelandet ist, weiß er, was Sache ist. Er weiß, wie wir mit Verdächtigen umgehen. Er ist gekommen, um uns an der Nase herumzuführen, Sir. Darauf würde ich wetten.«

»Niemand verlangt von Ihnen, auf irgendetwas zu wetten.«

»Nein, aber ich würde es tun. Er ist entweder hier, um etwas zu holen oder um etwas zu erledigen, und er will, dass wir es wissen. Glauben Sie, Sie haben ihn zufällig verloren? Nein, Sir. Dieser Mann ist besessen. Er bewaffnet abtrünnige Armeen, verkauft den Tod an Terroristen und liefert Waffen und Ausrüstung an Länder und Organisationen, die diese Waffen einsetzen – und das ganz sicher nicht für eine gute Sache. Er ist ein politischer Irrer von Weltrang, Sir. Er ist auch ein Mann, der selten ein unkalkulierbares Risiko eingeht. Ich wiederhole: Sie sollten wissen, dass er hier ist, also wird er Sie wahrscheinlich auch wissen lassen, wenn er wieder weg ist.«

»Sie glauben also nicht, dass er nach Hall's Manor fährt?« Es war eine rhetorische Frage.

»Er könnte durchaus auf direktem Weg dorthin sein, Sir. Aber ich halte es nicht für klug, nur einen Mann auf ihn warten zu lassen …«

»Das war eine bewusste Entscheidung, Captain Bond. Eine, die nicht leichtfertig getroffen wurde. Wir waren uns einig, dass ein ausgebildetes Mitglied des SAS in der Lage sein würde, uns sehr schnell und unbemerkt über Funk Informationen zukommen zu lassen.«

»Und Sie haben eine ganze Truppe von SAS-Leuten ein paar Kilometer entfernt sitzen, damit sie reingehen und ihn holen können?«

»Wir haben bewaffnete Teams der Polizei und des MI5 in Bereitschaft. Sie können innerhalb von dreißig Minuten dort sein.«

»*Falls* er dort hinwill.«

»Jeder Polizist im Land, jeder Mitarbeiter des MI5, jeder Flughafen und jeder Seehafen ist auf der Suche nach ihm. Er ist hier und es liegt an uns, dafür zu sorgen, dass er nicht entkommt.«

»Nochmals, Sir: Warum hier? Warum geht er dieses Risiko ein?«

Der Staatssekretär wollte gerade etwas sagen, als das Telefon auf dem Tisch surrte. Er nahm ab und teilte Bond sehr gereizt mit, dass Flicka ihn zu sprechen wünschte. »Ich hoffe, es geht um etwas Dienstliches, Bond. Etwas, das diesen Fall betrifft.«

»Ich habe keinen Zweifel, dass es um etwas Dienstliches geht.« Er nahm den Hörer und sprach leise hinein. Jeder im

Raum merkte, dass etwas nicht stimmte, denn sein Rücken versteifte sich und seine Augen musterten jedes Gesicht im Raum. »Warte da. Ich komme bald. Und danke.«

Er legte den Hörer auf und sah den Staatssekretär direkt an, als er die Adresse wiederholte, die Flicka ihm gerade genannt hatte. Es handelte sich um eine Wohnung in einer Gegend von Knightsbridge, gleich hinter Harrods. »Dachten Sie, Sie hätten ihn dort in die Enge getrieben, mit seinen Leuten?«

»Ja. Woher wissen Sie das? Niemand außer dem Ausschuss und einer ausgewählten Anzahl von vertrauenswürdigen Beamten der Polizei und des MI5 kennt diese Adresse.«

»Weil ich eine Nachricht auf meinem privaten Telefon hatte, als ich nach Hause kam, Sir. Die Anruferkennung hat diese Nummer des Hauses hinter Harrods angezeigt. Fräulein von Grüsse hat das für mich überprüft.«

»Ein Anruf?«

»Das habe ich doch gerade gesagt, Sir. Ich glaube, Tarn will uns in Hall's Manor eine Nachricht hinterlassen. Eine sehr unangenehme Nachricht.«

»Bond, Sie reden Unsinn.«

»Im Gegenteil, Sir, es ergibt sogar sehr viel Sinn. Ich möchte die Erlaubnis des Ausschusses, mit Fräulein von Grüsse zu Hall's Manor zu fahren, und zwar sofort.«

»Ich muss wissen, warum. Ich muss mich mit unserem Mann vor Ort in Verbindung setzen.«

So ruhig und schnell er konnte, erläuterte Bond einige Fakten – vor allem die, die Lady Tarn betrafen, und die Kontrolle, die Sir Max über Sevilla und San Juan in Puerto Rico hatte. »Ich nehme an, dass er irgendwann für ein spektakuläres

Ereignis in Puerto Rico sorgen wird, und zwar eher früher als später.« Die Tatsache, dass Max Tarn sich für den Nazi-Messias hielt – und vermutlich auch viele andere derselben Ansicht waren –, ließ er unerwähnt. »Meine Befürchtung ist, dass Ihr SAS-Mann in ernsthaften Schwierigkeiten stecken könnte.«

»Warum nur Sie und Miss von Grüsse? Warum schicken wir nicht die Polizei und den SAS rein?«

»Wollen Sie etwa ein Feuergefecht, bei dem man uns nachsagen könnte, dass wir vorschnell gehandelt haben? Ich brauche Ihre Autorisierung, zu Hall's Manor zu fahren, und ich brauche sie jetzt.«

»Ich glaube nicht, dass ich das kann …«

»Sie können, Sir. Wenn Sie es nicht tun, trete ich hier und jetzt von meinem Posten zurück. Ich kenne eine ganze Menge Informationen über Tarn. Ich glaube nicht, dass Sie ihn ohne meine Hilfe kriegen können. Ich werde draußen warten, bis Sie sich entschieden haben.« Er erhob sich und verließ den Raum.

Zehn Minuten später kam Bill Tanner zu ihm. »Sie sind nicht sehr glücklich.« Er sah selbst nicht besonders fröhlich aus. »Aber sie haben Ihrer Bitte zugestimmt, wenn auch mit gewissen Einschränkungen.«

»Die da wären?«

»Wenn sie bis ein Uhr morgens nichts gehört haben, werden sie ihre eigenen Befehle erteilen, von denen einer wahrscheinlich Ihre Verhaftung sein wird, weil Sie die Sache überstürzt haben.«

Hinter Tanner ging die Tür auf und ein besorgt dreinblickender Staatssekretär stand im Rahmen. »Es scheint, als hätten wir bereits ein anderes Problem.« Seine Augen verrieten Unsicherheit. »Wir können den SAS-Mann auf dem Anwesen nicht erreichen. Die Leitung ist offen, aber er antwortet nicht auf die Signale.«

»Sprachsignale?«, fragte Bond.

»Nein, wir haben einen Code mit einer Reihe von Klicks, damit Tarns Leute ihn nicht mit ihren Scannern erfassen können.«

»Wir können also gehen?«

»Tanner hat Ihnen von der Frist erzählt?«

»Ja, Sir. Das ist für mich in Ordnung. Wenn Sie bis ein Uhr nichts von uns hören, müssen Sie übernehmen, denn wenn Sie bis dahin keinen Bericht erhalten haben, sind wir außer Gefecht gesetzt.«

Sie trugen Schwarz. Schwarze Jeans, schwarze Rollkragenpullover, schwarze Lederhandschuhe, schwarze Turnschuhe und schwarze Sturmhauben, dazu Waffen und Ausrüstung an breiten schwarzen Gürteln. Bond hatte seine ASP, ein Funkgerät, mit dem er London kontaktieren konnte, einen Standardfeldkompass und eine leistungsstarke Taschenlampe. Flicka hatte ihre Beretta und ein paar Blendgranaten dabei. Die Karten und die andere Ausrüstung hatten sie im Auto gelassen, das einen Kilometer von Hall's Manor entfernt in einer Seitenstraße geparkt war.

Jetzt näherten sie sich dem alten Haus von Westen her, durchs Unterholz, wobei sie sich gelegentlich mit dem Kompass orientierten. Im Wald fanden sie die Leiche des SAS-Sergeants und mussten nicht einmal die Taschenlampe einschalten, um zu wissen, dass der Mann tot war. Der schwarze Fleck an seinem Hals zeugte von einer durchtrennten Kehle.

Das beunruhigte Bond nur umso mehr, denn wenn ein Mann, der so perfekt gut war wie dieser Sergeant, überrumpelt worden war, würden er und Flicka leichte Beute sein.

Sie hockten am Rand des Unterholzes auf dem unebenen Boden und die Silhouette des großen Hauses hob sich deutlich vom Himmel ab. Es gab keine Geräusche außer denen von Raubtieren in der Nacht. Keine Lichter. Kein Lebenszeichen, aber sie wussten beide, dass das keine Garantie dafür war, dass Tarn und seine Leute nicht irgendwo da draußen im Dunkeln lauerten. Das leuchtende Ziffernblatt von Bonds Uhr zeigte an, dass es sechzehn Minuten nach Mitternacht war. Sie hatten es tatsächlich unglaublich schnell hierhergeschafft und er fragte sich jetzt, ob sie einfach losstürmen oder den ganzen Weg heimlich zurücklegen sollten. Ihre Frist lief ab.

»Ganz vorsichtig«, flüsterte er Flicka zu und gemeinsam schlichen sie geduckt vorwärts. »Erst schießen und dann Fragen stellen«, raunte er noch einmal, als sie das Haus erreichten. Er sah, wie sie nickte, dann streckte sie eine Hand aus, um das Gemäuer zu berühren.

Sie umkreisten das gesamte Gebäude und hielten in der Nähe der Fenster inne. Ihre Augen waren längst an die Dunkelheit und das spärliche Mondlicht gewöhnt.

Die Eingangstür stand offen, fast so, wie sie sie bei ihrem letzten Besuch zurückgelassen hatten, doch sie wussten, dass in dieser Nacht schon andere vor ihnen hier gewesen waren. Vielleicht waren sie noch da, still und regungslos in den

Schatten. Er atmete tief durch, nickte Flicka zu und machte einen Schritt durch die Tür in den Flur, wobei er die Taschenlampe einschaltete, die er neben der automatischen Pistole fest in der Hand hielt. Der Geruch von Moder und Verfall schlug ihnen wie eine unsichtbare Wand entgegen, aber es mischten sich auch andere Noten darunter: der Geruch von Frauenparfüm und teuren Lotionen. Wenn das Haus wirklich leer war, war es erst vor Kurzem verlassen worden.

Gemeinsam gingen sie im Erdgeschoss von Raum zu Raum und durchsuchten jedes Zimmer und jeden Flur. Sie kamen nur langsam voran, da sie vor jedem Schatten zurückschreckten. Das Ächzen des alten Hauses dröhnte in ihren Ohren, während sie lauschend dastanden und darauf warteten, dass ein weiterer von Tarns Schrecken auf sie zustürmte.

Das Erdgeschoss und der Bereich unter der Treppe waren sicher und so stiegen sie schließlich die Treppe hinauf, die unter ihren Füßen ein lautes Knarren und ein leises Quietschen von sich gab.

Das nächste Stockwerk war ebenfalls sicher und sie spürten beide einen Anflug von Angst, als sie sich auf den Weg nach oben machten zu dem kleinen Raum, in dem sie gefangen gehalten worden waren. Als sie den kurzen Gang entlanggingen, der zu der halb geöffneten Tür führte, hörten sie ein deutliches Geräusch aus dem Inneren des Raums: das Geräusch von etwas, das unter Spannung stand, gefolgt von einer subtilen Andeutung von Bewegung.

Bond hob die Taschenlampe und legte den Finger auf den Abzug seiner Pistole, dann schlich er in den Raum. Flicka stieß einen kleinen Schrei aus, als sie es sah, und fing dann an zu hyperventilieren. Der Strahl der Taschenlampe glitt schnell durch den Raum, kehrte dann zu dem Ding zurück, das von einem Querbalken an der Decke baumelte, und beleuchtete das Gesicht.

Die Blutergüsse waren immer noch sichtbar, obwohl das Gesicht im Tod zu einer Karikatur angeschwollen zu sein schien: Der Mund stand offen und die Zunge hing halb heraus. Er dachte sofort, dass Trish Nuzzi wahrscheinlich erwürgt worden war, bevor man sie aufgehängt hatte. Ihr schönes langes schwarzes Haar fiel ihr zu beiden Seiten des grotesken Gesichts über die Schultern. Die Füße baumelten nebeneinander, aber ihre Arme schienen vom Körper abgespreizt zu sein, sodass sie wie eine riesige, grausame Puppe aussah, die von irgendeinem teuflischen Kind aufgehängt worden war.

Dann ertönte direkt hinter ihnen eine heisere Stimme. »Ein furchtbarer Tod, nicht wahr?«, sagte Cathy.

13

Eine unvergessliche Verlobungsfeier

Flicka schrie und wich an die Wand zurück, als wollte sie versuchen, ihren Körper durch den Putz und den Stein zu drücken. Bond drehte sich um und der Strahl seiner Taschenlampe beleuchtete die leere Türöffnung. Später wurde ihm klar, dass er in diesem Moment erwartet hatte, dass der Tod in Gestalt von Cathy oder Anna hereinstürmen würde. Doch es war niemand da und das einzige Geräusch war das makabre Knarren des Seils um Trish Tarns Hals.

Mit der Taschenlampe suchte er den ganzen Raum ab, bis der Lichtstrahl schließlich auf eine lange schwarze Kiste in der Ecke fiel. Er ging hinüber, um sie zu untersuchen, und stellte fest, dass es sich um einen Stereo-Kassettenrekorder handelte, der sich mit einem Klicken abschaltete, als er ihn erreichte. Von der Rückseite des Geräts war ein Kabel zu einem weiteren kleinen grauen, quadratischen Kasten gezogen worden, der unmittelbar innerhalb der Tür an den Boden geschraubt war. Er erkannte sofort, dass es sich um ein elektronisches Auge handelte – billig, aber es erfüllte seinen Zweck. Diese

Dinger konnte man in jedem Elektronikgeschäft kaufen, um ein eigenes Sicherheitssystem zu installieren. Das Auge hatte ein Signal an das Tonbandgerät gesendet, als Bond und Flicka den Raum betreten hatten, wodurch ein vorbereitetes Band abgespielt worden war.

»Die Absicht war wohl, uns zu Tode zu erschrecken.« Er richtete die Taschenlampe auf Flicka und sah, wie sie sich entspannte.

»Ich kenne da bessere Methoden«, hauchte sie und rang sich ein schwaches Lächeln ab.

Keiner von beiden konnte den Blick von der grausam zugerichteten Leiche abwenden, die leicht an ihrem Seil schwankte, also nahm er Flicka an den Schultern und führte sie sanft aus dem Raum. Auf dem Flur nahm er das Funkgerät von seinem Gürtel und drückte die Sendetaste. Innerhalb von Sekunden ertönte eine undeutliche, statische Stimme aus dem Lautsprecher.

»Micro One. Over.«

»Bruder James. Der SAS-Mann ist tot und Lady Tarn ist jetzt wirklich verstorben. Sie hängt auf dem Dachboden von Hall's Manor. Over.«

»Verstanden, Bruder James. Die Polizei und der MI5 werden in Kürze bei Ihnen sein. Over.«

»Tagt der Ausschuss noch? Over.«

»Nein, Bruder James. Um neun Uhr werden Sie alle interessierten Parteien informieren.« Er wusste, dass die Stimme am anderen Ende Bill Tanner gehörte.

»Verstanden. Over and out.«

Gemeinsam gingen sie nach unten, um auf die Ankunft der Behörden zu warten. Bond bewegte sich rastlos von Raum zu Raum, spähte in leere, schimmelige Schränke und untersuchte Türen und Fenster.

In dem, was einst ein riesiger Speisesaal gewesen war, stieß er auf verbranntes Papier im Rost eines kunstvollen Kamins, also stocherte er in der schwarzen Asche herum, wobei er sich die Finger schmutzig machte, aber ein paar kleine Papierstücke zum Vorschein brachte, die noch nicht ganz verbrannt waren. Eins war der Rand eines großen Blatts und einige Zahlen waren noch deutlich sichtbar. Das andere verkohlte Stück sah aus, als stamme es von einem Notizblock – von der Art, wie sie Führungskräfte mit sich herumtrugen: kleine längliche Seiten, die in ein Ringbuch passten. Die Schrift darauf war nur teilweise lesbar. Er konnte das Wort *Anrufen* erkennen, gefolgt von der Herauswahl der British Telecom und der deutschen Ländervorwahl sowie einer Reihe von Ziffern. Die Telefonnummer war mit einem Häkchen versehen und auf dem Blatt stand: *Buchung für vier Nächte ab* und das Datum des heutigen Tages.

Er ging zurück in die Eingangshalle und rief im Hauptquartier mit Blick auf den Regent's Park an. Sein Deckname war dort immer noch registriert und er würde zumindest einen Diensthabenden und ein paar Sekretärinnen erreichen. Er gab sich als Predator zu erkennen und fragte, ob jemand die Nummer zurückverfolgen könne.

Dank der Magie des Computers dauerte es nur vierzig Sekunden. Die Nummer gehörte zum Vier Jahreszeiten – Münchens bester Adresse. *Das* Hotel für die Reichen und Berühmten.

München, dachte er. *München, heute Abend. München, die alte Hauptstadt Bayerns und ganz in der Nähe von Tarnenwerder und Wasserburg am Inn.* Wenigstens wusste er, wohin sie fuhren, und dieses Mal hatten sie nicht gewollt, dass er es erfuhr.

Fünfzehn Minuten später hielten drei Autos vor dem Haus und sowohl Bond als auch Flicka gaben kurze Berichte ab, bevor sie sich zu ihrem Auto bringen ließen, das einen Kilometer entfernt stand.

»Also, glaubst du, Cathy und Anna haben sie verraten?« Flicka war rastlos und schien sich auf dem Beifahrersitz nicht wohl zu fühlen. Normalerweise hatte sie die wunderbare Gabe, in jeder Situation ruhig und gelassen zu bleiben. Jetzt bewegte sie sich ständig unwillkürlich, als könnte sie keine bequeme Position finden.

»Das ist auf jeden Fall das, was wir glauben sollen.« Er fuhr schnell, gerade noch innerhalb der Geschwindigkeitsbegrenzung, und raste über die M11 in Richtung London. »Bei diesen Leuten ist es schwierig zu wissen, was die Wahrheit ist und was nur aufgesetzt.«

Er erklärte, dass sein Bauchgefühl ihm sagte, dass Cathy und Anna fast von Anfang an zu Tarn gehört hatten. »Geld, wie man so schön sagt, regiert die Welt. Es ist möglich, dass sie ursprünglich von Trish angeheuert wurden, die zugegeben hat, den Mann wegen seines Geldes geheiratet zu haben. Max Tarn scheint einen Weg zu haben, Loyalität zu umgehen, und dieser Weg führt mit ziemlicher Sicherheit über sein Scheckbuch und seine Ideologie. Ja, ich glaube, beide sind Teil der Tarn-Organisation, und das schon seit einiger Zeit. Gott weiß, wer sonst noch bestochen wurde.«

Sie fuhren zurück in die Wohnung, duschten und legten sich ins Bett, um ein wenig dringend benötigten Schlaf zu bekommen, denn inzwischen war es fast fünf Uhr morgens. Bond konnte nicht schlafen. Sein Geist wollte nicht in die heilsame, traumlose Dunkelheit hinabgleiten, während Flicka immer noch rastlos schien.

Er lag mit dem Rücken zu ihr, als sie flüsterte: »Bist du noch wach, Liebster?«

»Mir geht zu viel durch den Kopf, Flick. Bist du zu müde zum Reden?«

»Nein, mir will diese Leiche nicht aus dem Kopf gehen. Das ist ungewöhnlich für mich, ich weiß, aber ich habe Trish für einen netten Menschen gehalten. In gewisser Weise habe ich mich darauf gefreut, sie zu sehen, wenn das alles vorbei ist. Frauen brauchen Freundinnen, James, und ich habe kaum noch welche, seit ich die Schweiz verlassen habe.«

»Lass dir Zeit. Hör zu, ich muss mit dir reden. Es geht um was Ernstes.«

»Arbeit oder was Persönliches?«

»Arbeit. Ich denke, wir sollten das Persönliche aufschieben, bis das alles vorbei ist.«

»Wir könnten ja sagen, das Persönliche bleibt ein Geheimnis.«

Zwei Minuten lang war er in Gedanken versunken. »Meine Liebe, so etwas habe ich schon lange nicht mehr für jemanden empfunden. Ich glaube sogar, dass ich noch nie wirklich empfunden habe, was ich für dich empfinde. Noch nie in meinem Leben. Wenn das alles vorbei ist – willst du mich heiraten?«

Ihre Lippen berührten seine, als er sich zu ihr umdrehte. »James, du kennst die Antwort schon. Darauf habe ich gehofft, seit wir uns kennengelernt haben. Ja, natürlich werde ich dich heiraten. Am liebsten würde ich es von den Dächern schreien.«

Sie küssten sich. Sie kamen sich näher. Eine Stunde lang feierten sie ihre Verlobung.

»Schade, dass es ein Geheimnis bleiben muss«, sagte sie schließlich.

»Ich weiß, aber ich glaube, wir werden einander in der nächsten Woche oder so beruflich brauchen. Wenn wir es offiziell bekannt geben, würden sie dich schneller von der aktiven Liste streichen, als eine Feder in der Hölle brennt.«

»Schneller als was …? Das habe ich noch nie gehört.«

»Das hat meine selige alte Großmutter immer gesagt.«

»Dann hatte sie eine interessante Art, sich auszudrücken.«

»Sie war in vieler Hinsicht interessant. Genau wie du, meine liebe Flick.« Er hielt inne. »Jetzt muss ich aber über die Arbeit reden, und was ich zu sagen habe, wird dir nicht gefallen.«

»Schieß los.«

»Ich werde um Erlaubnis bitten, allein in den Einsatz gehen zu dürfen.«

»Nur über meine Leiche.«

»Das ist mein Ernst, Fredericka. Das ist ein Ein-Mann-Job, und er muss schnell erledigt werden.«

»Du meinst also, ich würde dich nur aufhalten?« Ein gereizter Unterton schlich sich in ihre Stimme.

»Nein, aber ich glaube nicht, dass es klug wäre, wenn wir beide gehen. Lass es mich erklären.« Er erzählte ihr von dem Papierschnipsel und was er entdeckt hatte. »Wenn sie heute nach München fliegen, bedeutet das wahrscheinlich, dass Max seine deutschen Anwälte in Wasserburg besucht und sich möglicherweise auch das Haus seiner Vorfahren ansieht. Ich würde gern genau wissen, wie die Dinge stehen. Erinnerst du dich daran, was Trish uns erzählt hat? Dass Max Tarnenwerder im Stillen restauriert und er Anspruch auf das Anwesen erhebt? Wir haben sogar die Namen seiner Anwälte, erinnerst du dich an das Dossier? Saal, Saal und Rollen, die immer noch ihr Büro am Marienplatz in Wasserburg am Inn haben. Wenn ich ihr Büro schnell durchsuchen will, mache ich das am besten allein.«

»Oh, James. Zu zweit ist es netter.«

»Und sie werden auch nach uns beiden suchen. Tarn und seine Kumpels betrachten uns als Team, und das ist ein ziemlich kleines Team, wenn er sich zum anerkannten Anführer einer wiederauferstandenen Nazi-Partei aufschwingt. Das ist genau der Grund, warum ich allein gehe. Einer gegen viele funktioniert besser als zwei.«

»Lass mich darüber nachdenken, James. Es ist schon schlimm genug, dass wir nicht der ganzen Welt von unserem Privatleben erzählen können …«

»Du bist schon lange genug dabei, um zu wissen …«

»Natürlich bin ich das, du Idiot. Ich weiß, dass du recht hast. Ich will dich nur nicht aus den Augen lassen.«

»Meine Liebe, es wäre höchst unsicher, wenn du mit mir mitkommen würdest.«

»Ich wette, der Ausschuss wird so lange darüber schwadronieren, dass Max schon in der Karibik sein wird, bis du das Okay bekommst.«

»Das werden wir ja sehen.«

»Lass mich nachdenken.« Sie schlang ihre Arme um ihn und war in weniger als fünf Minuten eingeschlafen.

Die Geister vergangener Liebschaften schwirrten in Bonds Kopf umher. Nur einmal in seinem Leben war er wirklich und intensiv in eine Frau verliebt gewesen: Tracy di Vincenzo, die nur wenige Stunden nach ihrer Hochzeit ermordet worden war. Bei Fredericka fühlte es sich anders an, vielleicht wegen der Liebe, die er für Tracy empfunden hatte. Seine Gefühle für Flicka erschienen ihm wie eine völlig neue Erfahrung. Sie war auch dafür verantwortlich, dass er eine tiefere Bindung einging – dass er ein reifes Verständnis dafür entwickelt hatte, was ein Mann und eine Frau miteinander teilen konnten. Etwas, das weniger mit Sex zu tun hatte, sondern viel mehr mit ihrem gesamten Leben. Zwei Menschen, die zu einer Einheit verschmolzen.

In den frühen Morgenstunden schienen sich die Gespenster anderer Frauen im Raum zu versammeln, als wollten sie ihm sagen, dass er sich von all den Gefühlen, die er einst für sie empfunden hatte, befreien und mit Fredericka von Grüsse einen Neuanfang wagen sollte.

Im Laufe der Jahre waren viele seiner ehemaligen Geliebten mehr als nur schöne Erinnerungen geblieben. Er besuchte immer noch regelmäßig den Friedhof in Royale-les-Eaux, wo Vesper Lynd in Frieden ruhte – in jenem Frieden, den sie so lange gesucht hatte. Manchmal überrumpelten ihn alte Träume und jagten Bilder von einst geliebten Mädchen und Frauen durch seinen Kopf – die wilde, fast burschikose Honeychile Ryder mit ihrer gebrochenen Nase und ihrem straffen Körper, Domino Vitali mit ihrem leichten Hinken und dem sinnlichen Mund. Meistens war das Bild verschwommen, aber die sinnliche Erinnerung stark – ein geliebtes asiatisches Gesicht, das über ihm schwamm, und die weiche und zärtliche Stimme von Kissy Suzuki. Jetzt schienen ihn all diese vergangenen Lieben in seinem glücklichen, halb bewussten Zustand einer wahren Verpflichtung gegenüber Fredericka anzulächeln. Mann und Frau, verbunden durch das unsichtbare, aber unausweichliche Band der Liebe zueinander.

Pünktlich um neun trafen sie im Innenministerium ein, erfrischt von einer neuen Wohligkeit, glücklich, aber gefasst. Der Ausschuss war vollzählig versammelt, mit Ausnahme von M, dem es – wie Bill Tanner sagte – den Umständen entsprechend gut ging.

Bond spürte eine gewisse Feindseligkeit von Thickness, Miss Smith und Miss Jameson, ganz zu schweigen von Commissioner Wimsey, aber die anderen Mitglieder schienen sich zu freuen, ihn wiederzusehen. Der Staatssekretär wirkte neutral, obwohl er wie immer steif und ein wenig distanziert blieb.

Sowohl Bond als auch Flicka gaben einen Bericht ab, was zu einem allgemeinen Stimmengewirr über den Verbleib von Tarn und seinen Komplizen führte. Es bestand kaum ein Zweifel daran, dass dieser letzte Akt der Brutalität die meisten Mitglieder des Ausschusses in Aufruhr versetzt hatte, und es war Wimsey, der die möglichen Hinweise lieferte.

Es schien, als sei die gesamte Bande wieder einmal direkt vor aller Augen von Stansted abgeflogen.

»Ich war in dem Glauben, dass alle Häfen und Flughäfen seinetwegen in Alarmbereitschaft wären.« Der Staatssekretär zeigte sich überaus eisig gegenüber Wimsey, der entgegnete, dass sie dieses Mal mit ziemlicher Sicherheit verkleidet und mit neuen – wahrscheinlich gefälschten – Pässen abgereist seien. Zwei der Männer, vermutlich Tarn und Goodwin, hatten einen Flug nach Berlin genommen, während die beiden Frauen und mehrere andere Männer mit ziemlicher Sicherheit als Mitglieder einer Reisegruppe nach Korfu unterwegs waren. Letzteres war gerade erst festgestellt und das Reiseunternehmen, Well Run Tours Ltd, befragt worden.

»Dieses Unternehmen«, berichtete Wimsey mit einer Spur von Verlegenheit, »hat zugegeben, dass sie auf ihrer preisgünstigen neuntägigen Reise um die griechischen Inseln noch fünf Plätze frei hatten. Gestern am späten Nachmittag haben sie offenbar einen Freudensprung gemacht, als sie eine Anfrage nach freien Plätzen für eine Tour erhalten haben, die gestern Abend ab Stansted ging. Es war ein Nachtflug und der Mann, der sie anrief, hat eine gültige Kreditkartennummer für alle fünf freien Plätze angegeben. Sie haben ihre Reiseleiterin in Korfu kontaktiert. Nur eine der Last-Minute-Buchungen hat sich bei ihr am Flughafen von Korfu gemeldet. Ein Mann – zweifellos Spicer – hat ihr erzählt, dass sie wegen eines Trauerfalls in der Familie gezwungen gewesen wären, sofort nach Hause zurückzukehren. Bisher konnten wir noch nicht herausfinden, welche anderen Flüge sie genommen haben, aber wir vermuten, dass zwei von ihnen nach Athen weitergeflogen sind.« Er machte eine Pause, als warte er auf Applaus. »Meine persönliche Theorie ist, dass sie auf dem Weg zu einem verabredeten Treffpunkt in Europa sind.«

Bond unterbrach ihn. Noch hatte er das verkohlte Papier, das er in Hall's Manor gefunden hatte, nicht erwähnt. »Ich kann Ihnen genau sagen, wo sie sind, jedenfalls für die nächsten vier Nächte.«

Diese Bemerkung erregte sofort die Aufmerksamkeit aller, also ging er mit ihnen die ganze Geschichte durch.

»Dann werden wir die deutschen Behörden bitten, sie alle in München festzunehmen«, polterte der Staatssekretär.

»Ich bezweifle, dass das funktionieren würde, Staatssekretär«, sagte Bond leise.

»Warum?«

»Um ehrlich zu sein, Staatssekretär, wahrscheinlich würde man sie verhaften, obwohl Deutschland im Moment nicht unbedingt auf allen Ebenen mit uns kooperiert. Aber wenn sie erst mal verhaftet sind, sind sie für uns nicht mehr von Nutzen. Wenn Sie Tarn und die ihm nahestehenden Personen verhaften und ihn wegen Mordes anklagen und die anderen als Komplizen …«

»Dann können wir ihnen die anderen schwerwiegenden Anklagen aufbrummen, sobald Ihre Abteilung die Dokumente vollständig durchgegangen ist und die Beweise liefert. Nichts einfacher als das. Dann haben wir einen erstklassigen Schurken aus dem Verkehr gezogen.«

»Vielleicht, Staatssekretär, aber es gibt noch einige offene Fragen zu klären. Ich möchte den Ausschuss bitten, mir noch einmal freie Hand zu lassen.«

»Wir haben Ihnen schon verdammt viel Spielraum gewährt, Bond …«, setzte Wimsey an.

»Bei allem Respekt, Commissioner, ich glaube, wenn Sie dieser Bitte nachkommen, sparen Sie auf lange Sicht eine Menge Zeit.«

»Dann schießen Sie mal los, Captain Bond. Was schlagen Sie vor? Sollen wir Ihnen erlauben, nach München zu stürmen und mit gezückten Waffen einzumarschieren?«

Bond hielt inne, sah sich an dem langen Tisch um, beobachtete die Reaktionen aller Mitglieder des Ausschusses und bedachte jeden mit einem kurzen, fast schon anklagenden Blick. »Bitte korrigieren Sie mich, wenn ich mich irre«, begann er und ließ seinen Blick über die verschiedenen Mitglieder schweifen, wobei er feststellte, dass obwohl M und die Generaldirektorin des Security Service nicht anwesend waren, Letzterer durch drei Personen vertreten war. Sein eigener alter Geheimdienst hatte nur Bill Tanner als Delegierten, der sowohl als Geschäftsführer von MicroGlobe One als auch als Ms Stellvertreter fungierte.

»Korrigieren Sie mich, wenn ich mich irre«, wiederholte er. »Soweit ich die Regeln und Vorschriften von MicroGlobe One, dem Überwachungsausschuss für meine Abteilung, verstanden habe, können der Staatssekretär und ein weiteres Mitglied ein Vorgehen bei kurzfristigen Aktivitäten empfehlen. Wenn der Staatssekretär eine Maßnahme absegnet, ist er nicht verpflichtet, das gesamte Quorum des Ausschusses über die Einzelheiten dieser Maßnahme zu informieren.«

»Aber er muss es vier Tage nach der Empfehlung tun«, bellte der Staatssekretär.

»Nach vier Tagen, ja«, stimmte Bond zu. »Deshalb beantrage ich ein Treffen unter Ausschluss der Öffentlichkeit mit dem Staatssekretär und dem Vertreter des MI6 – und zwar jetzt.« Er wusste, dass er im Recht war, und als er mit Tanner und dem Staatssekretär den Raum verließ, versuchte er, den flehenden Blicken von Flicka von Grüsse auszuweichen, die durchaus ahnte, worum er bitten wollte.

Sie gingen direkt ins Büro des Staatssekretärs, einen kahlen, unaufgeräumten Raum ein Stockwerk über dem Besprechungsraum des Ausschusses.

»Also, was wollen Sie unter Ausschluss der anderen erbitten, Captain Bond?« Der Staatssekretär wirkte frustriert und gereizt, bevor sie auch nur Platz genommen hatten.

»Ganz einfach, Sir. Ich möchte vier Tage Urlaub, ohne dass mir jemand unangenehme Fragen darüber stellt, wo ich bin oder was ich tue.«

»Und wo werden Sie sein?«

»Ich werde in Deutschland sein. In Bayern. Ich werde mir das alte Tarn-Anwesen Tarnenwerder ansehen und wahrscheinlich mit den Anwälten von Maximilian Tarn in Wasserburg sprechen.«

»Sie wissen, dass der Ausschuss das nicht zulassen würde, Bond. Sie wissen, dass sie es nicht einmal diskutieren würden. Warum sollte ich es also empfehlen?«

»Weil jemand im Umfeld dieses Ausschusses – wahrscheinlich ein Mitglied – eine Verbindung zu Tarn hat, die sehr weit zurückreicht.«

»Das ist ungeheuerlich!« Die Gesichtsfarbe des Staatssekretärs wechselte von schreckensbleich zu purpurner Wut. »Können Sie diese skrupellosen Anschuldigungen belegen?«

»Ich glaube schon. Sagen Sie mir, um wie viel Uhr sind Sir Max und seine Leute an dem Tag, an dem sie zurückkamen, in Heathrow angekommen?«

»Mit dem Flug aus Dublin, der gegen fünf Uhr landet.«

»Und wann wurden Sie alarmiert?«

Dem Staatssekretär fiel die Kinnlade herunter. »Nicht vor sieben. Nachdem wir sie das erste Mal verloren hatten. Vielmehr sollte ich sagen, nachdem die Polizei und der Security Service sie verloren hatten.«

»Wer wusste noch von seiner Wohnung hinter Harrods?«

»Niemand. Nur der Ausschuss und ein paar Agenten im Einsatz, und das auch erst, nachdem der Security Service herausgefunden hatte, dass ihm die Wohnung gehört.«

»Aber Tarn und seine Leute waren schon lange weg, bevor sie jemand festnehmen konnte. Ich muss sagen, Max Tarn ist entweder ein Hellseher oder er ist sehr gut informiert.«

»Das kommt mir absurd vor.« Der Staatssekretär klang wie ein Mann, der nicht wirklich glaubte, was er da hörte.

»Ich kann mir nicht erklären, wie er ohne die Hilfe eines Insiders so agieren können sollte. Ich meine seine unverhohlene Ankunft in Heathrow und die Art und Weise, wie er verschwunden ist. So etwas passiert nicht, Staatssekretär, und das wissen Sie. Außerdem sind da noch andere Dinge. Die einzige Erklärung, die Sinn ergibt, ist, dass jemand ihn mit Informationen versorgt.«

»Haben Sie einen Verdacht?«

»Nicht wirklich. Wenn ich wetten müsste, würde ich sagen, dass es einer der Leute vom Security Service ist – Thickness, Smith oder Jameson. Sie wären unsere offensichtlichsten Ziele.«

»Sie glauben also wirklich, dass jemand aus dem Ausschuss sich von Tarn schmieren lässt? Und ihm Informationen weitergegeben hat?«

»Ich denke, das liegt auf der Hand. Tarn wurde von Anfang an gewarnt. Sagen Sie mir einfach, wessen Idee es war, dass Fräulein von Grüsse und ich ihm in Cambridge diese Geschichte aufgetischt haben? Sie wissen sicher genauso gut wie ich, dass Tarn diesen vorgetäuschten Autounfall auf gar keinen Fall ohne Vorwissen hätte planen können. Er hat uns die ganze Zeit für dumm verkauft. Er wusste sogar genau, wann ich Dolmech abholen sollte. Er hatte für letzte Nacht eine Flucht geplant. Er ist kein Hellseher. Es muss jemand in diesem Besprechungsraum sein. Tarn ist zu gut informiert. Denken Sie darüber nach, Sir.«

»Oh mein Gott.« Der Staatssekretär war wieder blass geworden. »Sie könnten durchaus recht haben. Mir bleibt wirklich nichts anderes übrig, als Ihnen zu empfehlen, nach Deutschland zu fliegen. Von mir werden die anderen nichts erfahren. Tun Sie es, Bond, und viel Glück.«

Er bat Bill Tanner, Flicka zu ihm zu schicken. Tanner nickte und murmelte ein schnelles »Passen Sie auf sich auf, James«.

Er sah die Traurigkeit in Flickas Augen, als sie hereinkam. »Ich nehme an, du hast ihn überzeugt? Du machst das wirklich auf eigene Faust?«

»Ich habe es dir doch gesagt, Flick. Nur so funktioniert es.«

»Ich liebe dich, James.«

»Und ich dich, liebe Flicka. Komm und hilf mir beim Packen.«

»Du kommst doch wieder?«

»Ich komme immer zurück, meine Liebe. Ich bin wie die Mounties, ich kriege immer meinen Mann.«

»Ich auch.«

»Was für eine unvergessliche Verlobungsparty.« Sie lächelte schwach.

14

Ein rechtlicher Albtraum

Zurück in der Wohnung verbrachte Bond eine halbe Stunde damit, am Telefon zu hängen, die Lufthansa anzurufen und einen Hin- und Rückflug nach München zu buchen, wobei der Hinflug bereits am späten Nachmittag startete. Er reservierte ein Einzelzimmer im Münchner Splendid, wo er abseits des Geschehens sein würde und vor allem unbemerkt bleiben sollte von Tarns Gruppe, die im Vier Jahreszeiten übernachtete. Das Splendid war lange Zeit die Münchner Bleibe für diejenigen gewesen, die sich bedeckt halten wollten. Schauspieler und Künstler waren oft dort untergekommen und das Hotel war das Lieblingsrefugium des verstorbenen Federico Fellini gewesen. Bond lächelte ein wenig, als er den Hörer auflegte. Die Sache hatte eine gewisse Ironie, denn das Splendid befand sich in der Maximilianstraße – einer Straße, die nach Tarn hätte benannt sein können.

Mit einem weiteren Anruf besorgte er sich einen Mietwagen, den er am Münchner Flughafen abholen konnte, und schließlich wählte er eine letzte deutsche Nummer – die des

Hotel Paulanerstuben in Wasserburg am Inn. Dieses Hotel war im Michelin-Führer als mittelmäßig gut eingestuft, aber am wichtigsten war ihm die Adresse, Marienplatz 9 – der gleiche Platz, an dem Tarns Anwälte, Saal, Saal und Rollen, ihr Büro hatten.

Als all diese Vorkehrungen getroffen waren, packte er einen leichten Kleidersack und holte dann seine Spezialaktentasche aus ihrem Versteck hinter der Wandvertäfelung. Die Automatikpistole, die Munition sowie das Applegate-Fairbairn-Kampfmesser samt Scheide wanderten in das Fach am Boden der Aktentasche, wo sie von den elektronischen Sicherheitsscannern nicht entdeckt werden würden. Eine moderne Miniaturkamera – die unter den meisten Bedingungen klare Fotos von Dokumenten machen konnte –, Handschuhe, ein als Schweizer Taschenmesser getarnter Satz Dietriche und andere Gegenstände, darunter Karten und Dokumente, kamen in den offen zugänglichen oberen Teil des Koffers. Er nahm auch alles mit, was er für seine Boldman-Identität brauchte, die er oft für Auslandsreisen benutzte – einen Reisepass, eine Brieftasche mit Kreditkarten und mehrere Briefe, die an *J. Boldman Esq.* an einer fiktiven Geschäftsadresse adressiert waren, die in Wirklichkeit eine Tarnung für die Auslandspost des MI6 war.

Dann duschte er, zog eine Hose, einen leichten Baumwollpullover mit Rollkragen, einen Blazer und ein Paar seiner weichen, bequemen Lieblingsmokassins an.

Während all dieser Vorbereitungen war Flicka ruhig im Schlafzimmer sitzen geblieben. Erst als sie sah, dass er bereit war aufzubrechen, ergriff sie das Wort. »James, wir müssen reden.« Sie klopfte auf die Bettkante.

»Über Könige und Zibeben?«, fragte er mit einem Lächeln.

»Darüber, was du vorhast, wo du sein wirst, über deinen gesamten Zeitplan.«

Er öffnete die Aktentasche und zog eine detaillierte Landkarte der Gegend um Wasserburg am Inn heraus. »Ich werde viel improvisieren, Flick, aber hier ist der grobe Plan.« Er ging seine geplante Route durch, gab die ungefähren Zeiten an und wo er sich in den nächsten Tagen aufhalten würde, woraufhin Flicka erneut das Wort ergriff. Ihr Tonfall war ernst und eindringlich.

»Glaub mir, James, ich verstehe, warum du das allein machen musst. Ich verstehe es, aber es gefällt nicht und ich heiße es auch nicht gut. Ich habe bei Bill Tanner eine entsprechende Nachricht hinterlassen. Ich will dir keine Steine in den Weg legen, aber ich finde, du solltest Verstärkung in deiner Nähe haben. Natürlich bin ich der Meinung, dass ich diese Verstärkung sein sollte. Lass uns bitte einen Telefoncode ausmachen, damit du wenigstens in Kontakt bleiben kannst.«

Es dauerte nur etwa zwanzig Minuten, bis sie ein einfaches System zusammengeschustert hatten, denn solche Techniken hatten sie schon früher benutzt.

Als es an der Zeit war zu gehen, umarmte Flicka ihn fest, vergoss aber keine Tränen. Sie versuchte auch nicht, ihm mit ihren weiblichen Reizen Schuldgefühle zu machen, weil er sie bei dieser kleinen, aber wichtigen Operation außen vor ließ. Auch das war einer der Vorzüge ihrer Beziehung: Flicka war schon zu lange Geheimdienstagentin, um gegen solche Dinge nicht abgehärtet zu sein.

»Pass auf dich auf«, sagte sie mit sachlicher Stimme und dann leise: »Ich liebe dich, James.«

Im Taxi auf dem Weg nach Heathrow löste ihr zurückhaltender Abschied mehr Schuldgefühle in ihm aus als alle Tränen und jedes Theater, das sie hätte veranstalten können. Als er am Lufthansa-Schalter eingecheckt hatte, fragte sich Bond bereits, ob es klug war, Flicka zurückzulassen.

Der Flug nach München war wie immer langweilig und die deutsche Effizienz zeigte sich bei der Passkontrolle und am Mietwagenschalter. Er holte einen cremefarbenen VW Corrado ab und fuhr direkt zum Splendid, wo das Auto von den Angestellten des Hotels für ihn geparkt wurde, dessen Fassade es schaffte, alle Blicke von sich abzulenken. Es gehörte zu den Vorzügen des Splendid, dass es nach nichts aussah und doch in puncto Komfort, Sicherheit und Service alles bot, was sich ein Reisender, der inkognito unterwegs war, wünschen konnte.

Er bestellte ein so leichtes und spärliches Abendessen, dass der Oberkellner die Augenbrauen hochzog und die Stirn runzelte, und um elf war er zurück auf seinem Zimmer. Er rief Flicka an, um ihr mitzuteilen, dass er in München war und es keine Anzeichen dafür gab, dass Tarns Leute ihm auf der Spur waren, und sie war so liebevoll am Telefon, dass er ziemlich frustriert ins Bett ging. Das hielt ihn aber nicht vom Schlafen ab, denn in den vielen Jahren im Außendienst hatte Bond die Kunst perfektioniert, die Welt und berufliche oder persönliche Probleme aus seinen Gedanken zu verdrängen. Kaum hatte sein Kopf das Kissen berührt, fiel er in einen tiefen Schlaf, aus dem er völlig erfrischt erwachte, als um fünf das Telefon mit dem Weckruf klingelte.

Um kurz nach halb sieben war er unterwegs und um sieben hatte er den Stadtrand von München hinter sich gelassen und fuhr auf der B304. Noch vor acht kam er in Wasserburg an, das sich aus dem leichten Morgennebel zu erheben schien wie eine riesige, verblichene alte Galeone.

Die Stadt mit ihrer unberührten mittelalterlichen Atmosphäre war vom Wasser des Inns scheinbar umgeben, denn Wasserburg lag nur wenige Meter von einer engen, trägen Flussschleife entfernt, die den südlichen Rand des Stadtzentrums sanft umarmte und an der östlichen Grenze mit großen Felsen aufwartete, die direkt in das sanft dahinfließende Wasser abfielen.

Er ließ den Corrado auf dem großen Parkplatz am Nordufer des Flusses stehen und machte sich zu Fuß auf den Weg ins verkehrsfreie Stadtzentrum, den Kleidersack über die Schulter geworfen. Er ging zügig durch die engen Gassen, bis sie in den Marienplatz mündeten – das Zentrum der Stadt mit seinem gotischen Backsteinrathaus und der Frauenkirche aus dem 14. Jahrhundert.

Am Rand des Platzes blieb er stehen und lauschte dem leisen Rauschen des Flusses, der keine hundert Meter entfernt war, während er die Zeitlosigkeit der Aussicht genoss. Er erblickte sogar die Überreste der Burg im Süden, von der Wasserburg seinen Namen hatte.

In der Stadt herrschte bereits reges Treiben. Ein Priester in Soutane verließ die Frauenkirche mit ihrem alten Wachturm, während die wenigen alten Geschäfte geöffnet waren und man die Einheimischen zu ihnen eilen oder sie mit Körben mit frischem Brot und anderen Waren verlassen sah.

Im Paulanerstuben zeigte man sich nicht überrascht über diesen Gast, der schon um acht Uhr morgens eintraf, sondern hieß ihn willkommen, zeigte ihm sein schönes Zimmer mit Blick auf den Platz und bot ihm ein zweites Frühstück an, das er zu sich nahm, während er über die vielen Viersternehotels auf der ganzen Welt nachdachte, in denen er wie ein Ausgestoßener behandelt worden wäre, wenn er so früh am Tag ankäme.

Das zweite Frühstück gönnte er sich nicht aus Völlerei, sondern um den älteren Kellner in ein Gespräch zu verwickeln, und so wurde die Mahlzeit von Plaudereien begleitet. Bonds Deutsch war so gut, dass er als Landsmann durchgehen konnte, und die Gespräche brachten einige nützliche Informationen hervor. Die Einheimischen waren etwas zurückhaltend, wenn es um Ausländer ging, und er erfuhr bald, dass dieser konservative Charakterzug während dieser Woche seinen Höhepunkt erreicht hatte.

»Es ist dieser neue Besitzer des Anwesens Tarnenwerder«, erzählte ihm der Kellner, der ständig mit seinen leicht zittrigen Händen herumfuchtelte. »Es heißt, er ist der letzte lebende Sprössling der alten Familie von Tarn und hat bereits über hundert Männer und Frauen mit der Restaurierung des Hauses beauftragt. Für diese Leute ist hier in der Stadt kein Platz. Wie auch? Jedenfalls liegen die alten Grenzen des Anwesens ein paar Kilometer vor Wasserburg. Mit diesen Handwerkern können wir nicht mithalten, denn wir haben niemanden mit ihren Fähigkeiten, also werden wir vorerst auch nicht davon profitieren.«

»Aber wenn sich die Dinge erst einmal beruhigt haben …«, wollte Bond einwerfen, aber der ältere Mann unterbrach ihn.

»Irgendetwas ist da faul.« Er schüttelte missbilligend den Kopf. »Niemand weiß, wie dieser angebliche von Tarn überlebt haben soll. Es geht sogar die Geschichte um, dass er unter dem Namen Tarn an verschiedenen Orten der Welt gelebt hat und erst kürzlich bei einem Verkehrsunfall in England ums Leben gekommen sein soll. Kann man Gerüchten heutzutage überhaupt noch glauben?«

Er ging los, um einen Teller mit Schinken und Eiern zu holen, den er seinem Gast vorsetzte, während er seinen Monolog ungestört weiterführte. »Und doch ist er hier. In Fleisch und Blut. Gestern habe ich ihn gesehen. Er war beim Rechtsanwalt Saal, da drüben.« Er deutete auf ein altes Fachwerkgebäude auf der anderen Seite des Platzes, neben dessen Tür ein Messingschild angebracht war. »Die Saals verwalten den Nachlass der von Tarns seit sechs Generationen. Der alte Helmut Saal hat seit dem Ende von Hitlers Krieg jeden Kauf des Anwesens verhindert. Ich sage nicht, dass er ein Lügner oder Betrüger ist, aber ich glaube, er würde alles tun, um das Anwesen weiter zu verwalten. Es hat der Familie Saal lange Zeit viel Ansehen verschafft. Dieser neue von Tarn könnte sogar einer von Saals Leuten sein, der in die Rolle geschlüpft ist, damit die Saals den Lebensstil beibehalten können, an den sie sich über die Jahre gewöhnt haben.«

Bond erzählte ihm, dass er einen Anwalt aufsuchen wolle, um ein Grundstück in der Nähe zu kaufen, aber er wurde abgewiesen mit den Worten: »Sie sollten zu Fritz Saal gehen, Helmuts Bruder. Der kümmert sich um den Kauf von Immobilien, aber es gibt noch andere Dinge, mit denen die Stadt nicht zufrieden ist.«

»Zum Beispiel?«

»Zum Beispiel, dass dieser neue von Tarn dubiosen jungen Leuten erlaubt, auf dem Gelände des Anwesens zu zelten. Einige von ihnen sehen aus wie die Skinheads, die in den Städten schreckliche Dinge tun – Sie wissen, was ich meine: Ausländer angreifen, Gebäude anzünden, durch die Straßen marschieren. Ich kann Ihnen sagen, ich habe von meinem Vater Geschichten über solche Leute gehört. Ich kann mich sogar selbst an einige von ihnen erinnern. Wie Hitlers Leute, so benehmen sich diese jungen Rüpel.«

»Wie lange geht das schon so?«

»Das mit den Skinheads? Erst seit ein paar Tagen, aber einige sind in die Stadt gekommen, um Lebensmittel zu kaufen, und sie waren nicht immer sehr freundlich zu den Ladenbesitzern. Deshalb haben wir sie weggejagt. Wie auch immer, morgen oder übermorgen sind sie wieder weg, soweit ich weiß. Sie sind hier wegen einer Kundgebung, die der Herr von Tarnenwerder auf seinem Grundstück erlaubt hat. Ich selbst halte davon nichts.« Der alte Knabe plapperte weiter munter vor sich hin – wie es alle alten Männer taten – und behauptete, dass es zu seiner Zeit nicht so gewesen wäre.

Nein, dachte Bond, zu Ihrer Zeit ging es erst um das Überleben des Stärkeren und den absoluten Gehorsam gegenüber der Nazi-Partei und dann um den Versuch des deutschen Volks, die Ungeheuerlichkeiten des Hitler-Regimes, das das Land in die Knie gezwungen hatte, zu überwinden. Der alte Mann, so dachte er, hatte auch den Aufschwung Westdeutschlands zum blühenden Industriezentrum Europas miterlebt und nun die Strapazen und Unruhen eines wiedervereinigten Landes. Die Wiedervereinigung Deutschlands hatte Probleme mit sich gebracht und eine verzweifelte Suche nach einer neuen Identität – oder schlimmer noch eine Rückkehr zum Nationalsozialismus. Er konnte es dem Kellner nicht verübeln, dass er nervös auf Fremde reagierte, und diese deutschen Skinheads waren in erster Linie Fremde hier in Wasserburg am Inn, einer Stadt, die Jahrhunderte des Sturm und Drang fast unverändert überstanden hatte.

Nach dem Frühstück ging er nach oben und war überrascht, dass ein so altes und schönes Gebäude aus vergangenen Zeiten in den wenigen verfügbaren Zimmern tatsächlich Telefone bereitstellte. Das örtliche Telefonbuch war nicht dick und er fand die Nummer von Saal, Saal und Rollen.

Sekunden nachdem er gewählt hatte, sprach er mit Herrn Fritz Saal und erklärte ihm, dass er ein britischer Geschäftsmann sei, der möglicherweise nach einer großen Immobilie in der Gegend suche. »Eine Investition, Sie verstehen. Für ein Konsortium, wenn Sie mir folgen können.« – »Natürlich Herr Boldman.«

Saal wirkte am Telefon munter und freundlich, aber pessimistisch, was die Erfolgsaussichten anging, obwohl er sich schließlich daran erinnerte, dass es doch ein paar Immobilien in seinen Büchern gab. Vielleicht könne Herr Boldman ihn in einer halben Stunde im Büro aufsuchen. Herr Boldman nahm die Einladung dankend an.

Dann rief Bond Flicka in London an und betonte, dass es ihm gut gehe, er angekommen sei und bereits einige interessante Fakten erfahren habe. Er sagte auch, dass er sich nach seinem Treffen mit einem, wie er es nannte, Immobilienanwalt in der Stadt wieder melden würde.

Das Gebäude, in dem die Gebrüder Saal und Herr Rollen ihren Geschäften nachgingen, war zwar offensichtlich sehr alt, aber über mehrere Jahrhunderte hinweg ständig renoviert worden. Ursprünglich war das Gebäude wahrscheinlich ein kleines Stadthaus eines lokalen Würdenträgers gewesen. Dem Fachwerk und den sichtbaren Bleiglasfenstern nach zu urteilen, gab es wahrscheinlich eine große Eingangshalle, von der links und rechts Zimmer abgingen. Im Obergeschoss hatten sich möglicherweise ursprünglich drei Schlafzimmer befunden.

Als er die Tür erreichte, stellte er fest, dass sie aus einer massiven Eichenholzplatte mit Metallbeschlägen und -scharnieren bestand, in die ein großes Schloss eingelassen war – viel größer als die Dinger, die man an Häusern im Rest der Welt sah, aber immer noch klein genug, um es mit einem dicken Stück Zelluloid oder einer Kreditkarte zu öffnen.

Er sah sich die Türverkleidung und alle Fenster genau an und suchte nach verräterischen Kabeln oder Schaltkästen, die auf ein ausgeklügeltes Alarmsystem hinwiesen. Es gab keine und die Telefonleitung kam von einem hohen Mast an der rechten vorderen Ecke des Gebäudes. Bond wusste aufgrund der Größe des Telefonanschlusskastens, dass er keine weiteren Überraschungen enthielt.

Er drückte die Klingel und einige Sekunden später wurde die Tür geöffnet. Er starrte in ein Paar große graue Augen, die von erstaunlich langen Wimpern gekrönt waren. Unterhalb der Augen befand sich eine kecke kleine Nase und darunter ein breiter Mund, der offensichtlich vom Allmächtigen geschaffen worden war, um einen völlig neuen Standard für Versuchung zu setzen. Die Frau trug ihr dichtes blondes Haar in einer Frisur, die man früher als »Banane« bezeichnet hätte. Heutzutage hatte er keine Ahnung, wie man diese Art von Hochsteckfrisur nannte, aber ihr Haar war so perfekt und dicht, dass er sofort den Wunsch verspürte, eine Hand hineinzustecken und zu sehen, ob sich unter der glatten, glänzenden Oberfläche Goldmünzen verbargen.

Diese Erscheinung in Frauengestalt schien Mitte zwanzig zu sein und war schlicht gekleidet, was ihrem Aussehen – und auch dem Funkeln in ihren Augen – nicht gerecht wurde. Eine Sekunde später sah er eine schwarzhaarige junge Frau, die genauso gekleidet war.

Als er es endlich schaffte, seine Augen von den Reizen der Blondine abzuwenden, hatte sie schon gefragt, ob er Herr Boldman sei. Etwas zögerlich bejahte er und sagte, er sei hier, um Herrn Fritz Saal zu sehen.

Ihr Lächeln blieb freundlich, ja sogar einladend, als sie ihn aufforderte, ihr nach oben zu folgen – sie sagte es mit einem leichten Knicks, der es zu einer fast schon persönlichen Einladung machte.

Er riss sich aus seiner Träumerei und sah sich um. Ihm wurde klar, dass er auf dem Weg nach draußen das Erdgeschoss des Gebäudes genauer untersuchen musste. Sein flüchtiger Blick verriet ihm nichts, was auf elektronische Eingabefelder für eine Alarmanlage hindeutete. Tatsächlich schien die gesamte Elektronik aus zwei Computern und einem großen Laserdrucker zu bestehen. Das dunkelhaarige Mädchen, das er kurz erblickt hatte, saß jetzt hinter einem der Computer und hämmerte auf die Tastatur ein, als hinge ihr Leben davon ab – was es wahrscheinlich auch tat, wenn man bedachte, dass die Saals mit Max Tarn in Verbindung standen, dachte er.

Wie er vermutet hatte, gab es drei Türen, die von einem kleinen Flur am oberen Ende der Treppe abgingen, sowie einen kurzen Korridor, der nach rechts abging und in einer weiteren Tür endete, die, wie er schlussfolgerte, zu einem Badezimmer führte.

Die drei Türen waren jeweils mit den Namen von Herrn H. Saal, Herrn F. Saal und Herrn K. Rollen gekennzeichnet. Die blonde Erscheinung klopfte an die Tür von Herrn F. Saal, öffnete sie sofort und kündigte Herrn Boldman an.

Fritz Saal schien hinter einem riesigen Schreibtisch zu sitzen, der in einer Ecke des Raums stand, aber erst als Bond sich lächelnd vor ihm verbeugte, wurde ihm klar, dass Herr Saal bereits stand, bevor er um den Schreibtisch herumkam.

Es war unmöglich, das Alter des Mannes einzuschätzen, und sein Aussehen erinnerte sofort an die Zeichnungen von Zwiddeldum und Zwiddeldei aus *Alice hinter den Spiegeln*. Der Kopf stand in keinem Verhältnis zu seiner Statur, die, um politisch korrekt zu sein, von kleinem Wuchs war. Mit anderen Worten, er war ein Kleinwüchsiger von etwa einem Meter dreißig, einschließlich der Absätze, die er offensichtlich trug. Wie andere in seiner Lage machte Saal seine fehlenden Zentimeter durch eine fröhliche, ja überschwängliche Art wett. Er begrüßte Bond mit einem festen Händedruck, und sehr schnell wurde deutlich, dass seine Größe in keiner Weise seine Stimme, seinen Charme oder seinen Geschäftssinn beeinträchtigte. Als er zu seinem Schreibtisch zurückkehrte, schob er ihm zwei Mappen zu. Bei beiden handelte es sich um mittelgroße Grundstücke – eins davon war ein aktiver Bauernhof – und in der nächsten halben Stunde diskutierten sie die Möglichkeiten.

Schließlich sagte Bond, dass sein Konsortium eigentlich etwas in der Größe von – er zog ein kleines Schauspiel ab, indem er den Namen in einem Notizbuch nachschlug – Tarnenwerder suche, von dem er den Eindruck habe, dass es verfallen sei.

Saal schüttelte weise den Kopf. »Tarnenwerder«, sagte er ohne die Andeutung eines Lächelns, »ist ein heikles Thema. Um ehrlich zu sein, Herr Boldman, würde ich lieber nicht darüber sprechen.«

»Ich hatte angenommen, dass Sie mit diese Immobilie verwalten.«

»Nein, ich persönlich habe nichts damit zu tun. Mein Bruder und unser Vater vor uns haben Tarnenwerder verwaltet. Tatsächlich ist das Anwesen schon seit vielen Generationen in unseren Büchern. Wenn es nach mir ginge, hätten wir es schon vor Jahrzehnten an eine andere Firma abgegeben, aber ich fürchte, dass ich in diesem Unternehmen selten meinen Willen bekomme. Sehen Sie, es ist das Einzige, worum sich mein Bruder Helmut kümmert, und deshalb haben wir seit zwanzig Jahren nicht mehr miteinander gesprochen.« Er lachte ein wenig traurig. »Ich hätte diese Firma schon vor Jahren verlassen, wäre da nicht unsere seltsame Rechtslage gewesen. Kein männlicher Angehöriger der Familien Saal oder Rollen darf laut unserer Satzung die Firma verlassen außer natürlich im Todesfall.«

»Das ist allerdings eine seltsame Rechtslage.«

»Sehr seltsam, und sie wurde vor einigen Jahrhunderten verfasst. Die Firma ist mit Tarnenwerder und der Familie von Tarn wie durch eine unzerreißbare Nabelschnur verbunden. Unglücklicherweise festigt diese Eigenart des Gesellschaftsvertrags die Verbindung nur noch. Ursprünglich waren die Saals und Rollens die Verwalter der von Tarns. Sie stiegen in der Welt auf, um Anwälte zu werden, aber die von Tarns sorgten dafür, dass wir für alle Zeiten mit ihnen verbandelt blieben.«

»Und das alles hat zu einem Zerwürfnis in Ihrer Familie geführt?«

»Wie ich schon sagte, habe ich seit zwanzig Jahren nicht mehr mit meinem Bruder gesprochen – und er ist sieben Jahre älter als ich. Seine Frau spricht nicht mit meiner Frau. Gegen Ende ihres Lebens hatten meine Mutter und ich eine gute Beziehung, aber mein Vater hat mich nicht mal auf der Straße angesehen. Es ist eine seltsame Welt da draußen, und das hat nichts mit meiner kleinen Statur zu tun. Jeder vierte männliche Saal ist ein Zwerg.« Er machte eine wegwerfende Geste. »Ja, wir sollten uns heutzutage anders bezeichnen, aber ich war noch nie politisch korrekt – und die Politik in diesem Land verfällt wieder demselben Moloch wie in den 1930ern. Wussten Sie das?«

»Ich habe davon gehört und manches davon gesehen.«

»Wenn Sie einen konkreten Beweis wollen, gehen Sie einfach heute Abend um neun nach Tarnenwerder und Sie werden sehen, was unsere Vorfahren in den 1930ern gesehen haben. Geschichte, vor allem wenn es sich um die Geschichte der Politik handelt, wiederholt sich. Wie die Amerikaner sagen: ›What goes around comes around.‹ Die Geißel der Dreißiger- und Vierzigerjahre kommt wieder.«

Sie unterhielten sich eine weitere Viertelstunde, wobei Fritz Saal sich Notizen über das mysteriöse Konsortium und dessen Bedürfnisse machte. Bond gab ihm die Londoner Adresse und sagte, er werde sich bei ihm melden.

Saal begleitete ihn zur Tür und hinaus auf den Gang. Sie schüttelten sich gerade noch einmal zum Abschied die Hände, als die Tür zu K. Rollens Büro geöffnet wurde. Bond trat einen Schritt zurück, denn der Mann, der den Kopf aus diesem Büro steckte, war ein Riese. Er war locker über ein Meter neunzig groß, hatte Hände wie stählerne Bananenstauden, einen großen, kahl geschorenen Kopf und ein Gesicht, das an einen Wasserspeier erinnerte.

»Es ist alles in Ordnung, Kurt«, sagte Saal sanft. »Nichts, worüber du dir Sorgen machen müsstest.«

»Ah, soso, gut.« Er sprach getragen und schwerfällig, als wäre er etwas langsam im Kopf. Sein Grinsen spiegelte sich nicht in seinen leeren Augen wider und er zog sich in sein Büro zurück, als wäre diese einfache Handlung ein großes Kunststück.

Saal sah zu Bond auf. »Jedes sechste männliche Kind der Familie Rollen wird ebenfalls mit einem Defekt geboren. Dennoch ist er ein Partner, der nichts tut. Er ist unfähig, etwas anderes als die einfachsten Aufgaben zu erledigen, und er kann ein wenig einschüchternd wirken. Außerdem hat er ein unheimliches Gedächtnis. Er erinnert sich an Dinge und Menschen von vor zwanzig Jahren. Ich habe mal gehört, wie er seine eigene Taufe ausführlich beschrieben hat.

Unglücklicherweise kann der arme Kurt gewalttätig werden, wenn man ihn provoziert. Ziemlich gefährlich sogar, wenn man nicht weiß, wie man mit ihm umzugehen hat.« Er wies mit einer Geste in Richtung des Fußes der Treppe. »Und nun wird unsere reizende Heidi Sie hinausbegleiten.«

»Die reizende Heidi« war die blonde Versuchung.

»Ich glaube, ich habe mal ein Buch über Sie gelesen, Heidi«, sagte Bond lächelnd, während sie ihm die Eingangstür aufhielt.

»Oh nein, Mr Boldman. Das war meine Schweizer Cousine. Außerdem war *sie* ein braves kleines Mädchen.«

Wieder draußen auf dem Marienplatz dachte er bewusst an Flicka und vertrieb schnell alle Gedanken daran, was sich zur richtigen Zeit und am richtigen Ort mit Heidi anstellen ließe.

Dann dachte er über die fast schon albtraumhaften Zustände in der Anwaltskanzlei Saal, Saal und Rollen nach und stellte fest, dass diese häufigen Vorkommnisse in den Familien Saal und Rollen höchstwahrscheinlich auf inzestuöse Beziehungen zurückgingen, als Wasserburg vor Hunderten von Jahren noch wirklich ein bayerisches Kaff gewesen war.

Er schlenderte langsam zum Rand des Platzes und bog in eine Gasse ein, die ihn zur Rückseite des Gebäudes führte. Er musste nur einen flüchtigen Blick auf den Hintereingang der Anwaltskanzlei werfen, um sich zu vergewissern, dass es dort keine offensichtlichen Sicherheitsvorkehrungen oder Alarmanlagen gab. Außerdem stellte er fest, dass die Hintertür nur mit einem normalen Schloss gesichert zu sein schien. Solange sie das Schloss nicht noch zusätzlich mit einem Riegel gesichert hatten, wäre die Hintertür der einfachste Weg in die Kanzlei.

Er drehte sich um und ging zum Parkplatz, wo er den Wagen abgestellt hatte. Angesichts dessen, was er in dieser Nacht zu tun gedachte, hielt er es für angebracht, sich die Umgebung anzusehen – vor allem die Fluchtwege.

Er öffnete das Auto und kramte ein paar Minuten lang herum, wobei er in die Spiegel blickte, um sicherzugehen, dass er nicht beobachtet wurde. Er konnte niemanden sehen und der sechste Sinn, der ihn schon so oft gerettet hatte, sagte ihm, dass er sicher war.

Wieder draußen, ging er zurück zum Ausgang des Parkplatzes und schlenderte die Straße entlang, die ihn auf die B304 bringen würde. Nach ein paar Schritten auf dieser Nebenstraße sah er eine Abzweigung nach rechts. An der Wand neben der Abzweigung befand sich ein Schild, das vor möglichen Gefahren warnte. Diese schmale Straße führte auf ein ebenes Plateau, das abrupt in Felsen und einer Reihe weißer Warnpfähle endete. Um den Marienplatz herum konnte er den Fluss praktisch überall hören, aber jetzt war das Tosen ganz nah, und als er die Holzpfähle erreichte, sah er, dass er am Rand einer riesigen zerklüfteten Felswand stand. Sechzig Meter unter ihm rauschte das Wasser des Inns über weitere Felsen.

Der örtliche Opheliafelsen, dachte er, verfolgte seine Schritte zurück und machte sich auf den Weg zurück zum Hotel, wo er als Erstes den älteren Kellner sah, der ihm sagte, dass es zum Abendessen exzellenten Gänsebraten mit Kartoffelknödeln gab. »Die Leute kommen von weit her, um diese Spezialität zu probieren«, fügte er hinzu. »Sie sollten schnell in den Speisesaal gehen, sonst verpassen Sie diese Köstlichkeit.«

Die Gans war tatsächlich ein Genuss und die Kartoffelknödel waren wahrscheinlich die besten, die er je gekostet hatte, aber er verließ den Tisch etwas bedrückt, denn bayerisches Essen, so lecker es auch war, konnte einem schwer im Magen liegen. Seine Gedanken kreisten jedoch um die Fremden, die er auf dem Rückweg zum Hotel auf dem Platz gesehen hatte. Schläger, Rowdys, junge Männer und Frauen, wobei viele der Männer ihre Köpfe rasiert hatten und alle geschmacklose Kleidung trugen. Die Art von Halbstarken, dachte er, die in den letzten Jahren die deutschen Städte unsicher gemacht hatten, die Ausländer angriffen, Synagogen in Brand steckten und bei Protesten gegen die Regierung mitmarschierten.

Zurück in seinem Zimmer rief er Flicka an, die etwas fröhlicher klang, vor allem als er sagte, dass er hoffe, entweder morgen oder übermorgen zurück zu sein. Dann benutzte er Codewörter, um ihr mitzuteilen, was er in dieser Nacht vorhatte.

»Soll ich es dem Pfarrer sagen?«, fragte sie unschuldig. Der Pfarrer war ihr Deckname für den Staatssekretär.

»Ich wüsste nicht, was dagegenspricht, wenn es ihn glücklich macht. Hält er sich an sein Schweigegelübde?«

»Ja, aber ich glaube, er ist überzeugt, eine Chance bei mir zu haben. Er ist heute Nachmittag ins Büro gekommen und hat sich für meinen Geschmack etwas zu nah zu mir gesetzt. Er hat meine Hand gedrückt, als er ging.«

»Heirate niemals einen Parlamentarier, meine Liebe. Der Staatssekretär von heute ist nicht immer der Premierminister von morgen. Außerdem könnte dein Name in den Zeitungen landen, wenn du mit Mitgliedern der Regierung verkehrst.«

»Das ist mir bewusst.« In ihrer Stimme lag ein Lachen, als sie ein besonders anzügliches Codewort benutzte, das sie sich ausgedacht hatte und das ein bestimmtes Verlangen ausdrückte.

Es war halb neun, als er sich eine schwarze Jeans, einen Rollkragenpullover und eine Jeansjacke anzog. Das Holster für seine Automatikpistole saß fest an seiner rechten Hüfte und wurde von der Jacke verdeckt, während Reservemagazine an seinem Körper verteilt waren und das Messer an seinen linken Unterarm geschnallt war. Außerdem hatte er das getarnte Schweizer Armeemesser und eine kleine, leistungsstarke Taschenlampe in der Tasche. Zuvor hatte er auf dem Bett gesessen und sich die Route auf der detaillierten Karte von Tarnenwerder eingeprägt, die Bill Tanner ihm zur Verfügung gestellt hatte.

Er fuhr fast fünfzehn Kilometer, hauptsächlich auf kleinen Landstraßen, dann erreichte er die Grenze des Tarnenwerder-Anwesens an einer Stelle, an der er das Auto sicher in einer Höhle aus dichtem Gebüsch am Straßenrand abstellen konnte.

Leise verließ er das Fahrzeug und blieb wie üblich einige Minuten stehen, damit sich seine Augen an die Dunkelheit gewöhnen konnten. Er wusste, dass das Grundstück von der Straße anstieg und dass er am höchsten Punkt der Anhöhe einen Blick auf das alte Haus werfen konnte, das weniger als dreihundert Meter entfernt lag.

Er sah nun, dass der Weg nach oben durch die Reflexion eines scheinbar flackernden Feuers von der anderen Seite der Anhöhe beleuchtet wurde. Er konnte auch die elektronisch verstärkte Stimme von Max Tarn hören und erschauderte. Sie klang bereits wie die aufrüttelnde Rede einer bestimmten Person aus der Geschichte.

15

Tarnenwerder

Als er die Anhöhe erreichte, traf ihn der Anblick fast wie ein Schlag. Es war wie eine Wiederholung eines alten Films aus den 1930ern.

Das Haus an sich war riesig und hell angestrahlt – ein großes, längliches Gebäude aus grauem Stein. Davor erstreckte sich eine lange, erhöhte Terrasse mit einer zentralen Treppe und einer verschnörkelten Steinbalustrade über die gesamte Länge des Gebäudes. In der Mitte, am oberen Ende der Stufen, war ein massives, hölzernes Rednerpult aufgestellt worden. Maximilian Tarn stand dort in einer braunen Uniform, die ebenfalls aus einer anderen Zeit hätte stammen können, flankiert von Männern in ähnlicher Kleidung, und hielt eine Ansprache vor einer zwei- bis dreihundertköpfigen Menschenmenge – ein Meer von Menschen, Männern und Frauen, Mädchen und Jungen –, die in geordneten Reihen auf einer großen Rasenfläche stand. Jeder hielt eine brennende Fackel in der Hand, die verstörende bewegte Schatten auf die Bäume und die Fassade von Tarnenwerder warf. Tarns eigener

Schatten zeichnete sich durch einen ausgeklügelten Beleuchtungstrick riesig an der Hauswand ab.

»Mit diesen Gedanken im Hinterkopf müssen wir weitergehen. Weiter kämpfen. Bewahrt euren Glauben. Seid standhaft, Schulter an Schulter. Erinnert euch der glorreichen Toten, die verraten wurden.« Tarn hob beide Hände in kleinen, ruckartigen Bewegungen, während er die Zuhörer in seinen Bann zog. »Nur wenn wir der Botschaft unserer großen Vorväter treu bleiben …« Eine Hand schwang nach oben und ballte sich in der Luft. »Nur wenn wir dem Eid derer, die vor uns waren, treu bleiben, können wir das wiederaufbauen, was der glorreiche Adolf Hitler errichtet hat, bevor er verraten wurde – Ein Reich … Ein Volk … Ein Führer!«

Bond spürte, wie sich kalter Schweiß auf seiner Stirn bildete. Tarns Stimme, seine Gesten und sein Auftreten waren fast eine exakte Kopie dessen, was Adolf Hitler sechzig Jahre zuvor getan hatte. Selbst die letzten Worte – »Ein Reich … Ein Volk … Ein Führer!« – waren Hitlers Worte, und sie waren ein Signal an die Menge, die wie Wellen in einer krachenden Brandung zurückbrüllte: »Sieg Heil … Sieg Heil … Sieg Heil!«

Dann kam der Moment, in dem sich Bonds Magen umdrehte und der kalte Schweiß seinen gesamten Körper überzog. Das plötzliche Einsetzen eines Liedes – eins, das er aus alten Filmen und Aufnahmen kannte und das den ganzen Nazi-Horror heraufbeschwor:

Die Fahne hoch!
Die Reihen dicht geschlossen!

Es war die Hymne der Nazis, ihr Marschgesang, das Horst-Wessel-Lied.

Allein die Melodie ließ Bilder aus Büchern, Nachrichtenausschnitten, Dokumentationen und Fotos vor seinem geistigen Auge auftauchen: junge Männer, die auf dem Boden, auf dem Meer und in der Luft in Stücke geschossen wurden. Fast hörte er das Stampfen der Springerstiefel und sah die protzigen Uniformen der SS und die finsteren Gestalten der Gestapo vor sich. Europa eine Ruine und Hunderttausende, die in den Lagern verschwunden waren. Die sechs Millionen Juden, die in die Gaskammern geschickt worden waren. Es war, als spiele sich eine ganze Montage des Grauens in seinem Kopf ab: die wandelnden Toten von Auschwitz, Bergen-Belsen, Dachau und den anderen Todeslagern, die Haufen aus Haut und Knochen, der Rauch aus den schrecklichen Schornsteinen. Das Grauen jener vergangenen Jahre zu Beginn dieses Jahrhunderts, als der gesamte Kontinent unter dem Joch der Nazis dezimiert worden war. Kehrte das alles wieder zurück?

Es bestand kein Zweifel mehr daran, dass Sir Max Tarn bereits die Führung der neuen Nazi-Partei übernommen hatte, die aus ihrer brutalen Vergangenheit auferstanden war, genährt von der Unentschlossenheit der gegenwärtigen deutschen Führung und begünstigt durch die Anforderungen eines neuen Zeitalters, die es zu bezwingen galt.

Max Tarn, erkannte er, hatte auf eine spektakuläre Tat gesetzt, die ihm Vergebung für seine früheren Geschäfte mit dem Tod bringen und ihn als eine Größe etablieren würde, mit der man auf globaler Ebene rechnen musste. Die unglückselige Trish Nuzzi hatte Bond gesagt, dass es in der Karibik geschehen würde. Diese Schweinerei, die er jetzt beobachtete, war also nur ein Vorspiel für das, was kommen würde, wenn dieser Besessene tatsächlich irgendeinen unglaublichen Coup landen konnte, der ihn in den Augen der Welt unantastbar machen würde.

Durch all die Bilder, die vor Bonds innerem Auge aufblitzten, wirkten die Worte des berüchtigten Horst-Wessel-Liedes noch prophetischer:

Kam'raden, die Rotfront und Reaktion erschossen,
Marschier'n im Geist in unser'n Reihen mit.

Die alten Nazi-Geister würden sich in der Tat in dieser Menge tummeln, während die damals besiegte Führungsriege – von Hitler bis Himmler – in der Nähe dieses Möchtegernführers stehen und lächelnd und nickend verfolgen würde, wie er ihr Werk zurückbrachte, um die Welt in ein weiteres dunkles Zeitalter zu stürzen und die alten Abscheulichkeiten aus ihren Gräbern zu zerren.

Bond war so sehr von Abscheu erfüllt, dass er die Gefahr nicht erkannte, in der er sich selbst befand. Er hatte die Sicherheitspatrouillen nicht bemerkt, die offensichtlich das Gelände um das Tarnenwerder-Anwesen abgingen. Er verstand seine Notlage erst, als er plötzlich eine Bewegung zu seiner Linken wahrnahm.

Als er sich umdrehte, sah er zwei Männer in brauner Uniform, die etwa fünfzig Meter entfernt waren und ein Paar Deutsche Schäferhunde auf ihn hetzten. Die abgerichteten Tiere hatten ihn als Eindringling wahrgenommen und stürmten nun mit leisem Knurren auf ihn zu.

Er war bereits auf den Beinen und hetzte durch das Gebüsch zurück zum Auto, als die beiden Bestien über die Anhöhe sprangen. Mit der linken Hand zog er sein Messer, mit der rechten entsicherte er die Automatikpistole. Er rannte um sein Leben und war sich bewusst, dass die Hunde unaufhaltsam wie zwei Schnellzüge näher kamen.

Er schaffte es nicht ganz bis zum Auto, bevor das erste Tier angriff. Es stürzte sich knurrend auf seinen rechten Arm, wobei das Gewicht des Tiers Bond gegen den Wagen warf und ihm den Atem raubte. Er spürte einen scharfen Schmerz, als sich die Zähne des Hundes in seinen Unterarm gruben und daran zerrten. Der schwere Schäferhund machte den Fehler, erneut nach seinem Arm zu schnappen, was ihn zwischen Bonds Körper und die Pistole brachte. Er jagte eine Kugel in die Bestie, die zunächst wie erstarrt stehen zu bleiben schien, bevor sie mit einem langen Aufjaulen nach hinten geschleudert wurde.

Der andere Schäferhund, der das Jaulen seines Partners hörte und ihn fallen sah, zögerte den Bruchteil einer Sekunde, was Bond genug Zeit gab, um ins Auto zu schlüpfen und die Tür zu schließen.

Der Hund landete schwer auf der Motorhaube und bellte und kratzte an der Windschutzscheibe. Geifer lief ihm aus dem Maul und er hatte die scharfen Zähne gebleckt. Bond ließ den Motor an, legte den Gang ein und schoss aus der Höhle aus Gestrüpp heraus, wobei er kräftig am Lenkrad riss und den Hund von der Motorhaube warf, während er auf der Straße beschleunigte.

Zwei Kugeln schlugen ins Heck des Corrado ein. Er spürte die schweren Einschläge, konnte aber keinen Schaden feststellen. Er beugte sich über das Lenkrad und fuhr, als wären die Höllenhunde hinter ihm her. Er raste um eine lang gezogene Kurve und zurück auf die Straße nach Wasserburg. Wenn seine Mission wirklich erfolgreich sein sollte, hatte er noch eine wichtige Sache zu erledigen, und er war sich nur allzu bewusst, dass er mit der Fahrt nach Tarnenwerder das ganze Unternehmen gefährdet hatte.

Nach zehn Minuten war er sicher, dass ihm niemand gefolgt war, aber auch, dass das nur eine Frage der Zeit sein würde. Die Hundeführer hatten einen guten Blick auf das Auto erhaschen können, sodass sie nicht lange brauchen würden, um die Sache zu melden. Sobald das geschah, würde Tarn nur einen Befehl geben: Bonds Todesurteil.

Es war fast halb elf, als er den Wagen auf den Parkplatz lenkte, wo er einen Stellplatz in der Nähe des Ausgangs wählte. Einige Augenblicke blieb er auf dem Fahrersitz sitzen und begutachtete den Schaden an seinem Unterarm. Es war Blut zu sehen, aber die Reißzähne des Hundes waren nicht tief eingedrungen. Er zählte vier lange Risswunden, die er mit einem Taschentuch abband, das das Blut sofort aufsaugte.

Die Zeit drängte, also krempelte er seinen Ärmel über den behelfsmäßigen Verband, nahm die Miniaturkamera aus dem Handschuhfach, verließ das Auto und joggte zur Rückseite der Gebäude auf der Seite des Marienplatzes, an der Saal, Saal und Rollen ihre Büros hatten.

Es dauerte weniger als fünf Minuten, um die Rückseite der Anwaltskanzlei zu erreichen, und nur dreißig Sekunden, um eine Kreditkarte zwischen den geschwungenen Schließbolzen und sein Gehäuse zu schieben. Anscheinend hatte sich niemand die Mühe gemacht, den Riegel vorzuschieben, was ihm hätte Probleme bereiten können.

Er blieb einen Moment in der Dunkelheit des Büros stehen, schaltete die Taschenlampe ein und schirmte sie mit der Hand ab, dann machte er sich auf den Weg durch den Gang, der zur großen Eingangshalle führte. Alles war still und er konnte die Computer unter ihren Schutzhauben sehen. Wieder stand er da und lauschte. Kein Geräusch war zu hören, also ging er leise die Treppe hinauf, über den Flur und zu der Tür mit dem kleinen Schild, auf dem *H. Saal* stand.

Er hatte erwartet, dass er seine Dietriche brauchen würde, um in Helmuts Büro zu gelangen, aber die Tür war offen und er schwenkte den Lichtstrahl der Taschenlampe durch den Raum. Der riesige Schreibtisch ähnelte dem in Fritz' Büro, aber die Wand gegenüber war von einer hohen Reihe grauer Aktenschränke gesäumt.

Er lauschte wieder ein paar Sekunden, trat zum einzigen Fenster und zog die Jalousie herunter, dann ging er zu den Schränken, die alphabetisch sortiert waren. Der Buchstabe T nahm die Hälfte der Wand ein, sodass es nur wenig Gehirnschmalz bedurfte, um zu erkennen, dass Helmut hier in seinem Büro eine große Anzahl von Dokumenten über Tarn und Tarnenwerder aufbewahrte.

Die jüngsten juristischen Unterlagen über Tarn, vermutete Bond, würden sich in der letzten Schublade mit der Aufschrift T befinden. Langsam nahm er seine als Schweizer Armeemesser getarnten Dietriche heraus und machte sich an die Arbeit.

Es handelte sich um normale, handelsübliche Schränke, die so leicht zu öffnen waren wie die Spardose eines Kindes.

Entweder war das alles zu einfach, dachte er, oder Helmut war ein sehr vertrauensseliger Anwalt. Die letzte Schublade schnappte auf und gab den Blick auf etwa zehn Aktenmappen frei, die fein säuberlich auf ihren Schienen hingen. Als er die erste Mappe herausnahm, versuchte Bond, mit Logik an die Sache heranzugehen. Helmut Saal hatte keine besonderen Alarmanlagen oder Sicherheitseinrichtungen installiert, weil die Kriminalitätsrate in Wasserburg aller Wahrscheinlichkeit nach niedrig war. Die Einwohner dieser einzigartigen kleinen Stadt waren alle Nachkommen von Familien, die hier seit Jahrhunderten lebten. Wasserburg war kein Ort, in den man von irgendwo am anderen Ende des Landes zog. Das wiederum bedeutete, dass nur wenige jemals einen Blick in die Akten über Tarn und das Anwesen werfen wollten. Zwar hatte es im Laufe der Jahre kleinere juristische Scharmützel gegeben, als Konsortien und sogar die Behörden in München versucht hatten, das Anwesen zu übernehmen, aber selbst das wäre kein Grund zur Sorge. Möglicherweise gab es sehr alte Dokumente, die die Geschichte des Anwesens über Jahrhunderte zurückverfolgten, aber die wurden vermutlich in einem sicheren Tresor aufbewahrt. Neuere Papiere konnten problemlos hier im Büro aufbewahrt werden. Eine Anwaltskanzlei, die immer noch an archaischen Vereinbarungen festhielt, die Generationen von Saals und Rollens betrafen, würde keinen Gedanken daran verschwenden, ihre Dokumente hinter hochsicheren Schlössern und Vorrichtungen aufzubewahren.

Er brachte die Akte zu Helmuts Schreibtisch und begann, die Papiere darin zu sichten, wobei er die kleine Taschenlampe zwischen den Zähnen hielt. Gleich das erste Dokument zeigte, dass er einen Volltreffer gelandet hatte. Es handelte sich um eine Kopie des Antrags eines gewissen Maximilian Erwen von Tarn, seine deutsche Staatsbürgerschaft wiederzuerlangen. Im Anhang befanden sich Kopien der offiziellen Korrespondenz zu diesem Antrag und die letzte Seite zeigte, dass der Antrag im März 1992 bewilligt worden war.

Weitere Dokumente in dieser Akte betrafen die Ausstellung eines Reisepasses für Tarn, während der letzte Abschnitt Kopien einer gerichtlichen Verfügung enthielt, die jedem anderen den Anspruch auf das Haus Tarnenwerder und seine beträchtlichen Ländereien verwehrte. Das gesamte Gelände gehörte seit Januar 1992 rechtlich besagtem Maximilian Erwen von Tarn, auch wenn er seine deutsche Staatsbürgerschaft erst im März offiziell zurückerhalten hatte.

Er hatte genug, um den Ausschuss davon zu überzeugen, dass Sir Max Tarn, Wirtschaftsmagnat und Philanthrop, nicht das war, was er zu sein vorgab. Da eine doppelte Staatsbürgerschaft ausgeschlossen war, segelte und flog er schon seit einiger Zeit unter falscher Flagge.

Er nahm die Kamera heraus und stellte sie so ein, dass er klare, gut beleuchtete Aufnahmen von den Papieren machen konnte. Als er seine Hand auf die Ecke von Helmuts Schreibtisch legte, warf er einen Blick auf die rechte Reihe von Schubladen, die bis zum Boden reichten. Die unterste stand einen Spalt offen und er konnte einen kleinen roten Lichtpunkt darin erkennen.

Als er sie weiter öffnete, fand er dort einen Anrufbeantworter, der so eingestellt war, dass er alle eingehenden Nachrichten entgegennehmen konnte. Er drückte auf die kleine Pfeiltaste zum Zurückspulen, denn er wusste, dass Leute das Band manchmal nicht zurückspulten, nachdem sie es abgespielt hatten. Als es anhielt, drückte er die Taste, um die Nachrichten abspielen, hörte den Piepton und dann den zweiten Schock der Nacht. »Es ist dringend«, sagte die körperlose Stimme auf dem Band. »Ein Agent des britischen Geheimdiensts ist auf dem Weg nach Wasserburg. Sein Auftrag lautet, Max und die aktuelle Situation in Tarnenwerder zu überprüfen. Der Mann operiert unter dem Namen James Boldman und ich rate Max, ihn verschwinden zu lassen.« Dann folgte eine Beschreibung von ihm, zusammen mit ein paar anderen Fakten, die MicroGlobe One und die aktuelle Situation in England betrafen.

Es war nicht so sehr die Nachricht, sondern die Stimme, die Bond aus dem Konzept brachte. Es war eine, die er sofort erkannte. Jemand, mit dem er sehr eng zusammenarbeitete und dem er niemals zugetraut hätte, eine Organisation wie die Null-Null-Abteilung oder sogar MicroGlobe One zu unterwandern. Er griff nach unten, nahm das Band aus dem Anrufbeantworter und steckte es in seine Tasche. Als er sich wieder an die Arbeit machte, die Dokumente zu fotografieren, arbeitete er wie ein Roboter. Die Identität der Person, die ihn verraten hatte, war so erschütternd, dass er an nichts anderes mehr denken konnte, aber er beendete die Arbeit, legte die Akte zurück in den Schrank und schloss die Schublade wieder mit seinen Dietrichen ab. Das war eins der Dinge, die er schon sehr früh in seiner Ausbildung gelernt hatte. Wenn man einbrach, war es immer am besten, die Dinge zumindest annähernd so zu hinterlassen, wie man sie vorgefunden hatte.

Er durchsuchte sogar kurz die anderen Schubladen in Helmuts Schreibtisch, um zu sehen, ob er ein anderes Band für den Anrufbeantworter finden konnte. Schließlich fand er ein kleines Päckchen von Bändern direkt neben dem Gerät und verfluchte sich, dass er nicht von Anfang an sorgfältiger nachgesehen hatte.

Jetzt musste er nur noch ins Hotel zurückkehren, seine Rechnung bezahlen und nach München fahren. Sollte er so weit schaffen, war es allerdings gut möglich, dass Tarns Männer längst nach ihm Ausschau hielten, was eine neue, komplizierte Bedrohung darstellen würde.

Vor den Büros von Saal, Saal und Rollen war immer noch kein Lebenszeichen zu entdecken, und während er leise die Treppe hinunterstieg, wagte Bond zu hoffen, dass er vielleicht mit heiler Haut davonkommen würde.

Als er den Fuß der Treppe erreicht hatte, ging das Licht an.

»Mr Boldman, oder sollte ich Sie Mr Bond nennen? Wenn Sie so freundlich wären, sich eine Weile mit mir zu unterhalten.« Sie sah erneut verführerisch aus in ihrem Regenmantel im Militärstil. Das Einzige, was ihm jetzt nicht an ihr gefiel, war die tödliche kleine Automatik, die sie in ihrer rechten Hand hielt, ganz nah an ihrem reizvollen Körper.

»Heidi? Hallo«, sagte er und setzte ein Lächeln auf. »Sie haben meine Nachricht also erhalten. Ich hatte eigentlich nicht erwartet, dass Sie kommen würden.« Er ließ sich nicht anmerken, dass er die Pistole gesehen hatte, als er auf sie zuging und die Arme ausstreckte, als wolle er sie umarmen.

»Ihre Nachricht? Ich …? Wovon reden Sie, Mr …?« Seine Begrüßung hatte Heidi so weit verunsichert, dass sie innehielt, bevor sie etwas unternehmen konnte – zum Beispiel den Abzug betätigten. Bond ging weiter, direkt auf sie zu. »Heidi, das freut mich sehr. Wo möchten Sie denn jetzt zu Abend essen?« Er hatte sich ihr bis auf zwei Schritte genähert und konnte ihren verwirrten Gesichtsausdruck deutlich erkennen.

Er trat ganz nah an sie heran und ihre rechte Hand streifte seine linke Seite, sodass er ihr Handgelenk und die Pistole mit seinem linken Arm wie in einem Schraubstock einklemmen konnte. Sie öffnete den Mund, bevor er den rechten Ellbogen hob und ihr einen heftigen Schlag gegen den Kiefer versetzte.

»Ich hasse es, Frauen zu schlagen, Heidi, aber du hättest ein braves kleines Mädchen bleiben sollen.« Als er mit dem linken Arm noch mehr Druck ausübte, fiel die Pistole zu Boden, und als Nächstes versetzte er ihr einen harten Schlag mit dem rechten Handballen gegen den Hals.

Sie ging bewusstlos zu Boden und lag zu seinen Füßen. Schnell fühlte er den Puls an ihrem Hals, um sicherzugehen, dass sie noch lebte. Allerdings würde sie wahrscheinlich noch gut zehn Minuten lang bewusstlos bleiben, vielleicht sogar länger.

Er schnappte sich ihre Pistole, verließ das Gebäude auf der Rückseite und schloss die Tür leise hinter sich. Im gleichmäßigen Laufschritt machte er sich auf den Weg zum Parkplatz, wobei ihm der Hundebiss an seinem rechten Unterarm jetzt deutlicher bewusst war. Er versuchte, jeden Gedanken an den Schmerz aus seinem Kopf zu verbannen, und schaffte es in drei Minuten zum Auto. Ihm wurde klar, dass er sich nicht mit Details wie seinem Gepäck oder dem Bezahlen der Rechnung im Paulanerstuben aufhalten durfte.

Er hatte gerade den Motor angelassen und fuhr aus der Parklücke neben dem Hauptausgang, als ein schwarzer BMW vor ihm heranrauschte und ein ähnlich lackierter Mercedes Benz die Ausfahrt versperrte.

Zwei Männer sprangen aus dem Mercedes und ein dritter kam aus dem BMW angerannt, als dieser ruckartig zum Stehen kam. Alle drei Männer waren bewaffnet und er erkannte, dass einer von ihnen der riesige Kurt Rollen war, den er am Morgen gesehen hatte.

Er nahm den Fuß von der Bremse und drückte kräftig aufs Gaspedal, wobei er den VW direkt auf den einzelnen Mann ausrichtete, der aus dem BMW gesprungen war. »Ich weiß nicht, wie du heißt, aber ich nenne dich den einsamen Idioten«, murmelte er vor sich hin, denn die sich nähernde Gestalt hielt sich offensichtlich für unbesiegbar. Bond lenkte den Wagen nach rechts, bremste stark und ließ den Wagen ausbrechen, sodass der tollkühne Mann von der Seitentür getroffen wurde. Es gab einen dumpfen Aufprall und er konnte gerade noch sehen, wie sich der Mund zu einem Schrei öffnete und die Augen in plötzlichem Schrecken weit aufgerissen wurden. Er war sich auch fast sicher, dass sein Opfer mehrere Meter weit weggeschleudert wurde, aber das würde er bald herausfinden. Er beschleunigte und vollführte dann ein perfektes Wendemanöver, das ihn wieder in Richtung der beiden Männer brachte, die aus dem Mercedes gestiegen waren. Er sah den BMW-Idioten weit rechts von sich reglos liegen, als die ersten Kugeln in den Corrado einschlugen, ein Loch in die bruchsichere Windschutzscheibe auf der Beifahrerseite schlugen und den Sitz neben ihm durchbohrten.

Die einzige Möglichkeit, sich gegen bewaffnete Männer zu wehren, wenn man in einem Auto festsaß, war, das Fahrzeug selbst als Waffe zu benutzen. Also trat er das Gaspedal durch, sodass der Wagen auf Rollen zuraste, der die beiden Schüsse abgegeben hatte.

Der Riese hatte gesehen, was mit dem BMW-Idioten geschehen war, und er hatte offensichtlich kein Lust, sein Schicksal zu teilen. Er hielt inne und feuerte erneut – die Kugel zischte über den Corrado –, während Bond versuchte, den VW zu drehen und Rollen auf dem falschen Fuß zu erwischen.

Der Wagen drehte sich und traf dann wohl einen Ölfleck in der Mitte des Parkplatzes. Es kam ihm vor, als würde er minutenlang mit dem Lenkrad ringen, während der VW völlig außer Kontrolle geriet und in Richtung des kleinen Holzzauns schlitterte, der den Parkplatz von der Straße trennte. Plötzlich sah er Rollens Begleiter auf seiner linken Seite auftauchen. Er hatte die Hände erhoben, um einen Schuss abzugeben, doch der Corrado musste ihn gestreift haben, denn er hörte einen weiteren Aufprall und dann einen Schrei über das Dröhnen des Motors hinweg.

Die lange, unkontrollierte Schlitterpartie endete damit, dass der VW durch die Holzbarriere krachte und auf die Straße fuhr. Bond riss das Lenkrad nach rechts, um den Wagen auszurichten, als er sah, dass der Mercedes den Rückwärtsgang eingelegt hatte, um ihm den Weg abzuschneiden. Aber er hatte wieder die Kontrolle über sein Auto und donnerte am Heck des Mercedes vorbei, nahm die Kurve mit quietschenden Reifen und raste davon.

Nein, dachte er. Nein, nicht davon. Es war ein Risiko, aber er würde es eingehen. Die Seitenstraße mit ihren Gefahrenschildern näherte sich schnell zu seiner Rechten, also bremste er und bog in die schmale Straße ein, dann gab er wieder Gas. Da er sich nicht angeschnallt hatte, als der Angriff begonnen hatte, konnte er mit einer Hand das Lenkrad festhalten und es starr auf zwölf Uhr halten, während er mit der Linken die Tür entriegelte.

Vor sich sah er, dass die weißen Pfosten, die oben an der Felswand entlang verliefen, rote Reflektoren hatten. Es war nur eine Frage des Augenmaßes. Er fuhr über einen Stein und das Auto verlor für eine Sekunde die Bodenhaftung und landete etwas nach links versetzt, als er die Kontrolle wiedererlangte.

Als er etwa zwanzig Meter von den Pfosten entfernt war, gab er noch einmal richtig Gas, riss die Tür auf und warf sich hinaus.

Er schlug hart auf dem Boden auf und kurz stockte ihm der Atem, bevor er sich in Richtung der nächstgelegenen Deckung, eines kleinen Steinhaufens, bewegen konnte. Gerade als er sich in Deckung rollte, traf der Corrado die Warnpfosten. Er sah, wie der Wagen nach vorne sprang, als wollte er fliegen, dann tauchte die Nase ab und er fiel. Aus seiner Deckung heraus hörte er das erste Knirschen, als das Metall die Felswand traf, dann den plötzlichen Knall und das Zischen, als der Corrado erneut aufschlug und der Benzintank explodierte, sodass eine Stichflamme in die Höhe schoss.

Sowohl der Mercedes als auch der BMW rollten die Seitenstraße entlang. Ihre Fahrer kannten offensichtlich die Gefahr, an diesem gefährlichen Ort zu schnell zu fahren. Die vier Männer und der gigantische Rollen stiegen gerade aus den Autos, als das letzte Knirschen und Klappern sechzig Meter unter ihnen ertönte. Als Bond einen Blick über den Steinhaufen riskierte, sah er, dass einer der Männer Maurice Goodwin war.

»Mein Gott«, sagte einer von ihnen. »Er ist über die Felskante gefahren. Vorsicht, Kurt …«

Rollen ging auf den Abgrund zu und blickte nach unten.

»Er brennt«, sagte Kurt mit langsamer, ungläubiger Stimme. »Wir haben versagt. Oh mein Gott, wir haben versagt.«

»Kurt«, entgegnete Maurice Goodwin. »Wir haben nicht versagt. Er ist tot. Niemand hätte in diesem Wrack überleben können.«

»Dann haben wir nicht versagt.« Die Worte waren gedehnt. »Wir haben gewonnen, was, Mo? Wir haben gewonnen.«

»Bitte, Kurt, nenn mich nicht Mo. Ich heiße Maurice.«

16

Tot oder lebendig

Er blieb auf dem Boden liegen, verborgen durch den kleinen Steinhaufen. Er hatte Blutergüsse und Schmerzen, und die Bisswunde an seinem Arm fing an zu pochen. Tarns Männer zogen ziemlich schnell ab und die örtliche Polizei und das Rettungsteam trafen nur wenige Minuten nach ihrem freudigen Abmarsch ein. Mehrere Anwohner, die durch den Aufprall und die Explosion des Autos alarmiert worden waren, folgten ihnen und drängten an die Unfallstelle, um zu sehen, was passiert war.

Er nutzte den plötzlichen Menschenauflauf, um aufzustehen und sich ein paar Minuten lang unter die Leute zu mischen. Er kämpfte gegen die Schmerzen und überlegte, wie er so schnell wie möglich aus Wasserburg verschwinden konnte.

Schließlich schlich er sich davon und ging über den menschenleeren Marienplatz zurück zum Hotel. Im Eingangsbereich war niemand zu sehen, sodass er ungesehen auf sein Zimmer gelangen konnte. Dort angekommen, duschte er schnell und sehr heiß, säuberte die Wunden an seinem Arm, die leicht gerötet und geschwollen waren, und legte einen etwas dauerhafteren Verband aus ein paar Taschentüchern an. Er zog sich einen Blazer und eine Hose an und kehrte dann wieder nach unten zurück.

Der ältere Kellner saß dösend hinter dem kleinen Empfangstresen.

»Sie arbeiten aber lange, mein Freund.« Bond schüttelte ihn an der Schulter.

»Ach.« Der Kellner öffnete langsam seine Augen. »Ich schlafe in letzter Zeit nicht mehr viel. Wenn man älter wird, braucht man nicht mehr so viel Schlaf. Was kann ich für Sie tun?«

Bond fragte, ob er einen zuverlässigen Taxidienst kenne. »Ich muss so schnell wie möglich nach München.«

»Wie schnell?«

»Jetzt. Sofort.«

»Mein Bruder. Er ist dumm genug, jederzeit überall hinzufahren. Warten Sie.« Er wählte eine Nummer und führte ein lebhaftes Gespräch mit jemandem, den er Wolfie nannte. Er legte eine Hand auf die Sprechmuschel und grinste. »Er tut es, aber Sie müssen dafür sorgen, dass es sich für ihn lohnt.«

Nach einigem Feilschen einigten sie sich auf einen Preis. Bond bezahlte seine Hotelrechnung und ging zurück, um seine Sachen fertig zu packen. Fünfzehn Minuten später brachte er den Kleidersack und die Aktentasche mit den Waffen aus dem Tresorfach nach unten und fand den Bruder des Kellners plaudernd in dem kleinen Foyer.

Der Bruder stellte sich als älter als der Kellner heraus und trug eine Brille mit dicken Gläsern, aber er schnappte sich die Taschen und machte sich auf den Weg zu seinem Auto. Bevor er ihm folgte, drückte Bond dem Kellner eine Handvoll Geldscheine in die Hand und raunte ihm zu: »Sie haben mich nie gesehen, okay?«

»Ich sehe nie jemanden. So ist das, wenn man als Teenager in Hitler-Deutschland aufwächst. Es zahlt sich immer aus, nie etwas zu sehen oder zu hören.«

Wolfie schien der Ansicht zu sein, dass er ein Formel-1-Fahrer war, aber er brauchte trotzdem weit über anderthalb Stunden, um zum Münchner Flughafen zu gelangen. Während der Fahrt gab es jedoch nur vier wirklich beängstigende Zwischenfälle. Bond bezahlte und eilte in den fast menschenleeren Flughafen, nur um festzustellen, dass er sehr lange warten musste, da es bis auf einen British-Airways-Flug morgens um halb acht keine Flüge mehr nach London gab. Auf diesem Flug waren aber noch Plätze frei, sodass er sein Lufthansa-Ticket umtauschen konnte, sehr zur Freude der jungen Frau am BA-Schalter.

Nach seiner Ankunft in London war Eile geboten, dachte er, also gab er kein Gepäck auf. Sein nächster Schritt war, einen Anruf zu tätigen, und zwar mit äußerster Vorsicht, um die Person, deren Stimme er auf dem Band in seiner Tasche trug, nicht vorzuwarnen.

Mit einer Kreditkarte rief er Bill Tanner unter seiner Privatnummer an, informierte ihn schnell über Max Tarns Streben nach einem Vierten Reich in Deutschland und die Person, die MicroGlobe One und das ganze Land verraten hatte.

»Sind Sie sich sicher?« Tanner war genauso erschüttert wie Bond.

»Hundertprozentig sicher, Bill. Ich möchte, dass Sie Folgendes tun.« Er skizzierte die genauen Schritte, die am nächsten Morgen unternommen werden mussten. »Ich werde Flicka kurz vor dem Abflug anrufen«, endete er. »Sie können sich beide mit mir treffen, aber sorgen Sie um Himmels willen dafür, dass alles andere geregelt ist.«

»Es wird alles erledigt sein.« Tanner wollte gerade auflegen, als Bond fragte, ob Burke und Hare noch bei ihnen angestellt seien.

»Natürlich sind sie das.«

»Dann sollten sich die beiden am besten auch bereithalten.«

Burke und Hare waren die Spitznamen für Bill Burkeshaw und Tony Hairman, die wohl erfahrensten Untersuchungsbeamten, die für den MI6 arbeiteten. Sie würden sie sicherlich brauchen, wenn die Sache glatt über die Bühne gehen sollte.

Er suchte sich einen Platz vor einem der Fernseher am Flughafen, auf denen man CNN in englischer Sprache sehen konnte. Er war so positioniert, dass er einen ungehinderten Blick auf die gesamte Halle hatte, und er blieb dort, bis sein British-Airways-Flug aufgerufen wurde. Erst dann ging er wieder zum Telefon, um Fredericka von Grüsse anzurufen, die fröhlich abnahm.

Er nannte ihr die Flugnummer und die Ankunftszeit in Heathrow, teilte ihr kurz und knapp mit, dass sie ihn abholen solle, und legte schnell wieder auf.

Der Airbus 360 landete genau um halb neun Ortszeit – eine zweistündige Reise mit einem Zeitunterschied von einer Stunde zwischen München und London.

Flicka umarmte ihn, als wäre er einen ganzen Monat lang weg gewesen und nicht nur ein paar Tage. Bill Tanner stand daneben und drückte ihm dann die Hand.

»Alles erledigt?«, fragte Bond und Tanner nickte wortlos.

»Was zum Teufel geht hier schon wieder vor sich?« Flicka wirkte verwirrt.

»Das wirst du schon sehen.« Er schenkte ihr ein verschmitztes Lächeln. »Ich hoffe, du hast nichts Unüberlegtes getan, wie zum Beispiel einen Leihwagen mit Fahrer zu mieten, weil wir mit Bills Auto direkt zum Innenministerium fahren.«

Sie stieß einen resignierten Seufzer aus. »Als würde man mit einer Wand reden.«

Alle außer M hatten sich im Besprechungsraum des Innenministeriums versammelt und zwei Mitglieder des Security Service lungerten im Gang vor der Tür herum.

»Ah, unser Rumtreiber kehrt zurück.« Der Staatssekretär klang leicht überrascht. »Tanner, Sie haben uns nicht gesagt, dass Captain Bond zurück ist.«

»War er auch nicht, Sir, als ich heute Morgen mit Ihnen gesprochen habe.«

»Mit Ihrer Erlaubnis, Staatssekretär, würde ich gern genau berichten, was ich in Deutschland getan habe.«

»Natürlich. Schießen Sie los. Niemand wird Sie aufhalten.«

Bond legte seinen, wie er es später nannte, »großen Auftritt« hin und betonte vor allem die Fakten über Tarns deutsche Staatsbürgerschaft und die Szene, die er am Vorabend beobachtet hatte. Als er zum Ende kam, entschuldigte sich der Staatssekretär. »Ich erwarte jemanden vom Außenministerium.«

Er machte sich auf den Weg zur Tür und hatte sie schon fast erreicht, als Bond ihn zurückhielt. »Staatssekretär, ich fürchte, ich habe noch schlimmere Nachrichten zu überbringen.«

»Oh?«

»Ich empfehle Ihnen, zu bleiben und zuzuhören.«

Widerwillig kehrte der Staatssekretär an seinen Platz zurück und murrte, er hoffe, dass es nicht allzu lange dauern würde.

»Ich habe keinen Hehl daraus gemacht, dass ich mit MicroGlobe One von Anfang an unzufrieden war«, begann Bond und Wimsey gab einen irritierten Laut von sich.

»Ich hoffe doch, wir fangen nicht schon wieder damit an.«

»Ich fürchte, das müssen wir, Commissioner. Ich habe das Gefühl, dass Tarn uns von Anfang an an der Nase herumgeführt hat. Wer hat zum Beispiel vorgeschlagen, dass Fräulein von Grüsse und ich ihn über seine bevorstehende Verhaftung und die Durchsuchungsbefehle informieren sollen?«

»Ich nicht«, verkündete Wimsey lautstark.

»Nein«, Bond sah ihn eindringlich an. »Nein, Claude, ich bin mir jetzt sicher, dass Sie es nicht waren. Diese ganze Idee war ziemlich raffiniert eingefädelt. Sie haben sie geäußert, aber jemand anders hat sie Ihnen in den Kopf gesetzt. Hat irgendjemand von Ihnen wirklich gründlich darüber nachgedacht, wie Tarn seinen Tod so kurzfristig vortäuschen konnte? Diese Aktion auf der Strecke nach Duxford wurde nicht von heute auf morgen geplant. Sie war schon längst vorbereitet, bevor Fredericka und ich überhaupt in Cambridge ankamen.« Er machte eine Geste in Richtung Tanner, der nickte und den Raum verließ.

»Es gibt noch andere Dinge, die ich bei unserer letzten Zusammenkunft nur kurz angesprochen habe. Wie zum Henker konnten Ihre Leute von der Polizei, Wimsey, und der Security Service so kalt erwischt werden, als Tarn und seine Begleiter nach England zurückgekehrt sind? Wie konnte das Timing so genau stimmen, als Fredericka und ich nach Hall's Manor gefahren sind und die Leiche von Lady Tarn gefunden haben? Das sind zu viele Zufälle, so viel Glück kann Tarn gar nicht haben. Er und seine Partner wussten schon lange vor meiner Ankunft, dass ich in Wasserburg sein würde. Ich hätte in Deutschland fast mein Leben verloren und es ist möglich, dass Tarn mich tatsächlich für tot hält.« Er wandte sich an Flicka: »Deshalb habe ich auch nicht viel mit dir gesprochen, als ich heute Morgen zurückgekommen bin, meine Liebe. Ich habe überall blaue Flecken und mein rechter Arm macht mir etwas zu schaffen, aber ich bin sicher, dass der Hund, der mich gebissen hat, keine Tollwut hatte. Als Führer in spe hat Tarn sicher dafür gesorgt, dass sein Hundezwinger frei von Infektionen ist.«

»Worauf wollen Sie eigentlich hinaus?«, fragte der Staatssekretär.

»Haben Sie etwas Geduld, Staatssekretär.«

Tanner kam mit dem Tonbandgerät zurück, das sie schon bei dem letzten Mal benutzt hatten.

»Sehen Sie, meine Damen und Herren«, Bond bedeutete Tanner, das Gerät auf den Tisch zu stellen, »Max Tarn hätte seine verschiedenen kleinen Ausweichmanöver nicht durchführen können, wenn er nicht eine ganz spezielle Hilfe gehabt hätte. Hilfe von jemandem in diesem Raum.«

»Oh«, seufzte Wimsey. »Wer zum Teufel glauben Sie denn …?«

»Ich glaube nicht, Claude. Ich *weiß*. Ich weiß es, weil unser Maulwurf – wie man es so schön in den Spionageromanen nennt – in Deutschland seine Stimme zurückgelassen hat.«

»Wovon reden Sie, Bond? Wie lange soll das noch …?«

Tanner, der das Band eingelegt hatte, drückte auf die Abspieltaste.

»Es ist dringend«, sagte die Stimme des Staatssekretärs auf dem Band. »Ein Agent des britischen Geheimdiensts ist auf dem Weg nach Wasserburg. Sein Auftrag lautet, Max und die aktuelle Situation in Tarnenwerder zu überprüfen …«

Sogar die Generaldirektorin des Security Service schnappte hörbar nach Luft und der Staatssekretär versuchte, zur Tür zu stürmen.

»Daraus wird nichts, Sir.« Wie durch einen raffinierten Zaubertrick war eine Pistole in Tanners Hand erschienen. »Draußen warten Leute auf Sie.«

»Das ist … das ist eine Fälschung … Jemand hat …«, stotterte der Staatssekretär, stand auf, setzte sich und stand dann wieder auf. Er musste seine Niederlage akzeptieren.

Tanner schlug vor, er solle sich den Leuten vom Security Service vor der Tür stellen, und als diese geöffnet wurde, erhaschte Bond einen Blick auf die beiden Verhörexperten mit den Spitznamen Burke und Hare, die im Hintergrund herumlungerten.

»Bitte entschuldigen Sie, Ma'am«, wandte sich Tanner an die Generaldirektorin des MI5. »Ich fürchte, ich habe meine Befugnisse überschritten, indem ich zwei Ihrer Leute hergerufen habe …«

»Ganz und gar nicht.« Sie tat die Entschuldigung ab. »Nun, ich denke, ich bin im Moment das ranghöchste Mitglied des Ausschusses, also sollte ich besser den Vorsitz übernehmen …«

»Entschuldigen Sie nochmals, Ma'am. Nachdem James – äh, Captain Bond – mich mitten in der Nacht aus München angerufen hat, habe ich ausführlich mit dem Premierminister gesprochen. Er hat einen neuen Vorsitzenden von Micro-Globe One ernannt. Ein Freund von Ihnen, glaube ich. Lord Harvey of Danehill. Er ist ein Mitglied des Joint Intelligence Committee.«

»Ja. Ein sehr guter Mann.« Die Generaldirektion wirkte ein wenig verstimmt.

»Er wird in Kürze den Vorsitz übernehmen. Er wollte erst kommen, wenn diese ganze Angelegenheit geklärt ist. Es ist eine heikle Angelegenheit, deshalb hat das Büro des Premierministers darum gebeten, dass *niemand* außerhalb dieses Raums ein Wort davon erfährt.« Er wandte sich an Bond: »Es gab keine großen Zweifel, auch ohne das Band gehört zu haben. Ich habe das wie gewünscht überprüft. Er kennt Tarn schon lange. Sie waren auf derselben Universität. Sogar im selben College an der Universität. Sie sind schon seit Jahren befreundet.«

»Ich glaube«, unterbrach sie die Generaldirektion, »das wäre eine gute Gelegenheit, einen Kaffee zu trinken. Wir sind alle schon ziemlich lange auf den Beinen.«

»Wollen Sie einen Blick auf ihn werfen, bevor Sie wieder vor den Ausschuss treten?«, fragte Tanner. »Er ist sofort eingeknickt, sobald sie ihn verhaftet hatten.«

Bond nickte und griff nach Flickas Hand. Tanner führte sie in einen kleinen Raum, der nur wenige Schritte vom Besprechungsraum entfernt war.

Er wusste, dass diese beiden Vernehmungsbeamten selten versagten, wenn es darum ging, der Zielperson – dem »Subjekt«, wie sie alle ihre unglücklichen Gesprächspartner nannten – jegliche Informationen zu entlocken.

Der Staatssekretär war in Hemdsärmeln und schien in den vergangenen zehn Minuten um mindestens zehn Jahre gealtert zu sein.

»Hallo, Staatssekretär«, begrüßte Bond ihn fröhlich. »Werden Sie auch gut behandelt?«

Der Staatssekretär antwortete nicht, also blickte er zu den Verhörern und zog eine Augenbraue hoch.

»Er erzählt Geschichten wie Käpt'n Blaubär«, lächelte Burke.

»Er singt Arien wie Pavarotti«, nickte Hare.

»Er hat seine Beteiligung zugegeben?«

»Er ist seit Jahren mit Max Tarn befreundet, sagt er. Und dass ihm nicht klar war, wie weit der Mann es getrieben hat. Er hat nur ab und zu geholfen, die Mühlen zu schmieren, aber wir wissen, dass er mehr als das getan hat.«

»Darf ich ihm ein paar Fragen stellen?«

»Bitte sehr.« Hare wandte sich wieder an den Staatssekretär: »Sie haben doch nichts dagegen, wenn dieser Herr Ihnen ein paar Fragen stellt?«

»Kommt darauf an, was er fragt.« Der Staatssekretär hatte diesen Blick in den Augen, der Bond verriet, er wusste, dass seine Karriere beendet war und seine einzige Chance darin bestand, ganz offen zu sein.

»Ich kann Ihnen versprechen«, begann Bond, »dass ich persönlich mein Bestes tun werde, um das alles aus den Klatschblättern herauszuhalten, wenn Sie mir die Wahrheit sagen. Außerdem vermute ich, dass niemand großes Interesse hat, Ihre Aktivitäten öffentlich zu machen. Wenn Sie kooperieren, werden Sie nicht einmal einen Gerichtssaal von innen sehen.«

»Das habe ich alles schon mal gehört.« Der Staatssekretär sah ihn nicht einmal an.

»Ich will nur Informationen über Tarns Mitarbeiter. Kannten Sie die Leibwächter von Lady Tarn? Ein groteskes Paar namens Cuthbert und Archibald?«

»Sie meinen die beiden Transvestiten? Cathy und Anna?«

»Oh, Sie kennen sie also.«

»Ich habe sie hin und wieder gesehen. Seine rechte Hand, Maurice Goodwin, hat mir gesagt, wer sie sind.«

»Und für wen haben sie wirklich gearbeitet – Lady Trish oder Sir Max?«

»Max natürlich. Auf lange Sicht hat jeder für Max gearbeitet. Man musste die Leute nur zu Sir Max schicken und schon kamen sie vom rechten Weg auf die schiefe Bahn.«

»Ist an Duxford irgendetwas besonders?«

»Ich glaube, der ursprüngliche Plan war, dass sie von Duxford aus fliegen sollten, aber das wäre ein bisschen schwierig geworden.«

»Nach dem Mord an Lady Trish haben sie es hinbekommen.« Tanner stand direkt hinter Flicka. »In dieser finsteren Nacht ist kurz nach Mitternacht ein Firmenjet in Duxford gelandet. Angeblich hatte er ein Problem mit dem Treibstoff.

Sie haben ihn tanken lassen und der Pilot hat einen Anruf getätigt. Etwa eine Stunde später sind zwei Land Rover aufgetaucht und die Insassen sind ausgestiegen und an Bord des Flugzeugs gegangen. Der Jet hat abgehoben, aber die Funkübertragungen waren, gelinde gesagt, eher spärlich. Es wird vermutet, dass Geld geflossen ist, aber ich bezweifle, dass wir das beweisen können.«

»Genauso wollten sie es beim ersten Mal machen.« Der Staatssekretär schien seit Bonds Versprechen ein wenig an Zuversicht gewonnen zu haben. »Ich glaube, sie hatten damals ein echtes Problem mit dem Flugzeug, denn in letzter Minute wurde ich aufgefordert, ihnen zwanzig Minuten mehr Zeit zu verschaffen.«

»Und Sie wurden für all das gut entschädigt, Staatssekretär?«

»Ich habe Geld bekommen, ja. Ich habe diesen Herrschaften bereits gesagt, dass ich Geld angenommen habe.« Das Wort »Herrschaften« klang bei ihm wie eine Beleidigung.

»Max hat nur Geld benutzt?«, fragte Flicka.

»Soll heißen?«

»Soll heißen, was ich gesagt habe. Hat Max nur Geld benutzt, um Leute zu bestechen?«

Der Staatssekretär lachte bitter auf. »Max hat alles benutzt, was ihm zur Verfügung stand. Geld hat immer funktioniert, weil er mehr gezahlt hat, als die Leute sich in ihren wildesten Träumen hätten vorstellen können, aber der Mann hat kein Gewissen. Er würde seine Mutter erschießen, wenn es ihm einen Nutzen bringen würde, und könnte danach trotzdem nachts ruhig schlafen. Andere Dinge hat er auch gemacht,

Erpressungen, andere kleine Gefallen – Frauen, manchmal sogar Kinder.«

»Jemand, den wir kennen?«

»Er hat Cathy und Anna an Freunde prostituiert. Das weiß ich ganz genau. Wenn Sie ihn endlich erwischen, Bond, wünschen Sie ihm von mir alles Gute, bevor er stirbt. Einbuchten können werden Sie ihn sicher nicht, darauf würde ich wetten. Max Tarn ist ohne Zweifel der bösartigste Mann, den ich je kennengelernt habe. Er ist wie eine Seuche durch die Welt gezogen und hat seine tödlichen Bazillen, Waffen und militärische Ausrüstung an jeden verkauft, der bereit war, dafür zu zahlen. Er sieht darin nichts Falsches. Er glaubt sogar, dass die Welt ihn am Ende akzeptieren wird, weil er meint, einen großen Plan zu haben, der unermesslich viel Gutes bewirken wird.«

»Habe ich das vor dem Ausschuss nicht erwähnt?« Bond meinte, genau das gesagt zu haben. »Aber Sie haben keine Ahnung, was dieser große Segen für die Menschheit eigentlich sein soll?«

»Nein. Ich kenne nur ein Codewort. *SeaFire* hat er es genannt. Ich habe ihn lachen und sagen hören, dass er, wenn er *SeaFire* enthüllt, keine Feinde mehr auf der Welt haben wird.«

»Haben Sie eine Ahnung, wohin er als Nächstes will?«

»Nein. Er war in Deutschland – aber das wissen Sie natürlich. Sie waren selbst da.«

»Und Sie haben mir erlaubt hinzufliegen. Sie haben sich von mir überreden lassen und zugestimmt, diese Empfehlungsregel anzuwenden. Warum haben Sie das getan?«

»Welche Möglichkeit hatte ich denn? Sie haben mich gedrängt. Ich dachte, es sei sicher …«

»Sie dachten auch, das wäre mein Ende, nicht wahr?«

Der Staatssekretär antwortete nicht. Er schüttelte nur den Kopf, als wolle er es leugnen. Dann sagte er: »Er könnte immer noch dort sein, soweit ich weiß. Er hat gesagt, er hätte viel zu erledigen.«

»Ich persönlich …« Bond klang, als würde er nur seine Gedanken laut aussprechen, ohne sich an die Anwesenden zu richten. »Ich persönlich glaube, er ist auf dem Weg in eine ganz andere Richtung.« Er wandte sich an Tanner: »Auf ein Wort, Bill.«

Flicka folgte den beiden Männern aus dem Raum.

»Bill, beschäftigen wir noch die Q-Abteilung?«

»Nicht wirklich, aber die göttliche Ann Reilly arbeitet immer noch für uns.«

»Gut, Q'utie ist noch bei uns. Kann ich sie sehen?«

»James, ich will ehrlich sein. Wegen dieser ganzen Sache wird der Ausschuss darauf bestehen, dass alles über ihn läuft.«

»Damit kann ich leben. Lassen Sie uns reingehen und sie fragen. Ach, und übrigens, Bill, ich muss noch mal mit M sprechen. Wie geht es ihm?«

»Er macht Schwester Frobisher das Leben schwer. Sie wird sich sehr freuen, wenn Sie kommen.«

»Ich komme mit«, sagte Flicka entschlossen. »Wenn er M sehen will, dann komme ich mit.«

»Was immer Sie beide wünschen.« Bill Tanner brüstete sich damit, sehr diplomatisch zu sein, und fügte hinzu, dass er für den Ausschuss Kaffee und Sandwiches organisiert habe. »Sollen wir uns ihnen anschließen?«

Als sie die Tür zum Besprechungsraum erreichten, kam der neue Vorsitzende, Lord Harvey, gerade die Treppe herauf. Tanner stellte Bond und Flicka vor.

»Ah, der Mann der Stunde.« Harvey war eins der jüngeren Mitglieder des House of Lords. Mit Anfang vierzig galt er als der Fang des Jahres für jede junge Frau, die in die Oberschicht aufsteigen wollte. Es hieß, wer auch immer ihn heiratete, würde gezwungen sein, Harvey mit der Politik und der Regierung zu teilen, da er als einer der fähigsten Männer im Joint Intelligence Committee galt. »Ich bin froh zu sehen, dass Sie heil zurückgekommen sind. Aber Sie haben mir jede Menge Probleme bereitet. Seit dem Morgengrauen lese ich Berichte. Dieser Kerl, Tarn – ist er wirklich so gefährlich, wie er dargestellt wird?«

»Noch gefährlicher, Sir. Aber ich glaube, ich weiß, wie ich ihn fangen kann.«

»Wirklich? Dann können Sie mir hier und jetzt eine große Hilfe sein. Lassen Sie uns reingehen und ich erteile Ihnen das Wort.«

Die Mitglieder des Ausschusses erhoben sich, als sie ihren neuen Vorsitzenden durch die Tür kommen sahen, und er machte sich die Mühe, jedem von ihnen die Hand zu schütteln, bevor er die Sitzung zur Ordnung rief.

»Captain Bond hat mich gebeten, dem Ausschuss einen Vorschlag unterbreiten zu dürfen, also habe ich versprochen, ihn zuerst sprechen zu lassen.« Er setzte sein charmantes Lächeln auf und verbeugte sich ehrerbietig vor Bond.

»Wie Sie sagen, Sir, würde ich dem Ausschuss gern einige Vorschläge unterbreiten.« Bond blickte sich angriffslustig um.

»Noch wichtiger ist jedoch, dass ich einen Schlachtplan aufstellen möchte. Ich glaube, ich weiß, wohin unser Freund Tarn gegangen ist, und ich würde ihm gern dorthin folgen und ihn zurückbringen. Tot oder lebendig, das ist mir eigentlich egal.«

17

Arbeitsflitterwochen

»Sie alle wissen«, begann er ohne Umschweife und ohne jemandem die Chance zu geben, sich zu entspannen, »dass Max Tarn bis jetzt jeden unserer Schritte kannte, noch bevor wir mit dieser Operation begonnen haben.«

Alle nickten stumm und er bemerkte, dass Commissioner Wimsey ihm nicht in die Augen sah, obwohl sein Gesicht vor Zorn gerötet war.

»Die Polizei hat mit dem Security Service zusammengearbeitet, während der Staatssekretär jede Aktion gelenkt hat. Durch ihn kannte Max Tarn das Wer, Warum und Wann in Bezug auf die Strafverfolgung und die Geheimdienste, schon lange bevor wir ihn überhaupt ernst genommen haben. Er ist buchstäblich mit einem Mord davongekommen und darüber hinaus hat er mit mir als Ihrem bevollmächtigten Agenten im Einsatz sein Spiel getrieben. In gewisser Weise hat er wie ein Puppenspieler agiert. Er hat Fräulein von Grüsse und mich an der Nase herumgeführt und uns dorthin gelockt, wo er uns haben wollte. Tatsächlich haben wir großes Glück, dass wir noch leben. Ich halte es für möglich, dass er an Flicka und mir ein Exempel statuieren will, um der Welt zu zeigen, dass er nicht die Ausgeburt des Teufels ist, als die wir ihn den Leuten gern verkaufen würden. Ich bin mir jetzt ziemlich sicher, dass ich genau weiß, wo er sich aufhält oder zumindest in den nächsten Tagen auftauchen wird. Alles, was ich brauche, ist die Erlaubnis des Ausschusses, bestimmte Maßnahmen zu ergreifen.

Tarn wird bald auf der Insel Puerto Rico auftauchen«, erklärte er schließlich. »Während dieser ganzen Angelegenheit hat er Hinweise gegeben, die uns genau dorthin gebracht haben, wo er uns haben wollte. Daraus folgt, dass er zumindest mich kurz vor oder kurz nach ihm in Puerto Rico erwartet. Ich glaube, er hat diese Insel als Schauplatz gewählt für den finalen – wie soll ich es nennen? –, den finalen Schlagabtausch? Es soll auch eine Art von Demonstration werden. Max von Tarn ist ein Mann, der verzweifelt versucht, das Kunststück zu vollbringen, plötzlich einigermaßen respektabel zu werden, bevor er seine Kandidatur für die politische Führung einer neuen NSDAP in Deutschland bekannt gibt. Gleichzeitig soll der Welt mitgeteilt werden, dass er seine britische Staatsbürgerschaft aufgegeben hat und zu seinem rechtmäßigen Erbe als Deutscher zurückgekehrt ist. Einfach ausgedrückt: Ich brauche Ihre Erlaubnis, dass Fräulein von Grüsse und ich dort hinreisen dürfen. Ich weiß, Sie werden sagen: Warum sollten wir uns in offensichtliche Gefahr begeben?«

»Ja, warum, Captain Bond?« Ihr neuer Vorsitzender klang nun sehr reserviert. »Einen technischen Haken gibt es bei dieser Sache. Wenn Tarn seine deutsche Staatsbürgerschaft bereits wieder angenommen hat, unterliegt er womöglich nicht mehr unserer Zuständigkeit.«

»Seine Anwälte, die sich allem Anschein nach hauptsächlich mit Eigentumsfragen befassen, sind die Einzigen, die das wissen – abgesehen von den deutschen Behörden und mir.« Er hatte diese Frage bereits durchgespielt und wusste, dass es sich um eine Formalität handelte, über die sich die Bürokraten monatelang streiten könnten. »Bei allem Respekt, Sir, ich denke, wir sollten die Änderung der Staatsbürgerschaft ignorieren, es sei denn, Tarn gibt sie vorzeitig bekannt.«

»Das wäre eine Möglichkeit.« Lord Harvey kannte sich offensichtlich gut mit den verworrenen Feinheiten solcher Angelegenheit aus. »Allerdings habe ich Sie gefragt, warum Sie eine Erlaubnis brauchen, um ihn in Puerto Rico zu jagen?«

»Sir, was als relativ einfache Operation angefangen hat, um zu beweisen, dass Sir Max Tarn sich des Betrugs und möglicher illegaler Waffengeschäfte schuldig gemacht hat, ist zu einer persönlichen Vendetta zwischen uns beiden geworden.«

Der Vorsitzende sprach leise und ließ keinen Zweifel daran, dass mit ihm nicht zu spaßen war. »Ich war der Überzeugung, so etwas würde gegen alle Grundsätze Ihres Geheimdiensts verstoßen, Bond. Eine Operation sollte nie persönlich werden. Es ist die Unpersönlichkeit solcher Dinge, die für die nötige Distanz sorgt – sie erlaubt es Ihnen, nur für Ihr Land zu handeln und gegenüber den Beteiligten unbefangen zu bleiben.«

»Die Zeiten ändern sich, Sir. Außerdem gibt es in diesem Geschäft Momente, in denen man ran an den Feind muss, wie unsere amerikanischen Cousins sagen würden.«

»Apropos unsere amerikanischen Cousins«, sprach Bill Tanner leise. »Wenn Sie in die Karibik geschickt werden wollen, um in Puerto Rico zu operieren, müssen die Amerikaner das ebenso absegnen wie der Ausschuss.«

»Puerto Rico ist ein Freistaat der Vereinigten Staaten.« In Bonds Stimme lag eine Spur von Gereiztheit. »Bei ihrem letzten Referendum haben sie es abgelehnt, sich den Vereinigten Staaten als vollwertiger Bundesstaat anzuschließen.«

»Das bedeutet nicht, dass wir den Amerikanern einfach die kalte Schulter zeigen können.« Lord Harvey war kein Narr. »Was Sie offenbar fordern, liegt möglicherweise nicht in unserer Macht. Die Yankees haben uns schon früher abblitzen lassen. Sie haben das Recht, vollständige Offenlegung zu Rechtsverstößen zu verlangen und die betreffende Partei oder die betreffenden Parteien auf ihrem eigenen Territorium durch ihre eigenen Behörden zu verfolgen.«

»Und Sie werden nicht in Erwägung ziehen, über diese rechtlichen Details hinwegzusehen?«

»Wie denn? Wo sind Ihre handfesten Beweise für Tarn und Puerto Rico?«

»Das können Sie wahrscheinlich in zwanzig Minuten herausfinden. Meine Leute am Bedford Square arbeiten an den finanziellen und rechtlichen Aspekten dieses Falls. Sie können wahrscheinlich Beweise dafür finden, dass entweder Tarn selbst oder Tarn International Immobilien in Puerto Rico besitzt. Verdammt noch mal, seine Containerschiffe laufen dort ständig ein und aus, seine Kreuzfahrtschiffe legen dort regelmäßig an, er hat Freunde in hohen Positionen, die ein Auge zudrücken, wenn er etwas tut. Ich denke, da ist das das Mindeste, was *Sie* tun können.«

»Dieser Ausschuss *kann* das nicht tun, Captain Bond. Wir sind rechenschaftspflichtig. Wir sind diejenigen, die am Ende mit leeren Händen dastehen, wenn die Sache schiefgeht.« Harvey lächelte, als wollte er sagen: »Tut mir leid, alter Junge, aber das kommt nicht infrage. Nichts Persönliches.«

»Nochmals bei allem Respekt, Sir, ich bin derjenige, der am Ende sein Leben verlieren könnte.«

»Das gilt auch für mich.« Bis jetzt hatte Flicka geschwiegen. »Ist Ihnen klar, was passieren wird, wenn keiner von uns Tarn verfolgt? Wenn wir nicht alles tun, um ihn zu Fall zu bringen? Er wird ungestraft davonkommen. Alle werden wegsehen, auch die Amerikaner. Unsere sogenannte Zivilisation wird der Verlierer sein, Tarn wird als Sieger hervorgehen und wir werden alle wieder im finstersten Mittelalter landen. Ich habe Respekt vor unseren amerikanischen Verbündeten, aber selbst wenn sie diese Operation übernehmen und Tarn verhaftet werden sollte, würden wir noch in zehn Jahren um die Zuständigkeit streiten, ihn anzuklagen, während er auf einem Haufen Reichtum und einer Menge politischer Macht in Deutschland sitzt. Die Tatsache, dass er mehrere Tausend Tote auf dem Gewissen haben wird, wird ihn nicht mal tangieren. Nur Tarn wird der Gewinner sein.«

»Vielleicht.« Thickness vom MI5 meldete sich zum ersten Mal zu Wort. »Aber der Vorsitzende hat recht. Puerto Rico fällt nicht in den Zuständigkeitsbereich des Ausschusses. Bevor wir überhaupt darüber diskutieren können, Sie hinzuschicken, müssen wir die amerikanischen Behörden einschalten.«

»Das wird Monate dauern.« Bond war wirklich wütend. Das passierte, wenn man es zuließ, dass ein Haufen von

Ausschüssen und verängstigten Politikern das Heft in die Hand nahm. »Als Nächstes werden Sie sagen, dass die EWG auch ihre Zustimmung erteilen muss.«

»Das könnte gut sein«, murmelte der Vorsitzende.

»Sie sind also alle bereit, hier zu sitzen und Meetings mit den amerikanischen Geheimdiensten und deren Strafverfolgungsbehörden abzuhalten, bevor Sie uns erlauben, die Sache zu erledigen?«

»Ich sehe keinen anderen Weg.«

»Hören Sie, James«, sagte Bill Tanner in seinem beschwichtigendsten Tonfall. »Es gibt einen Weg. Was, wenn wir Ihnen versprechen würden, in sagen wir einer Woche eine Antwort für Sie zu haben? Sie könnten sich sieben Tage Urlaub nehmen und einfach abwarten. Ich nehme nicht an, dass eine Woche einen Unterschied machen wird, oder?«

Der Blick, den der Stabschef und Bond austauschten, sprach Bände. Bill Tanner wusste, wie ihr alter Chief, M, früher, auf dem Höhepunkt des Kalten Krieges, die Bürokratie mit einfachen und direkten Mitteln umgangen hatte. Tanner bedeutete Bond, dass er die Sache in seiner Freizeit angehen sollte, ohne dass ihm große bürokratische Hürden in den Weg gelegt würden. Tanner setzte dafür sogar seine eigene Position aufs Spiel.

Bond öffnete den Mund, überlegte es sich dann aber anders. Schließlich sagte er: »Bill, Sie haben natürlich recht. Genauso wie der Ausschuss recht hat. Fredericka und ich können nicht verlangen, dass sich jemand von Ihnen in dieser Angelegenheit auf dünnes Eis begibt, und eine Woche wird wahrscheinlich tatsächlich keinen Unterschied machen. Ich möchte meine Bitte umformulieren. Könnten wir eine Woche Urlaub bekommen, während Sie die Angelegenheiten mit den amerikanischen Geheimdiensten klären?«

»In Ordnung.« Lord Harvey sah erleichtert aus. »Ruhen Sie sich gut aus, Captain Bond, und hinterlassen Sie uns eine Nummer, unter der wir Sie erreichen können – und Miss von Grüsse natürlich auch.«

»Wie?«, fragte Flicka, als sie im Auto saßen.

»Wie?« wiederholte er. »Was denkst du denn, Flick? Wir gehen einfach hin und tun es.«

»Und wohin gehen wir zuerst?«

»Erst gehen wir etwas essen, dann machen wir einen Krankenbesuch. Wir informieren M, denn wenn wir das nicht tun, wird es einen Riesenärger geben. Ich muss ihn wissen lassen, wo wir sein werden. Außerdem möchte ich sein Einverständnis, auf Ressourcen zurückzugreifen, über die er noch die Kontrolle hat.«

Sie hielten zum Mittagessen, bevor sie sich auf den Weg zur M4 und schließlich nach Quarterdeck machten.

Nach der Hälfte des Essens beugte Flicka sich vor und nahm eine seiner Hände. »James, Liebling«, flüsterte sie fast. »Ich liebe dich, wie ich noch keinen anderen Mann geliebt habe. Ich habe mich vor diesen Idioten auf deine Seite gestellt, die lieber ganz Europa den Bach runtergehen sehen würden, als selbst ein Risiko einzugehen …«

»Sie meinen es nicht so, Fredericka. Ich bin sicher, dass sie in etwa fünf Tagen alles geklärt haben werden. Tief im Inneren wissen sie, dass ich recht habe. Mich stört nur die Vorstellung, dass ein Ausschuss für Geheimdienste und Sicherheitsangelegenheiten zuständig ist, und in fünf Tagen wird es sicher schon zu spät sein.«

»Lass mich nur eine Sache sagen, James«, beharrte sie. »Ich fühle dasselbe wie du und ich werde alles tun, was du sagst. Tarn muss zur Strecke gebracht werden, aber denk bitte nicht, dass es nötig ist, große Risiken einzugehen, nur um irgendwelche Prinzipien hochzuhalten. Ich stehe voll und ganz hinter dir, aber du kannst auch einen Rückzieher machen, wenn du meinst, dass das klüger ist. Ich werde nicht schlecht von dir denken.«

Er dachte ein paar Sekunden lang nach. Dann erwiderte er: »Flick, ich meine es wirklich ernst. Ich will ehrlich zu dir sein. Es könnte leicht passieren, dass wir beide sterben, wenn wir Max Tarn zu nah kommen, aber ich muss versuchen, den Mann zu stürzen. Die Welt ist schon gefährlich genug, auch ohne Leute wie ihn, die sie noch gefährlicher und schlimmer machen. Keiner von uns weiß, was er da draußen in der Karibik treibt, vielleicht ist es etwas Schrecklicheres, als wir uns vorstellen können. Nein, ich kann nicht friedlich in meinem Bett schlafen, wenn ich nicht wenigstens einen letzten Versuch unternehme, ihn zu erledigen. Du musst dein Leben nicht riskieren, indem du mit mir kommst. Mir wäre es sogar lieber, wenn du hier in London in relativer Sicherheit bleibst …«

»Schluss jetzt!« Sie drückte seine Hand. »Wenn du gehen willst, lasse ich dich nicht allein. Wo du hingehst, gehe ich auch hin, egal wie hoch das Risiko ist.«

Er wusste, dass jedes Argument, das er vorbringen könnte, nutzlos sein würde. Wenn Fredericka von Grüsse einmal einen Entschluss gefasst hatte, gab es keine Möglichkeit, sie umzustimmen.

Sie hielten an der ersten Raststätte an der M4 an, damit er von einer öffentlichen Telefonzelle aus im Quarterdeck anrufen konnte. Schwester Frobisher klang ziemlich begeistert von der Nachricht, dass er den Admiral besuchen würde – bis er ihr sagte, dass er eine Freundin mitbringen würde.

M, der immer noch in seinem Krankenbett lag, schien sich zu freuen, die beiden zu sehen, und fragte nach einem kurzen Plausch nach dem Grund ihres Besuchs. »Ich kann nicht glauben, dass Sie beide nur hergekommen sind, um einen alten, kranken Mann zu besuchen.«

»Ich glaube, Sie wissen längst, warum wir hier sind, Sir. Es würde mich wundern, wenn der Ausschuss es Ihnen nicht schon mitgeteilt hat, wahrscheinlich durch Bill Tanner.«

M schnaubte. »Tanner hat mich angerufen. Er sagte, der Ausschuss hätte eine Anfrage von Ihnen abgelehnt oder so etwas. Ich habe nicht wirklich verstanden, wovon er gesprochen hat.«

»Dann hat das Gespräch, das wir jetzt führen werden, nie stattgefunden, wenn Sie mir folgen können, Sir.«

»Welches Gespräch?« Bond konnte nicht mit Sicherheit sagen, ob sich Ms Augenlid zu einem Augenzwinkern schloss oder ob er sich das nur einbildete.

Sorgfältig und ohne etwas auszulassen, ging er die ganze Geschichte durch. Dann skizzierte er, was er wegen Tarn zu tun gedachte.

»Und was ist, wenn der Kerl nicht in Puerto Rico ist, hm? Haben Sie daran gedacht?«

»Er wird dort sein, Sir. Darauf würde ich meinen Job verwetten.«

»Wahrscheinlich tun Sie genau das. Sie verwetten Ihren Job, Ihre Zukunft und Ihre Heiratspläne. Ich kann nicht sagen, dass ich dem Ausschuss einen Vorwurf darüber mache, wie er vorgeht, aber ich verstehe Ihren Standpunkt – auch wenn ich ihn gar nicht gehört habe.«

»Es gibt wirklich keine Alternative, Sir«, schaltete sich Flicka ein. »Entweder wir tun es jetzt oder wir vergessen es. Tarn hat seinen eigenen Zeitplan und er wird nicht darauf warten, dass jemand auftaucht.«

»Was wollen Sie also von mir?«

Bond wandte sein Gesicht ab, damit der alte Mann sein Lächeln nicht sehen konnte, und räusperte sich. »Wer hat gesagt, dass ich etwas will?«

»Mein lieber Junge.« M schien vor Wohlwollen zu erblühen. »Wir haben hier gerade ein Treffen, bei dem die Wände keine Ohren haben und von dem keine Beweise bleiben, weil wir sagen können, dass dieses kleine Tête-à-Tête nie stattgefunden hat, und ich glaube nicht, dass Sie nur den Segen Ihres alten Chefs wollen. Also schießen Sie los, James. Was wollen Sie?«

»Für den Anfang ein Treffen mit Ann Reilly, Sir.« *Nur keine falsche Scheu*, dachte er sich. »Am besten innerhalb der nächsten paar Stunden. Sie sollte auch Ihre stillschweigende Anweisung haben, uns alles zu besorgen, worum wir bitten – in einem vernünftigen Rahmen versteht sich.«

»Oh, natürlich, in einem vernünftigen Rahmen, ja. Was noch?«

»Das wäre alles, Sir. Das und Ihr Wort, dass Sie uns informieren, wenn die Lage sich zuspitzt, und dem Ausschuss sagen, wo wir sind.«

»Damit Ihre Leichen zur Beerdigung nach Hause gebracht werden können, ja?«

»So in etwa, Sir.«

»Ich gebe Ihnen mein Wort, aber nur unter einer Bedingung«

»Sir?«

»Sie werden mich bald in Rente schicken, Bond, und ich muss mir meines Nachfolgers sicher sein. Ich hätte gern Ihre Zusicherung, dass Sie den Job in Betracht ziehen, wenn ich mich zur Ruhe setze.«

»In Betracht ziehen werde ich es, ja, Sir. Aber das ist alles, was ich tun kann. Es in Betracht ziehen.«

»Verstanden. Genug gesagt. Sie können Miss Reilly um Punkt vier am Musikpavillon im Green Park treffen. Jetzt gehen Sie, James, Fredericka, bevor dieser alte Mann noch völlig sentimental wird.«

Es war Flicka, die unter ihren Busby-Identitäten die Tickets kaufte für den Delta-Flug am nächsten Morgen direkt nach Atlanta mit Anschluss nach San Juan, Puerto Rico. Bond hatte erklärt, dass er keinen Direktflug nach San Juan nehmen wollte. »Als kleine Vorsichtsmaßnahme«, sagte er zu Flicka. »Niemand, der bei klarem Verstand ist, würde in die USA fliegen, um von da einen Anschlussflug nach Puerto Rico zu nehmen, also hinterlässt das eine kleine, aber effiziente Datenspur. Und wenn die Jungs und Mädels vom Ausschuss uns auf die Schliche kommen, können wir sagen, dass wir bereit sein wollten, falls das Okay kommt. Eine Kleinigkeit, die aber den Unterschied machen könnte.«

Die Reise würde mühsam werden, aber eine Einreise über Atlanta war weniger riskant als eine über New York, Miami oder Washington – die anderen Möglichkeiten. Flicka bezahlte in bar, das Geld hatte Bond von seinem persönlichen Konto abgehoben.

Nachdem sie sich um die finanziellen Angelegenheiten gekümmert hatten, machte er einen Spaziergang durch Green Park und erspähte dort in der Nähe des Musikpavillons die schlanke Silhouette von Ann Reilly – oder Q'utie, wie man die jetzige Leiterin der Q-Abteilung in der Branche nannte.

»Und was kann ich für dich tun, James? Ich habe die Anweisung erhalten, dir alles zu geben, was ich kann, aber ich fürchte, das schließt meinen Körper aus.«

Jahrelang hatte Bond immer wieder versucht, bei Miss Reilly zu landen, wobei ein paar seiner Versuche sogar erfolgreich gewesen waren. Jetzt musste er lächeln, aber er konnte ihr nicht sagen, warum.

»Also, was kann ich für dich tun?«, fragte sie knapp.

Er ging seine Liste durch und sie hakte die Punkte ab, indem sie entweder Ja oder Nein sagte.

»Die Neoprenanzüge und die Tauchausrüstung könnt ihr vor Ort kaufen«, sagte sie. »Die beiden Aktentaschen kann ich besorgen und ins Hotel liefern lassen, noch bevor ihr ankommt, das ist kein Problem. Wir haben an einem neuen Design gearbeitet und die Taschen werden den Großteil dessen enthalten, was ihr brauchen werdet. Was die andere Sache angeht, weiß ich es wirklich nicht. Das ist ein ziemlich großes Gerät. Bist du dir sicher, dass du es brauchst?«

»Ich bin mir nicht sicher, ob wir irgendetwas davon brauchen, abgesehen von den Waffen. Aber ich würde mich wohler fühlen, wenn alles da wäre, für alle Fälle.«

»Tja, ich werde mein Bestes tun. In einer der Aktentaschen wird eine verschlüsselte Notiz sein. Wenn ich das andere Ding ins Land schaffen kann, wird die Notiz beschreiben, wo du es abholen kannst. Das ist alles, was ich versprechen kann.«

Sie unterhielten sich noch weitere zehn Minuten, dann umarmte er sie zum Abschied und sie gingen ihrer Wege.

Er bestand darauf, mit leichtem Gepäck zu reisen, und in der Wohnung gab es an diesem Abend viel Diskussion darüber, was sie mitnehmen konnten und sogar sollten. Obwohl sie wahrscheinlich die effizienteste Agentin war, die er kannte, hatte Flicka die Tendenz, viel zu viel Gepäck mitzunehmen.

»Würden wir einen Campingurlaub machen, würdest du mindestens drei Abendkleider mitnehmen«, tadelte er sie.

»Na ja, man muss ja was zum Anziehen haben.« Mit trauriger Miene zog sie ein paar Designeranzüge und ein Abendkleid aus ihrem Koffer.

»Den Großteil der Reise werden wir in Jeans und Turnschuhen unterwegs sein.« Er kam zu ihr, legte ihr einen Arm um die Schultern und drückte sie fest an sich. »Betrachte es einfach als eine Art Arbeitsflitterwochen, nur für uns beide.«

Sie drehte sich um, hob ihr Gesicht und es wurde viel mehr als ein einfacher Akt der Zuneigung.

In dieser Nacht schliefen sie erst spät ein.

Am nächsten Morgen fuhren sie nach Gatwick, stellten das Auto auf dem Langzeitparkplatz ab und machten sich auf den Weg zur Abflughalle.

Als sie die Passkontrolle erreichten, nahm der Beamte ihre Pässe, sah sie sich an und stellte seine Fragen: »Wie lange werden Sie das Land verlassen?«, »Haben Sie Rückflugtickets?«

Es war eine kleine Verzögerungstaktik, die dazu diente, den beiden stämmigen Männern Zeit zu verschaffen, die wie von Geisterhand auftauchten.

»Bitte machen Sie keine Szene«, sagte einer von ihnen leise. »Kommen Sie einfach mit uns. Sie beide werden Ihren Flug leider nicht antreten können.«

Bond verlangte, dass sie sich auswiesen, und beide zeigten ihm ihre laminierten Ausweise des Security Service. Er konnte unmöglich wissen, ob sie echt waren oder Teil eines Plans von Max Tarn, dessen Einfluss bis ins Herz der Regierung zu reichen schien.

18

Apokalypse

Es wurde schnell klar, dass es sich um eine offizielle Angelegenheit handelte. Ein schnittiger Jaguar fuhr vor dem Terminal vor und ihr Gepäck wurde im Kofferraum verstaut, während ihre beiden Begleiter ihnen in den hinteren Teil des Wagens halfen. Sie schienen gut gelaunt zu sein, was man von Bond und Flicka nicht behaupten konnte.

»Kopf hoch, immerhin regnet es nicht.« Einer ihrer Aufpasser kletterte zu ihnen auf die Rückbank. Der andere setzte sich auf den Beifahrersitz. Der Fahrer grüßte sie freundlich und höflich: »Guten Morgen, Sir, Ma'am.«

Bond starrte grimmig vor sich hin. »Das sollte besser wichtig sein«, grummelte er wütend zu dem Agenten auf dem Rücksitz.

»Keine Ahnung, ob es wichtig oder unwichtig ist. Ich führe nur Befehle aus.«

Der Agent auf dem Vordersitz gluckste. »Tja, so verdienen wir heutzutage unseren Lebensunterhalt. Unser Leben ist nicht mehr so aufregend wie früher.«

»Was für ein Blödsinn.« Bond wusste, dass er seinen Mund halten sollte. Er wusste auch, dass das eigentliche Problem darin bestand, erwischt worden zu sein, und er eher wütend auf sich selbst war als auf seine Bewacher. »Wir tun alle gern so, als wäre alles vorbei, jetzt, wo die Sowjetunion am Ende zu sein scheint«, schnauzte er. »Die Leute wollen nicht glauben, dass wir immer noch Arbeit zu erledigen haben.«

»Sie müssen es ja wissen, nicht wahr, Captain Bond?«

Es war nur eine kurze Fahrt zurück nach London und Bill Tanner stand vor ihrem üblichen Eingang zum Innenministerium.

»Tut mir leid, Sie so abzufangen.« Auch er schien gut gelaunt zu sein.

»Wir wollten einen kleinen Urlaub machen, Bill.« Flicka versuchte nicht einmal, ihre Wut zu verbergen.

»Das haben wir gehört.« Tanner führte sie in das Gebäude und wies die Männer vom Security Service an, es sich bequem zu machen. »Das könnte länger dauern«, sagte er ihnen, als würde er gute Nachrichten überbringen.

Der gesamte Ausschuss war anwesend, natürlich abgesehen von M. Die Anwesenden wirkten munter und gut gelaunt. Sie waren jedenfalls sehr höflich, führten Bond und Flicka zu ihren Plätzen am anderen Ende des Tischs, vergewisserten sich, dass sie Kaffee hatten, und fragten, ob ihnen noch etwas fehlte. Schließlich eröffnete Lord Harvey das Meeting.

»Ich nehme an, Ms Stabschef hat Ihnen unsere Entschuldigung ausgesprochen.« Er lächelte. *Mit Charme erreicht man alles*, dachte Bond. »Wir hatten wirklich keine andere Wahl, nachdem wir mit unseren amerikanischen Cousins gesprochen haben, aber Tanner soll Sie ins Bild setzen.«

Bill Tanner begann mit einer Information, bei der Bond sich selbst für seine Nachlässigkeit verfluchte. »Ich sollte Ihnen sagen, dass Schwester Frobisher, die sich um M kümmert, eine von uns ist.« Er lächelte, ganz wie der Vorsitzende. »Nach Ihrem Treffen mit dem Chief gestern hat sie angerufen, also ist Lord Harvey zu M gefahren und hat sich mit ihm unterhalten. M mag Sie beide sehr gern, James und Fredericka. Er hat uns kaum etwas erzählt. Allerdings haben wir sein Schlafzimmer abgehört, also wussten wir schon, was Sie im Schilde führen.« Wieder lächelte er, als er ein Bündel Notizen in die Hand nahm. »Aber das ist nicht der eigentliche Grund, warum Sie hier sind. Wie der Vorsitzende schon sagte, hatten wir gestern eine lange Diskussion mit den Amerikanern. Wie sich herausgestellt hat, lagen wir falsch. Sie erlauben Ihnen gern, auf ihrem Gebiet zu operieren. Sie werden Ihnen auch Verstärkung zur Verfügung stellen, wenn es nötig ist.«

»Hätten Sie uns nicht einfach eine Nachricht zukommen lassen können, anstatt uns hierher zurückzuschleppen?«

»Ah.« Es war Lord Harvey, der antwortete. »Ich wünschte, das wäre gegangen, Captain Bond. Leider haben Sie technisch gesehen gegen unsere Anweisungen verstoßen, und außerdem gibt es eine ganze Menge zu erzählen. Die Amerikaner suchen Max Tarn genauso dringend wie wir, wie sie mit uns geteilt haben. In Wahrheit sind sie ziemlich glücklich über die Aussicht, ihn in Puerto Rico zu schnappen. Sie hatten ihn noch nicht konkret ins Visier genommen, aber was wir ihnen erzählt haben, war Musik in ihren Ohren. Wir haben ihnen einige Informationen gegeben, eigentlich alles – außer seiner Nazi-Verbindung natürlich –, woraufhin sie ihn sofort identifiziert haben.«

»Wie das?«

»Unsere Beweise über Tarn passen zum Profil von jemandem, nach dem sie gesucht haben. Ihr Codename ist treffend, also haben wir uns entschlossen, ihn ebenfalls zu benutzen.«

»Wie lautet der Codename?«

»Apokalypse. So haben sie den Schatten genannt, den sie jagen. Guter Name, nicht wahr?«

»Sehr originell.« Er konnte sich einen satirischen Unterton nicht verkneifen.

»Ich dachte mir, dass es Ihnen gefällt.« Harvey zog eine Augenbraue hoch und signalisierte damit, dass er Bond voll und ganz zustimmte.

Tanner übernahm und erzählte ihnen die ganze Geschichte. Die Vereinten Nationen hatten eine Untersuchung über die undurchsichtigen Geschäfte des sogenannten »Internationalen Waffenbasars« eingeleitet und ihre Abrüstungskommission hatte bereits einige Fortschritte bei den amerikanischen und britischen Kontakten erzielt.

»Bisher haben sich die Vereinigten Staaten mehr Sorgen um die Waffen gemacht, die auf den Straßen ihrer Städte gelandet sind, aber das ist ein innenpolitisches Problem, und zwar ein sehr ernstes.« Tanner blickte wieder auf seine Notizen. »Sie haben erkannt, dass der Waffenhandel, der über die USA läuft, unglaubliche Ausmaße angenommen hat. Wir konnten ihnen auch Beweise dafür liefern, dass Max Tarn hinter mindestens zwei Dritteln dieser Geschäfte steckt und Amerika und seine Basis in Puerto Rico in eine Art Kaufhaus für Kleinwaffen verwandelt hat – für Pistolen, Sturmgewehre, halb automatische Waffen, Sprengstoff und Munition. Diese werden an eine ganze Reihe von Organisationen und Ländern weiterverkauft. Darüber haben wir bereits in Bezug auf Tarn gesprochen und die Amerikaner sind hellhörig geworden, als wir ihnen gezeigt haben, was wir über ihn haben. Wir wissen bereits, dass zu seinen Kunden die kolumbianischen Drogenbarone, die irischen Waffenschmuggler, die japanischen Verbrecherbosse und – wenig überraschend – die Embargobrecher in Kroatien gehören. Die Amerikaner wiederum haben ihn mit den Ländern im Nahen Osten in Verbindung gebracht, die tabu sind.

Tarn hat wirklich ganze Arbeit geleistet. Erst letzten Monat hat die US-Regierung den Export von einer halben Million Schusswaffen nach Argentinien genehmigt. Diese Waffen sind allerdings nicht in Argentinien gelandet, sondern wurden von der Tarn-Organisation geschickt umgeleitet und auf die Kolumbianer und Käufer in Europa aufgeteilt.«

Tanner fuhr fort, dass die Leute von Max Tarn weiter gegangen waren als alle anderen illegalen Waffenhändler. Es war ihnen sogar gelungen, die Regierungscomputer in Washington anzuzapfen und mit ein paar technischen Tricksereien Hunderte von Geschäften zu genehmigen, bei denen Waffen und militärisches Material unterschlagen wurden.

»Die Kommission für Waffenhandel war in den letzten Jahren stark unterbesetzt«, so Tanner weiter. »In letzter Zeit haben sie nicht nur die Lieferung von Kleinwaffen nach

Argentinien aufgedeckt, sondern auch große Mengen von Artilleriegranaten, Kampfflugzeugen, Zündern und Raketen, die vom US-Außenministerium für Jordanien freigegeben waren, aber im Irak gelandet sind. Das ganze Geschäft hat unglaubliche Ausmaße angenommen. Wir konnten eine Menge Informationen liefern.«

»Das heißt, Sie werden uns tatsächlich erlauben, nach Puerto Rico zu fliegen?« Das war alles, woran Bond interessiert war: aktiv zu werden.

»Unter anderem, ja.« Der Vorsitzende sprach vom anderen Ende des Tischs. »Noch gestern hätten wir uns selbst in unseren wildesten Träumen nicht vorstellen können, dass die US-Behörden einem solchen Plan zustimmen würden. Die Dinge haben sich also dramatisch geändert, und obwohl ich Sie nicht dafür loben kann, dass Sie sich über unsere Anweisungen hinweggesetzt zu haben, habe ich jetzt die Befugnis, diese Anweisungen zu ändern. Die Festnahme von Max Tarn wäre für uns ein Triumph.«

»Wir können also mit Ihrem Segen weitermachen?«

»Nicht so schnell, Bond. Ja, Sie dürfen nach Puerto Rico einreisen – möglicherweise zusammen mit ein oder zwei anderen Personen, die Sie wahrscheinlich gar nicht bemerken werden –, aber ich sollte Sie warnen: Stand heute Morgen haben die amerikanischen Behörden keinerlei Hinweise darauf, dass sich Tarn in der Karibik aufhält. Er ist tatsächlich noch in Deutschland – in Tarnenwerder und Wasserburg.«

»Ich hatte auch nicht erwartet, dass er in San Juan ist, wenn wir ankommen.« Bond erhob seine Stimme. »Ich habe Ihnen doch gesagt, dass er sicher bald dort hinfährt.«

»Oh ja, daran besteht kein Zweifel, vorausgesetzt, niemand warnt ihn und sagt ihm, dass er sich fernhalten soll. Wir haben sogar eine Adresse für Sie. Er hat eine recht große Villa auf der Insel. In der Nähe der Stadt Ponce, auf der Karibikseite. Seine Immobilien in San Juan beschränken sich auf eine kleine Wohnung und vor allem seine Lagerhäuser in der Nähe des Hafens. Diese sind mit ziemlicher Sicherheit mit genug militärischer Ausrüstung vollgestopft, um den Dritten Weltkrieg anzuzetteln, und werden ausschließlich von seinen Containerschiffen bedient. Allerdings gibt es in dem, was unsere amerikanischen Freunde als sein Domizil bezeichnen, alle Annehmlichkeiten, die man von jemandem seines Standes erwartet: Tennisplätze, Swimmingpools, Bedienstete. Tarn zügelt sich in seinem Privatleben nicht.«

»Bei dem Geld, das er mit dem Handel mit dem Tod verdient, kann er es sich leisten, ein wenig zu prassen.«

»Ja.« Harvey hob seinen Blick und warf Bond einen vernichtenden Blick zu. »Ja, ich hörte, dass Sie den Luxus einem eher bürgerlichen Leben vorziehen.«

Er ignorierte die Bemerkung. »Also, worauf warten wir noch?«

Nach einer kurzen Pause nickte der Vorsitzende in Richtung der Direktorin des Security Service. »Man sagte mir, Captain Bond, dass Sie anscheinend einen Draht zu unserem persönlichen Maulwurf, dem ehemaligen Staatssekretär, haben.«

»Ich habe gestern mit ihm gesprochen.«

»Ja, und zwar mit großem Erfolg. Sie haben ihm allerdings einige nicht autorisierte Versprechen gemacht.«

»Die auf Tatsachen beruhen. Sie wissen so gut wie ich, Ma'am, dass niemand in diesem Raum die kleine Ratte vor Gericht sehen will, nicht mit all den Zeitungs- und Fernsehreportern, die das anziehen würde. Wenn Sie den ehemaligen Staatssekretär vor einen Richter stellen, werden einige von Ihnen zum Gespött der Leute werden. Vor ein paar Jahrzehnten hätte er sich wahrscheinlich die Masern eingefangen – ich glaube, so haben wir das damals genannt. Dann hätten wir es mit einem kleinen Selbstmord zu tun gehabt und jemand von ganz oben hätte Beweise dafür vorgelegt, dass er unter unglaublichem Druck stand. Heutzutage machen wir so was nicht mehr, also müssen wir ihm einen Deal anbieten. Immerhin wissen nur sehr wenige Leute, was vorgefallen ist.«

»Ich für meinen Teil kann mich nicht zu irgendwelchen Deals äußern, Captain Bond. Aber wir müssen uns ans Gesetz halten. Niemand von uns steht darüber.«

»Oder darunter.«

»Wenn Sie das sagen. Nun, Captain, wir haben *Ihnen* einen Deal zu bieten. Wir sind der Meinung, dass unser ehemaliger Herr und Meister Ihnen vertraut, egal wie die Sache ausgehen mag und welche Auswirkungen sie auf sein Leben haben wird. Niemand in Tarns Lager darf ahnen, dass wir ihn erwischt haben, also wollen wir, dass Sie dafür sorgen, dass er seinem ehemaligen Herrn ein paar Informationen zukommen lässt.«

»Was für Informationen, Ma'am?«

»Oh, nur ein paar einfache Hinweise. Die Tatsache, dass unsere Suche in Großbritannien und in Deutschland, wo er zuletzt gesehen wurde, weitergeht, und natürlich, was sonst noch so Ihrer wilden Fantasie entspringt. Ich bin sicher, Sie werden ihm die passenden Worte mitgeben. Übrigens ist er in einer unserer wenigen verbliebenen sicheren Wohnungen untergebracht, keine fünfzehn Autominuten von hier.«

»Sie haben gesagt, dass Sie mir einen Deal zu bieten hätten.«

»Aber sicher. Bringen Sie ihn dazu, die richtigen Worte zu sagen, halten Sie seine Hand, bleiben Sie bei ihm, während er die Informationen weitergibt, und wir lassen Sie und Fräulein von Grüsse gleich morgen früh nach Puerto Rico aufbrechen.«

»Einverstanden.« Er warf einen Blick zu Flicka, die zurücknickte. »Ich nehme an, Fräulein von Grüsse kann bei dem Gespräch anwesend sein?«

»Wir werden alle anwesend sein, Captain Bond. Sie werden uns nicht sehen, aber wir werden da sein.« Sie warf ihm einen vielsagenden Blick zu. »Oh, übrigens, sie sprechen sich alle mit Vornamen an. Unser ehemaliger Vorsitzender heißt Christopher.«

Er kannte die sichere Wohnung bereits. Sie lag im dritten Stock eines Wohnblocks mit Dienstwohnungen an der Ecke Marylebone High Street und New Cavendish Street. Sie hatten den Staatssekretär sehr komfortabel untergebracht.

»Sie haben alles, was Sie brauchen, Christopher?«, begrüßte Bond ihn. »Zwei nette Bewacher, gutes chinesisches und indisches Essen?«

»Ich hasse chinesisches Essen, aber das Curry ist gut.« Er sah viel besser aus als bei seinem letzten Verhör im Innenministerium. »Sind Sie gekommen, um mir eine Begnadigung zu bringen?«

Bond schüttelte den Kopf und Flicka sagte, es täte ihr leid, aber das ginge jetzt noch nicht.

»Ich habe gesagt, dass ich unter Ausschluss der Öffentlichkeit gegen Tarn aussagen werde. Es wird Zeit, dass wir hier ein gutes Zeugenschutzprogramm einrichten wie in den USA.«

»Wir können nicht alles haben, Christopher.« Er wandte sich an die beiden Leute vom MI5, die auf den Gefangenen aufpassten, und bat sie, ihn mit ihm allein zu lassen. »Ein Gespräch von Mann zu Mann, Sie kennen das ja.«

Sie hatten bereits entsprechende Befehle erhalten und so zogen sich die Männer für Bonds Geschmack etwas gestellt widerwillig zurück.

»Also, worum geht es?« Natürlich konnte der Mann in seiner Situation nur an sich selbst und seine Zukunft denken.

»Es ist noch nichts entschieden, Chris. Wir haben mit einer ganzen Reihe von Leuten gesprochen, und wie ich Ihnen gestern schon gesagt habe, glaube ich nicht, dass Sie jemals einen Gerichtssaal von innen sehen werden. Allerdings ist es möglich, dass Sie den Rest Ihres Lebens in irgendeinem abgelegenen Teil der Welt mit zwei Aufpassern verbringen, die alle drei Monate ausgewechselt werden. Wenn Sie völlige Freiheit wollen, müssen Sie kooperieren.«

»Ich habe ihnen bereits gesagt, dass ich …!«

»Jaja, Christopher, wir wissen, was Sie versprochen haben. Glauben Sie mir, wir wissen es, und was das angeht, werden sich alle dankbar zeigen. Aber Dankbarkeit ist nicht gleich Dankbarkeit. Sie kommt in vielen verschiedenen Formen. Es gibt da etwas, das Sie für uns tun können und das Ihnen ein wenig helfen wird.«

»Ich tue alles.«

Christopher, entschied Bond, war ein Weichei.

»Sagen Sie, war die Telefonnummer in Wasserburg Ihre einzige Möglichkeit, mit Max Tarn und seinen widerwärtigen Freunden in Kontakt zu treten?«

»Ich habe mir ein Beispiel an Ihren Methoden genommen, Bond. Wir haben verschiedene tote Briefkästen und Telefoncodes benutzt.«

»Sonst kein direkter Kontakt?«

»Nur das Telefon, das Sie abgehört haben. Auf Tarns Seite war alles extrem sicher, bis zu dem letzten Vorfall. Ich vermute, dass es sich um eine Art elektronische Spielerei handelt, denn manchmal komme ich durch und manchmal erreiche ich nur diesen Dreckskerl Maurice Goodwin. Wir sprechen uns sogar mit Vornamen an. Über das Telefon konnte ich auch ein richtiges Treffen mit einem von ihnen arrangieren.«

»Sie haben das Telefon also manchmal benutzt, wenn Sie ein Treffen mit einem Mittelsmann wollten, der Ihnen Geld gegeben hat, richtig?«

»Manchmal.«

»Normalerweise.«

»Nicht immer, nein.«

»Würden Sie für uns diese Nummer anrufen?«

»Wie gesagt, ich tue alles.«

»Wir werden Ihnen vorschreiben, was Sie zu sagen haben.«

»Ich bin nicht völlig bescheuert. Das ist mir klar.«

»Wir können es sogar von hier aus tun, Christopher. Aber wenn Sie vom Drehbuch abweichen, jage ich Ihnen eine Kugel in den Kopf. Man lässt mir da freie Hand.«

»Ich glaube Ihnen. Was steht in dem Drehbuch?«

»Wir werden gemeinsam daran arbeiten.«

Christopher wartete mindestens fünfzehn Sekunden, bevor er fragte, ob sie weitermachen könnten.

Was sie schließlich ausarbeiteten, zielte darauf ab, Tarn noch mehr in seinen Größenwahn hineinzusteigern, und erst eine Stunde später wählte Christopher die Nummer. Sie hatten als zusätzliche Vorsichtsmaßnahme Kopfhörer an das Gerät angeschlossen, sodass Bond alles mithören konnte. Flicka vertrieb sich die Zeit mit einer Patience und ihr zukünftiger Ehemann bemerkte, dass sie die Karten wie eine erfahrene Glücksspielerin handhabte.

»Ja?«, meldete sich jemand am anderen Ende und er erkannte sofort die Stimme von Tarns rechter Hand, Maurice Goodwin.

»Maurice, hier ist Christopher«, las der ehemalige Staatssekretär von dem Block ab, auf dem er sein Skript in seiner eigenen, klaren und etwas schuljungenhaften Handschrift notiert hatte.

»Was können wir für Sie tun, Christopher? Erwarten Sie vorerst kein Geld. Wir sind ein wenig beschäftigt.«

»Es tut mir leid, Sie zu stören, aber ich dachte, es wäre besser, wenn ich Ihnen das Neueste mitteile. Es ist ziemlich wichtig.«

»Schießen Sie los.«

»Die Leute hier waren ziemlich wütend über diese Sache mit Lady T. in London. Jetzt wird Sir Max wegen Mordes gesucht, auch wenn sie nichts an die Presse weitergeben. Sie glaubt weiterhin, dass Lady Tarn bei dem Autounfall ums Leben gekommen ist, also schweigen die Behörden. Tatsächlich wird sowohl in Deutschland als auch hier noch nach Sir Max gesucht. Und dieser Agent, Bond, ist ebenfalls verschwunden.«

Goodwin gluckste. »Der ist tot. Und es war kein schönes Ende. Schlimme Sache mit Lady T., aber es musste sein. Die arme Trish hat sich zu tief in die Nesseln gesetzt. Sie hat dem Chef gedroht, und zwar nicht im Scherz. Jedenfalls ist es gut zu wissen, dass sie es nicht mehr in die Klatschspalten schaffen wird. Sonst noch was?«

»Ja, Bond ist nicht tot. Er hat Sie reingelegt und ist gestern wieder hier aufgetaucht.«

Goodwin fluchte heftig. »Was sagt er? Was passiert jetzt?«

»Er ist gefeuert worden – er und seine Freundin. Na ja, sie wurden vom Dienst suspendiert. Ich glaube, er wollte Sie eigenhändig fertigmachen. Ich soll sie unter Beobachtung halten – da kann ich nur lachen. Immerhin habe ich die volle Kontrolle über diese gesamte Angelegenheit.«

»Und?«

»Und raten Sie mal? Die beiden sind durch London gerannt, um Geld zu besorgen und Flugtickets zu kaufen.«

»Wohin wollen sie?«

»Direkt in die Arme von Sir Max, denke ich. Sie fliegen morgen ab. Von Gatwick nach Atlanta, Georgia, dann weiter nach San Juan. Ich kann die Polizei und den MI5 abziehen und sie abfliegen lassen, wenn Sie sie selbst ausschalten wollen.«

»Was für ein Zufall.« Goodwin stieß in der Ferne ein schallendes Gelächter aus. »Es ist nichts so schlecht, dass es nicht auch was Gutes hat. Danke, Christopher. Vielleicht bekommen Sie dafür einen Bonus. Lassen Sie sie abfliegen.«

»Ich tue nur, wofür ich bezahlt werde, Maurice.« Die Verbindung wurde unterbrochen und Christopher legte langsam den Hörer auf. »Wie war ich?«

»Bester Schauspieler des Jahres. Das gibt einen Oscar und unseren herzlichen Dank.« Bond schaffte es sogar, diesen unangenehmen Mann anzugrinsen.

Am nächsten Morgen wurden sie nicht aufgehalten, als sie durch die Passkontrolle in Gatwick wollten, und der Flug nach Atlanta hob pünktlich ab.

Flicka wirkte in Gedanken versunken, als sie aus dem Fenster blickte.

»Alles in Ordnung, Flick?«, fragte er.

»Natürlich, Liebster. Natürlich. Ich hatte nur gerade ein komisches Gefühl und bin ein wenig sentimental. Wer weiß, ob ich diesen Anblick je wieder zu Gesicht bekomme?«

»Natürlich wirst du das.« Er wandte sich ab, denn obwohl er überzeugt war, die Wahrheit gesagt zu haben, empfand er ebenfalls eine unterschwellige Furcht – seine eigene Sterblichkeit, über die er normalerweise nur selten nachdachte, wurde ihm deutlich bewusst.

19

Ein alter texanischer Cowboy

Aus der Luft sah Puerto Rico üppig und wunderschön aus: ein grünes, anmutiges Land, umgeben von einem schimmernden Meer. Als sich ihr Flugzeug den felsigen Stränden näherte, wirkte die Brandung unter ihnen unbeweglich, wie nach einem wunderbaren Modell geformt, umgeben von einem sagenhaften smaragdgrünen Meer. Vierhundert Jahre lang hatte Puerto Rico – Reicher Hafen – seinem Namen alle Ehre gemacht: wohlhabend und mächtig, das strategische Tor zur Karibik, gekühlt von den sanften Passatwinden, beschützt von Spanien, aber auch Beute von Piraten und habgierigen Ländern, die diese Anlaufstelle für die Neue Welt begehrten.

Im späten zwanzigsten Jahrhundert war die Insel erneut reich geworden, diesmal durch den Tourismus. Es verging kaum ein Tag, an dem nicht ein großes Kreuzfahrtschiff im Hafen von San Juan anlegte, und die neuen Luxushotels und Kasinos, die das Ufer der Lagune von San José säumten, lockten Urlauber und Glücksspieler an.

Doch neben ihrer Opulenz und ihren Naturwundern hatte diese schöne Insel auch eine Schattenseite. Vor allem in der Altstadt von San Juan waren die Probleme mit Drogen, Armut und Gewalt oft kaum zu übersehen.

Beim Landeanflug auf den Flughafen Luis Muñoz Marin International bemerkte Bond, dass es so aussah, als würden sie auf der riesigen Brücke landen, die über die Lagune führte und erst kürzlich fertiggestellt worden war. Sie schienen so tief zu sein, dass sie unterhalb der Spitzen der Hochhäuser flogen, und Flicka, die die Gefahren beim Anflug und bei der Landung von Verkehrsflugzeugen normalerweise gar nicht wahrnahm, schloss die Augen und wartete auf das sichere Aufsetzen der Räder des großen Flugzeugs auf einer selbst für Bonds Geschmack etwas zu schmalen Landebahn, wobei es der Baumreihe auf der linken Seite ein wenig zu nah kam.

Niemand verlangte nach Pässen oder anderen Dokumenten und der Gepäckträger, der ihnen das Gepäck vom Band holte, schien froh darüber zu sein, ihnen ein Taxi rufen zu können, und war noch glücklicher über sein Trinkgeld. Der Fahrer des Taxis fragte, ob ein Preis von zwanzig Dollar für sie in Ordnung sei. Bond nickte und der Fahrer schaltete sofort den Zähler aus.

Sie fuhren an der Lagune entlang, wobei sie einen Blick auf die neuen Hotels werfen konnten, in denen die Kreuzfahrtpassagiere oft in Massen für eine oder zwei Nächte übernachteten, entweder vor der Abreise oder am Ende der Kreuzfahrt. Diese modernen Bienenstöcke mit ihren großen Kasinos und einer Vielzahl von Restaurants, darunter auch aus den USA importierte Fast-Food-Lokale, waren oft alles, was die Besucher zu sehen bekamen, abgesehen von einem kurzen Abstecher in die Altstadt von San Juan und zu den beiden großen Forts, dem Castillo San Felipe del Morro – meist einfach nur El Morro genannt – und dem Castillo de San Cristóbal. Diese Festungsanlagen gehören zu den größten noch erhaltenen der Welt.

Ihr Fahrer umrundete die Altstadt und setzte sie schließlich auf einem kleinen Platz gegenüber der Kathedrale San Juan ab. Gepäckträger eilten die Stufen zu ihrer Linken hinunter, und als Bond den Taxifahrer bezahlte, erblickte er den imposanten Eingang des Gran Hotel El Convento, zweifellos eines der außergewöhnlichsten Hotels der Welt. Zweihundertfünfzig Jahre lang war El Convento das Zuhause der Karmelitinnen auf der Insel gewesen. Jetzt, Jahrhunderte später, hatte sich das wunderschön renovierte Gebäude in eine einzigartige Karawanserei verwandelt.

Nachdem sie die Treppe hinaufgestiegen und durch die alten Türen getreten waren, wurden sie wie königliche Gäste empfangen und – was ungewöhnlich war – direkt zu ihrem Zimmer geführt. Sie durchquerten einen Bereich mit hohen Gewölbedecken, gingen unter Kreuzbögen hindurch, warfen einen kurzen Blick auf einen ummauerten Garten mit einem modernen Swimmingpool und stiegen dann in den ersten Stock hinauf, wo sie ein wunderschönes, helles Zimmer mit einem großen Himmelbett erwartete. Die modernen Ergänzungen verschmolzen gekonnt mit dem Alten.

»Glaubst du, hier spukt der Geist einer Nonne?« Flicka lachte. »Ich meine, wir haben hier wahrscheinlich gerade die Zelle einer alten heiligen Frau in Beschlag genommen.«

»Ich glaube nicht, dass, wer auch immer hier vorher gelebt hat, den Ort wiedererkennen würde. Die Karmelitinnen sind ein recht strenger Orden. Sie wüssten nicht mal, wie man den Fernseher einschaltet.«

Sobald sie sich eingerichtet hatten, sollten sie die Anmeldeformalitäten erledigen, also ging Bond hinunter, füllte den Papierkram aus und fragte, ob irgendwelche Gepäckstücke für sie angekommen seien.

Die junge Frau an der Rezeption teilte ihm mit, dass die zwei speziellen Koffer direkt aufs Zimmer geliefert würden.

Er war schon auf dem Rückweg, als sich eine Stimme hinter ihm meldete, die er sofort wiedererkannte.

»Gerade noch rechtzeitig für einen Drink vor dem Essen, James, alter Kumpel.«

»Felix!« Er drehte sich um und konnte kaum glauben, dass sein alter Freund Felix Leiter auf seinen Gehstock gestützt hinter ihm stand, mit einem breiten Lächeln auf dem gegerbten texanischen Gesicht.

»Klar, schön, dich hier zu sehen, James. Du hast dich nicht verändert, wie ich sehe. Mir ist aufgefallen, dass du mit einer hinreißenden Dame im Schlepptau gekommen bist.«

»Was die Dame angeht, habe ich eine Überraschung für dich.« Er sah seinen alten Freund liebevoll an, der viele Jahre lang für die Central Intelligence Agency gearbeitet hatte. Diese Karriere war bei einem gemeinsamen Einsatz mit Bond durch eine Begegnung mit einem Hai jäh beendet worden, obwohl man ihm kaum ansah, dass er ein Bein und einen Arm verloren hatte. Zwar benutzte er einen Stock, aber die Bein- und Armprothesen ermöglichten ihm ein fast normales Leben.

»Bist du geschäftlich hier?« Bond trat dicht an seinen alten Freund heran.

»Aus dem Geschäft ist man nie ganz raus, James. Das solltest du wissen. Sie haben einfach an meiner Leine gezerrt und mich zurückgeholt. Als sie mir gesagt haben, dass es um dich geht, konnte ich nicht Nein sagen. Wie dem auch sei, das Hotel ist gut, und das Essen und die Getränke sind mehr als erträglich.«

»Wie geht es Cedar?« Cedar Leiter war Felix' Tochter, die in die Fußstapfen ihres Vaters getreten war. Sehr zur Besorgnis ihres Vaters hatte sie vor einigen Jahren sogar mit Bond an einem Fall gearbeitet.

»Cedar ist charmant wie eh und je. Sie überlegt zu heiraten, aber ich habe da meine Zweifel.«

»Warum? Sie ist ein tolles Mädchen.«

»Kannst du dir vorstellen, dass Cedar einen jungen Mann heiratet, der noch nie in seinem Leben arbeiten musste, weil sein Vater im Ölgeschäft ein Vermögen verdient hat, damals, als die USA noch Benzin im Überfluss produziert haben?«

»Sie wird sein Geld schon unter die Leute bringen.«

»Sicher, aber ich habe das Gefühl, dass sie ihn bald stinklangweilig finden wird. Der Typ hat so viel Geld und hat es noch nie weiter geschafft als bis nach New York City – und er denkt, dass diese Lasterhöhle ›cool und abgefahren‹ ist. Das waren seine exakten Worte, und er ist über vierzig.«

Bond lehnte sich näher heran und seine Lippen bewegten sich kaum. »Du weißt Bescheid?«

»Über Apokalypse? Klar, ich weiß so viel wie du. Ich war sogar schon auf der anderen Seite der Insel, um mir das kleine

Landhaus anzusehen, das er hier hat. Ich fahre morgen mit dir hin.«

»Wir arbeiten also wieder zusammen, was?«

»Ich bin dein Reiseführer, Philosoph und Freund, James. Und jetzt geh los und bring deine Lady zur Campana Bar. Magst du deine Martinis immer noch geschüttelt, nicht gerührt? Und mit denselben Zutaten?«

»Ja, auch wenn der Autor eines Buches namens *Drinkmanship* sagt, dass diese Mischung völlig falsch ist.«

Leiters Lachen folgte Bond, als er mit langen Schritten in Richtung des Kreuzgangs und ihres Zimmers ging, wo ein Gepäckträger gerade zwei schwere Aluminiumkoffer abstellte.

»Was mag da wohl drin sein?« Flicka hatte bereits ausgepackt und geduscht. Sie saß an dem eleganten kleinen Schminktisch und trug ihre Kriegsbemalung auf, wie sie es gern nannte. »Die sehen aus wie Kamerakoffer.«

»Nur eine Spur tödlicher.« Er stellte die vereinbarten Codes an den Schlössern der Koffer ein und fand den Zettel im ersten, den er öffnete. Ann Reilly hatte ihr Bestes gegeben, um den größeren Gegenstand zu beschaffen, um den er gebeten hatte.

Einige unserer Freunde, so hatte sie geschrieben, *werden dafür sorgen, dass du das Ding bekommst, wenn du es wirklich brauchst.*

Während er die Waffen, Munition und dergleichen durchging, die in den Koffern durch Schaumstoffplatten gesichert waren, erzählte er Flicka von Felix Leiter.

»Du meinst, ich lerne ihn endlich mal kennen?« Sie hatte schon viel über seinen alten Freund gehört.

»Du wirst ihn auf jeden Fall kennenlernen.« Er hob die Schaumstoffplatte am Boden der zweiten Kiste an und fand dort fünf kleinere Kistchen, die etwa fünfzehn Zentimeter lang und fünf breit waren. »Sie hat es geschafft«, murmelte er. »Kleine Juwelen.« Er fragte sich, wie um alles in der Welt Q'utie es wohl geschafft hatte, Sprengstoff auf die Insel zu schmuggeln.

»Wo?«

»Nicht deine Art von Juwelen, Schatz. Diese Art befördert Leute ins Jenseits. Übrigens, trägst du heute Abend einen Rock?«

»So gehe ich jedenfalls nicht runter, Liebling. Ich glaube nicht, dass ich mich damit sehr beliebt machen würde.«

»Im Gegenteil, du wärst bei allen Männern in diesem Hotel außerordentlich beliebt außer bei mir. Rock oder Hosenanzug?«

»Rock.«

»Dann bitte sehr. Deine Lieblingsberetta und ein Oberschenkelholster.«

»Oh, wie du es am liebsten magst, James.« Sie nahm das Holster und schnallte es sich um. Es erinnerte ihn an das erste Mal, dass er ihre Oberschenkel gesehen hatte – als sie in der Schweiz plötzlich eine Pistole aus genau so einem Holster gezogen hatte.

Während sie sich fertig anzog, duschte er schnell und schlüpfte in eine Stoffhose, bequeme Mokassins und ein weißes Hemd, über das er einen leichten Blazer zog – hauptsächlich um die Wölbung der ASP zu verbergen.

Schließlich, nachdem sie ihren Schmuck mehrfach gewechselt hatte – und nach vielen »Was meinst du, James? Das hier oder das?« –, gingen sie zu Felix in die Campana Bar, der schon ein paar Martinis bereithielt. »Nur damit du nicht zu weit zurückfällst.«

Er umarmte Flicka herzlich und behauptete, Bonds Freundinnen fänden ihn immer unwiderstehlich.

»Ich fürchte, bei Flicka ist das anders, Felix.« Dann überbrachte er dem Amerikaner die frohe Kunde.

»Du willst mich wohl auf den Arm nehmen? *Du*, James?« Dann sah er Flicka an. »Sag mir, dass er mich auf den Arm nimmt.«

»Ich fürchte nein, Felix. Diesmal ist es echt, aber sag es um Himmels willen niemandem. Die würden mich schneller zurückpfeifen, als du gucken kannst.«

Felix sagte, er sei der vertrauenswürdigste Mann seit George Washington, aber diese Nachricht verlange natürlich nach Champagner, den er sofort bestellte. Unter dem Schutz der kleinen Zeremonie der Kellner beugte er sich vor und sprach leise zu Bond. »Da drüben ist ein Gesicht, das ich irgendwoher kenne, James. Hast du ihn schon mal gesehen?«

Es waren nur drei weitere Personen in der Bar. Zwei Männer und eine Frau, die sehr entspannt in ein Gespräch vertieft zusammensaßen.

»Der mit dem Bart?«

»Genau der. Ich habe ihn irgendwo gesehen, vielleicht auch nur sein Foto.«

»Bei *America's Most Wanted*?«

»Sei nicht albern. Ich rede von einer großen Nummer. Der Typ ist für irgendwas berühmt.«

»Ich kenne das Gesicht vage, aber ich kann ihm keinen Namen zuordnen. Kein Grund zur Beunruhigung.«

Trotz seiner letzten Bemerkung warf Bond einen genaueren Blick auf das Trio. Der bärtige Mann war klein und stämmig, wahrscheinlich Ende vierzig und hatte ein markantes, wettergegerbtes Gesicht. Die Frau konnte alles zwischen achtzehn und fünfunddreißig Jahre alt sein. Sie hatte eins dieser unscheinbaren Gesichter und dunkles Haar, das ihr schlaff um die Schultern hing, sodass sie es regelmäßig mit einer schlanken Hand zurückstreichen musste. Das letzte Mitglied der Gruppe war glatt rasiert, hatte ein ernstes Gesicht und schütteres Haar. Er hatte das Auftreten eines Akademikers, leicht hängende Schultern und helle Augen hinter einer Brille mit Drahtgestell.

Felix war in Höchstform und unterhielt sie mit einem Schatz an Geschichten, die alle angeblich wahr waren und von denen die meisten ihm selbst widerfahren waren. Bond hatte vergessen, was für ein guter Geschichtenerzähler und angenehmer Gefährte sein alter Freund sein konnte, und sie entspannten sich beim Abendessen, das Felix, wie es seine Art war, für sie bestellte.

Er war sich offensichtlich darüber im Klaren, dass sie nach der langen Reise nichts Schweres essen wollten, also aßen sie Räucherlachs und Salat Niçoise, gefolgt von einer unvergesslichen Mousse au Chocolat.

Leiter schlug vor, dass sie in die Bar zurückkehren sollten, um einen Kaffee und, wie er es nannte, »ein bisschen Feuerwasser zu trinken, damit wir schlafen können«.

Das Trio war immer noch da und er sah den bärtigen Mann, als sie eintraten. Wie Felix nun mal war, sprach er ihn sofort an. »Ich bin nur ein alter texanischer Cowboy, aber ich kenne Sie irgendwoher, Sir. Sie sind für irgendwas berühmt, aber ich weiß nicht, wofür genau.«

Das Gesicht des bärtigen Mannes verzog sich zu einem breiten, fast jungenhaften Grinsen. »Sie müssen ein paar sehr spezielle Zeitschriften gelesen haben, Sir. Ich bin nur auf meinem Gebiet bekannt. Mein Name ist Rex Rexinus …«

»Ich bin Felix Leiter und Sie sind Meeresbiologe, richtig?«

»Ganz genau.«

»Seht ihr«, wandte sich Felix an seine Freunde, »ich hab euch doch gesagt, dass dieser Kerl berühmt ist. Sie haben ein Buch über Tiefseefische geschrieben.«

»Wenn Sie sich da durchgearbeitet haben, müssen Sie sehr belesen sein. Ich bezweifle, dass Sie wirklich ein alter Cowboy sind.«

»Vielleicht hab ich da ein wenig übertrieben. Ich hab schon in allen möglichen Branchen gearbeitet. Aber es hat mich gefreut, Sie kennenzulernen, Dr. Rexinus.«

»Bitte, setzen Sie sich zu uns.« Rexinus stand auf und holte bereits Stühle heran.

»Dann müssen Sie meine Freunde kennenlernen. Das ist …«

»James Busby und das ist meine Frau.«

»Und meine Freunde.« Rexinus beugte sich vor und schüttelte ihnen die Hand. »Das ist Dr. Vesta Motley und mein anderer Freund hier ist Professor Afton Fritz.«

»Nicht etwa Professor Fritz, der Biochemiker?«

»Sie sind eine wandelnde Enzyklopädie, Mr Leiter. Ja, ich bin Biochemiker, genau wie Dr. Motley – unter anderem.«

Fritz hatte eine etwas schrille Stimme, die irgendwie nicht zu seinem Gesicht passte, während Vesta Motleys »Sehr erfreut« sehr britisch steif war.

Sie bestellten Getränke und unterhielten sich ein wenig, bis Felix, der immer noch den Texaner im Ausland spielte, fragte: »Was um Himmels willen bringt ein paar Biochemiker und einen renommierten Meeresbiologen nach San Juan? Ich hab noch nie davon gehört, dass es in San Juan Biochemiker gibt. Was machen Sie alle hier?«

»Gute Frage, Felix.« Rexinus legte den Kopf in den Nacken und lachte. »Wir dachten, wir hätten etwas Gutes gefunden. Vor etwa einem Jahr hatten wir drei eine Idee, von der wir glaubten, dass sie der Welt nützen würde, aber wir hatten nicht das Geld, um unsere Forschungen umzusetzen.«

»Ist das nicht immer so?«

»Normalerweise, ja. Aber dann haben wir plötzlich einen Wohltäter gefunden und jetzt wissen wir nicht, was wir tun sollen. Da draußen im Hafen liegt ein herrliches schwimmendes Labor und wir haben festgestellt, dass wir uns alle drei geirrt haben.« Er unterstrich das mit einem weiteren Lachen. »Sehen Sie, wir lagen mit unserer Theorie nur halb richtig, was im Prinzip dasselbe ist, wie völlig falschzuliegen. Jetzt sitzen wir sogar noch tiefer im Schlamassel, weil der sehr großzügige und reiche Mann, der das ganze Projekt unterstützt hat, bei einem Autounfall ums Leben gekommen ist und wir keinen Pieps von seiner Firma in London hören.«

»Und wer ist dieser stinkreiche Wohltäter?« Bond rutschte auf seinem Stuhl herum.

»Ein Mann namens Tarn«, stöhnte Rexinus. »Sir Max Tarn. Vielleicht haben Sie schon von ihm gehört.«

»Nur flüchtig«, sagte Flicka einen Hauch zu schnell.

»Ich meine, es tut mir leid für den Kerl, dass er tot ist, aber es macht uns das Leben in gewisser Weise leichter.«

»Wie das?«, fragte Bond steif, als hätte er gerade eine Spritze mit Betäubungsmittel bekommen.

»Nun.« Es war Vesta Motley, die ihm antwortete. »Sir Max ist einer dieser Leute, die Ergebnisse verlangen. Er hat uns ein Jahr Zeit gegeben und uns kurz vor seinem Tod ein Telegramm geschickt, in dem er uns mitteilte, dass er nach San Juan kommen würde, um eine Demonstration unserer Arbeit zu sehen, die wir nicht vorweisen können.«

»Ein harter Zuchtmeister«, murmelte Leiter.

»Oh, der härteste«, antwortete Dr. Motley und ihre beiden Kollegen nickten bestätigend. »Aber Sie müssen an Bord kommen und sich unser Labor, die *Mare Nostrum*, ansehen. Es ist ein unglaubliches Schiff. Der neueste Stand der Technik.«

»Sehr gern«, antwortete Bond. »Wie wäre es mit morgen Abend?«

20

Altertum und Moderne

»Ein alter texanischer Cowboy«, höhnte Bond. »Von wegen.«

»Sei nicht so gemein zu Felix, James. Er hat uns eine Menge Informationen verschafft«, tadelte ihn Flicka.

Es war später Nachmittag und der Tag hatte weitere Informationen geliefert, von denen keine beruhigend war. Jetzt standen sie auf der obersten Plattform des El Morro und blickten über den Hafen.

Die Sticheleien zwischen Bond und seinem alten Freund hatten am frühen Morgen begonnen, als sie das Hotel verlassen hatten, um über die Insel zu der Stadt Ponce zu fahren, die nach dem ersten Gouverneur der Insel, Juan Ponce de Léon, benannt war. Felix, so schien es, hatte an alles gedacht, einschließlich des Mietautos, das er mit den fortschrittlichen Prothesen, die er jetzt trug, fahren konnte. Trotzdem übernahm Bond das Steuer und ließ sich von Flicka und Felix leiten. Nicht dass es viel zu navigieren gegeben hätte, denn die Straßen verliefen einfach geradeaus über die gesamte Breite der Insel, von der Atlantik- zur Karibikseite, und verbanden die Küstenstädte Salinas und Santa Isabel.

»Für einen Amerikaner bist du ein ziemlich belesener kleiner Teufel«, begann Bond.

»Das liegt an der ganzen freien Zeit, die ich hatte, als ich in Krankenhausbetten lag und durch die Gegend gehumpelt bin.«

»Ja, aber ein paar obskure Wissenschaftler zu erkennen war schon eine Leistung.«

»Nicht wirklich. Ich wusste längst, wer sie waren.«

»Ach ja?«

»Ich bin schon ein paar Tage hier und diese drei sind quasi Stammgäste an der Hotelbar. Hier ein Wort, da ein Wort – du weißt ja, wie wir an Informationen kommen, James. Zumindest wusstest du das früher mal.«

»Täuschung«, murmelte Bond.

»Nein, ich fühle nur dem Gegner auf den Zahn. Die drei sind in Gefahr, aber das muss ich euch ja nicht sagen, ihr habt ihren Chef schließlich persönlich getroffen. Meint ihr nicht, wir sollten sie warnen?«

»In Tarns Augen sind sie unschuldig. Sie werden nicht wissen, wie ihnen geschieht, wenn er kommt. Ja, ich hatte schon daran gedacht, ihnen heute Abend die meisten Informationen zu geben. Ich werde vorschlagen, dass sie mit ihrem schwimmenden Labor zu einer der anderen Inseln fahren oder Kurs auf Florida nehmen.«

»Da ist der alte Ponce de Léon gestoben«, sagte Flicka auf dem Rücksitz des kleinen japanischen Autos.

»Woher weißt du *das* denn, Flick?«

»Das steht hier in diesem Reiseführer. Juan Ponce de León wurde ursprünglich mit der Aussicht auf Gold hierhergelockt. Dann zog er mit seiner Armee los, um Florida zu erobern. Dabei wurde er tödlich verwundet.«

»Dieser Reiseführer ist eine wahre Fundgrube an Informationen. Wird darin auch unser spukendes Zimmer im Nonnenkloster erwähnt?«

»Ihr habt ein Zimmer, in dem es spukt?«, fragte Felix.

»Immer zur vollen Stunde. Die wandelnde Nonne. Sie kommt rein und geht schnurstracks durch die Wand wieder raus. In voller Montur, sogar mit Nonnenhaube.«

»Woher willst du das wissen, James? Ich schwöre, Felix, dass er letzte Nacht schon geschlafen hat, bevor er überhaupt im Bett war.«

»Intuition.« Bond nahm eine Hand vom Lenkrad und tippte sich an die Nase. »Ich spüre es, wenn Geister in meiner Nähe wandeln, das ist meine Spezialität.«

»Hör nicht auf ihn, Flicka. Ich kenne ihn schon eine verdammt lange Zeit, länger als du. Wenn du meinen Rat willst, befrei dich aus seinen Fängen und mach dich aus dem Staub. Es ist gefährlich, in seiner Nähe zu sein.«

»Ich weiß.« Sie stieß ein heiseres Lachen aus. »Das ist Teil seines Charmes.«

»Hoffentlich verlierst du nicht wie ich einen Arm und ein Bein.« Es gehörte zu Felix Leiters Charakterstärke, dass er offen über sein Schicksal scherzen konnte.

»Du hast einige Zeit damit verbracht, die drei Wissenschaftler zu überprüfen, Felix. Was treiben sie? Was will Max Tarn von ihnen?« Bond wechselte schnell das Thema. Er würde sich nie verzeihen können, was Leiter zugestoßen war, auch wenn es nicht seine Schuld war.

»Was sie treiben? Für mich als einfachen alten texanischen Cowboy ist das schwer zu erklären. Und selbst wenn sie uns die wissenschaftlichen Aspekte erklären, werden wir wahrscheinlich nicht schlau daraus. Wie ich höre, ist es irgendein Gerät, das Umweltverschmutzung bekämpft. Das erzählt man sich zumindest in den örtlichen Bars und Bistros. Sie versuchen, eine Substanz zu entwickeln, die die Auswirkungen von Ölverschmutzungen unschädlich machen soll.«

»Das wäre doch praktisch.«

»Es ist nur ein Gerücht, aber ich habe die *Mare Nostrum* aus der Ferne gesehen. Sie hat diese Rohre, die wie Mörser aussehen und in einem bestimmten Winkel um ihr Außendeck herum angebracht sind. Die Einheimischen sagen, dass daraus eine Art Schaum auf verschüttetes Öl gesprüht wird – wie aus einem Feuerlöscher. Der Unterschied ist, dass dieser Schaum das Öl aufsaugt und gleichzeitig das Wasser reinigt, aber ihr habt ja gehört, was sie gestern Abend gesagt haben. Das Ding funktioniert nicht.«

»Tarn wird das nicht gefallen. Er rechnet immer mit einer Rendite, wenn er Geld in etwas investiert. Natürlich wird er erwarten, dass das Ding funktioniert.«

Flicka regte sich auf der Rückbank. »Und ob, er wird *verlangen*, dass es funktioniert. Der Mann ist irre.«

»Und zwar ein Irrer, der Leute nicht einfach so an seinen Goldschatz lässt«, sagte Bond ernst. »Wir alle wissen, dass er verdammt gefährlich ist und, wie ich vermute, von Tag zu Tag gefährlicher wird.«

In diesem Moment fragte Flicka Leiter, ob er schon eine der Höhlen besucht habe. »Hier steht, dass Puerto Rico den drittgrößten unterirdischen Fluss der Welt hat und dass es entlang der Atlantikseite ein Netzwerk von Höhlen und Grotten gibt.«

»Dafür hatte ich noch keine Zeit, aber wie ich höre, gibt es an der gesamten Küste – auf der Atlantik- wie auf der Karibikseite – Höhlen, wobei die größten bei San Juan liegen.«

»Was geht dir durch den Kopf, Flick?«, fragte Bond.

»Nichts Bestimmtes. Mir ist nur eingefallen, dass eine dieser Höhlen ein gutes Versteck wäre, wenn er hier draußen wirklich ein U-Boot hat.«

»Ein U-Boot!« Leiter fiel die Kinnlade herunter. »Was für ein U-Boot?«

»Wir wissen, dass Tarn eins hat – ein altes russisches U-Boot. Ich denke, es stammt aus der Zeit des Zweiten Weltkriegs oder kurz danach, aber er könnte uns auch etwas vorgemacht haben und es ist ein modernes Modell.« Bonds Gedanken waren Flickas bereits weit voraus. »Er hat uns irgendeinen Blödsinn erzählt, dass es für ein Militärmuseum bestimmt wäre, das er auf einer der verlassenen Inseln, die er besitzt, einrichten will. Angeblich hat er geplant, dass es ein Halt für seine Kreuzfahrtschiffe wird. Nichts davon klang glaubwürdig.«

»Das hat uns gerade noch gefehlt, irgendein unbekanntes U-Boot, das sich in diesen Gewässern herumtreibt.«

Flicka erzählte von ihrer Kreuzfahrt und dem Schaden, den die *Caribbean Prince* erlitten hatte. »Die US-Marine hat danach die ganze Gegend abgesucht. Sie haben nichts gefunden, also muss er es irgendwo versteckt haben. Falls es tatsächlich ein Torpedo war.«

Sie hielten auf einen Kaffee in dem kleinen Städtchen Santa Isabel, mit Blick auf die Karibik und die langen, zerklüfteten Felsenriffe. Bevor sie sich wieder auf den Weg machten, kauften Bond und Flicka die Neoprenanzüge, die sie gegebenenfalls brauchen würden, da sie in San Juan wahrscheinlich das Doppelte bezahlt hätten.

Die Sonne schien und glitzerte auf dem smaragdgrünen Meer und der Himmel war bis auf ein paar hohe Zirruswolken klar, als sie weiterfuhren. Felix machte eine Bemerkung darüber, dass sich Tarn wirklich einen schönen Ort ausgesucht hatte. »Es sind nur ein paar Kilometer bis nach Ponce und sein Haus liegt ein paar Kilometer die Küste hinauf. Die Felsen da unten sehen aus wie eine Mondlandschaft.«

»Für mich sieht das eher vulkanisch aus.« Bond warf einen Blick auf den Strand.

»Hier steht«, Flicka arbeitete immer noch den Reiseführer durch, »dass man am Strand in der Nähe des Condado Plaza Hotels, direkt an der Lagune von Condado, eine Felsformation sehen kann, die wie ein Hund aussieht. Es gibt eine lokale Legende, dass es der Hund eines Fischers war, der jede Nacht auf die Rückkehr seines Herrchens gewartet hat. Eines Nachts kam er nicht zurück und der Hund wurde zu Stein.«

»Das denkst du dir doch nur aus, Flick.«

Sie fuhren an der Stadt Ponce vorbei und Leiter bat Bond, langsamer zu fahren. »Wir können hier abbiegen und eine sehr schmale Straße nehmen, sodass wir oberhalb der Casa del Tarno herauskommen.«

»Er nennt sein Haus nicht wirklich …?«, setzte Bond an, dann schielte er zu Felix und sah sein Lächeln.

Minuten später erreichten sie die Abzweigung und fuhren auf einem holprigen Weg, der in einer Reihe von engen Serpentinen bergauf führte. Vor ihnen befand sich ein kleines Waldstück. »Du kannst einfach zwischen den Bäumen parken«, sagte Felix. »Danach müssen wir zu Fuß weiter.«

Es handelte sich um eine Art Picknickplatz, der im Moment verwaist war, und bald führte Felix sie über einen gewundenen Fußweg, der sie an den Rand der Bäume führte.

Unter ihnen befand sich ein niedriges, längliches Gebäude, dessen vier Seiten einen Garten mit einem Swimmingpool umschlossen, ähnlich der Architektur von El Convento. Das Haus mit seinen vielen Bögen war in einem hellen Blau gestrichen und von einer Mauer umgeben. Am Rand des Grundstücks konnten sie Tennisplätze und einen Parkplatz entdecken.

»Ein nettes kleines Wochenendhaus.« Felix hatte von irgendwo ein Fernglas hergeholt und reichte es an Bond, der das Haus absuchte, das auf einer felsigen Anhöhe mit Blick aufs Meer lag.

Auf dem Parkplatz standen zwei Autos und mehrere Leute arbeiteten im Garten oder waren im Kreuzgang zu sehen. Von Tarn und seinen engsten Mitarbeitern gab es keine Spur.

»Sieht nicht so aus, als sei der Herr des Hauses schon da, oder?«, fragte Leiter.

»Nein, aber da unten sind einige Männer, die aussehen, als seien sie Gäste.« Er hatte eine Gruppe von elf oder zwölf Männern ausgemacht, die unter einem der kreuzgangartigen

Bögen saßen und tranken. Er stellte das Fernglas scharf und versuchte, die Gesichter zu identifizieren, doch er erkannte keinen von ihnen.

Er wollte Felix gerade das Fernglas zurückgeben, als einer aus der Gruppe, ein großer, ergrauter, bärtiger Mann in Jeans und Pullover, seinen Stuhl zurückschob und zu den anderen sprach, die sich gerade zum Aufbruch bereit machten.

»Seht euch das an.« Weil die Gruppe so nah zu sein schien, flüsterte er unwillkürlich. »Die wollen gerade los, um irgendwas zu tun.«

»Ich hoffe, es ist kein kleiner Spaziergang hier hoch«, murmelte Flicka. »Einige dieser Leute sehen wie Verbrecher aus.«

»Ich hatte vergessen, wie scharf deine Augen sind.«

»Das liegt an meiner Jugend, mein Lieber. Im Ernst, von hier aus sehen sie aus wie Gangster.«

»Oder wie Matrosen«, fügte Felix hinzu.

Die Gruppe schlenderte durch den Kreuzgang und verschwand im Haus. Sekunden später tauchten sie draußen auf und gingen die gepflasterte Auffahrt hinunter, die an zwei stabilen Eisentoren endete, bevor sie in die Straße mündete.

»Moment!« Bond hatte das Fernglas auf eine Person gerichtet – einen ungewöhnlich großen Mann mit einem langsamen und schwerfälligen Gang. »Einen von ihnen kenne ich. Er hat mich in Wasserburg fast umgebracht. Ein schwachsinniger Berg von einem Mann, der sich als einer von Tarns Anwälten ausgibt. Sein Name ist Kurt Rollen.«

Während sie zusahen, schwangen die Tore auf und die Männer überquerten die Straße. Zwei von ihnen warteten, während ein Touristenbus vorbeifuhr. Am Rand der Klippe schienen sie zu verschwinden, als gäbe es einen Pfad hinunter zu den Felsen und dem Meer. Innerhalb weniger Minuten waren sie alle aus seinem Blickfeld verschwunden.

»Ich werde mich da unten mal umsehen.« Bonds Hand wanderte zu seiner Jacke, als wollte er sich vergewissern, dass er bewaffnet war.

»Sei vorsichtig, James. Willst du, dass ich …?«

»Nein. Bleib hier bei Flicka. Wenn ich in einer Stunde nicht zurück bin, könnt ihr nach mir suchen kommen.« Er stand auf, trat aus der Baumgrenze hervor und stieg den steilen Abhang im Zickzack hinunter, wobei er sich weit links vom Haus und seinen Außenmauern hielt. Es dauerte fast eine Viertelstunde, bis er die Straße erreichte, das Haus und die Mauern immer noch zu seiner Rechten.

Als er die Straße überquerte, blickte er zu den Bäumen über Tarns Haus hinauf und konnte gerade noch die beiden Umrisse von Felix und Flicka ausmachen. Dann steuerte er direkt auf die Stelle zu, an der die Männer verschwunden waren.

Wie er vermutet hatte, gab es einen Pfad nach unten, eine Reihe von in den Felsen gehauenen Stufen, die in einem steilen Winkel nach unten führten. Dort befand sich auch ein großes rotes Schild mit einem Warnzeichen in Form eines Totenkopfs und darunter die Worte *Privatgelände. Nur autorisiertes Personal hinter diesem Punkt. Lebensgefahr* in vier verschiedenen Sprachen.

Langsam ging Bond die ersten paar Stufen hinunter, dann blieb er stehen und lauschte. Es waren keine Stimmen zu hören, nur das Rauschen der Brandung an den Felsen unter ihm, obwohl er selbst von hier aus sehen konnte, dass zwischen zwei Riffen ein breiter Kanal von den Klippen abging: genug Platz, dass ein Schiff hindurchfahren konnte.

Die Stufen wurden glitschig, als er sich dem Fuß des Pfades näherte, der in einer breiten Betonplattform endete, die um die Felsen herum angelegt war. Auf der Plattform angekommen, wurden seine Turnschuhe von der Gischt durchnässt, die regelmäßig über die Plattform spritzte. Als er sich mit dem Rücken zum natürlichen Felsen auf dem Beton vorwärtsschob, konnte Bond deutlich eine Öffnung in der Klippe erkennen – ein großer, gewölbter Eingang zu einer Höhle. Das Meeresrauschen ließ nach, als die Brandung zurückwich, und zum ersten Mal hörte er Stimmen und einen schottischen Akzent, der laut genug sprach, dass er die Worte »Los jetzt … nur etwa vierundzwanzig Stunden … Es setzt was, wenn wir nicht rechtzeitig fertig sind …« hören konnte.

Er lehnte sich vor, um einen kurzen Blick in die Höhle zu werfen, musste aber feststellen, dass der gesamte Eingang durch einen dicken Netzvorhang verdeckt war, der in den Farben des umliegenden Felsens getarnt war. Vorsichtig griff er nach dem Rand des Netzes und zog es zurück. Obwohl er sich nur ein paar Sekunden erlaubte, reichte diese Zeit aus, um die langen Betonstege und den unheimlichen Bug und Kommandoturm eines schwarzen, rostverkrusteten U-Boots zu erkennen, das in der Höhle vor Anker lag, während etwa ein Dutzend Männer an Bord kletterten. Er hatte schon viel größere Atom-U-Boote gesehen, die für den Einsatz auf See vorbereitet wurden, und er hatte keinen Zweifel daran, dass sie es startklar machten.

Der Rückweg die Felswand hinauf dauerte viel länger als der Abstieg und das Klettern über den grasbewachsenen Abhang brachte ihn fast außer Atem.

»Willst du deine Leute oder die örtlichen Behörden informieren?«, fragte er Felix Leiter, nachdem er ihnen berichtet hatte, was am Fuß der Klippe lag.

Leiter runzelte die Stirn. Dann meinte er: »Lieber nicht. Es wäre viel besser, wenn wir sie auf frischer Tat ertappen, findet ihr nicht auch?«

»Sicher, Felix. Das wäre sicher viel besser, aber ich denke, es wäre klüger, die US Navy so schnell wie möglich herzubringen.«

»Dafür ist noch genug Zeit, wenn wir wissen, wie der Zeitplan aussieht. Reden wir mit den drei Wissenschaftlern und geben wir ihnen die Möglichkeit, etwas zu unternehmen.«

Nach ihrer Rückkehr nach San Juan schlenderten sie durch die engen, farbenfrohen Gassen der Altstadt. In den Geschäften gab es Souvenirs zu kaufen, vor allem grelle Keramikfrösche – Nachbildungen der *coqui*, der winzigen Laubfrösche, die nur in Puerto Rico heimisch waren und deren Gezwitscher von Ästen und Blättern oft mit Vogelgesang verwechselt wurde. Zwischen den Läden, die mit Touristennippes vollgestopft waren, gab es andere Geschäfte mit teurerem Schmuck und einheimischer Kunst.

Die Geschäfte und Straßen waren von Einheimischen und Touristen überlaufen, aber sie hatten einen gewissen Charme, vor allem wenn man die langen Balkone und die verzierten Wandleuchten betrachtete, in denen sich spanische und maurische Einflüsse vermischten.

Jetzt, am Ende ihres langen Tagesausflugs, standen sie auf der obersten Geschützplattform des El Morro, nachdem sie alles andere innerhalb der massiven dicken Steinmauern gesehen hatten. Die Festung hatte immer noch etwas Unwirkliches an sich, denn sie war auf der äußersten Landzunge des Hafens erbaut, erhob sich über mehrere Stockwerke und reichte bis zum Meer hinunter.

Ihre strategische Lage gepaart mit dem erstaunlichen baulichen Einfallsreichtum hatte diese Festung uneinnehmbar gemacht. Selbst Sir Francis Drake war es nicht gelungen, sie zu erobern, und auch andere, die es versucht hatten, waren jedes Mal zurückgeschlagen worden.

Das Geheimnis lag natürlich in der mehrschichtigen Bauweise und der meisterhaften Konstruktion, die es ermöglichte, große Kanonen über steile, gepflasterte Rampen herabzulassen oder hinaufzuziehen, sodass die untersten Stellungen – nur wenige Meter von den Felsen und dem Meer entfernt – jeden niedermähen konnten, der es wagte, einen Fuß an Land zu setzen. Oberhalb davon befanden sich die Geschützstellungen in höheren, gezackten Wänden, von denen aus man präzise auf die großen alten Kriegsschiffe feuern, die Masten durchschlagen und die Schiffe mit Leichtigkeit lahmlegen konnte.

Hier, auf der höchsten Erhebung, stand die große Kanone, die immer noch in Position war und erhitzte Kanonenkugeln auf die Schiffe abfeuerte. Als Sir Francis Drake in den 1590er-Jahren versucht hatte, diesen Ort einzunehmen, war er letztendlich davon abgehalten worden, als eine der schweren, rot glühenden Kugeln durch sein persönliches Kabinenfenster am Heck seines Schiffs eingeschlagen war.

Sie machten sich auf den Weg hinunter zum sogenannten Patio, der den Exerzierplatz, die Wohnquartiere und die Lagerhäuser umfasste. Hier befanden sich auch eine große Wasserzisterne, die Kapelle Santa Barbara und das alte Zentrum des gesellschaftlichen Lebens im Fort.

»Hier spukt es wirklich.« Flicka schlug wieder im Reiseführer nach. »Eine Dame wandelt nachts auf der Suche nach ihrer verlorenen Liebe umher und manchmal tauchen Soldaten auf, die herumsitzen und reden.«

»Das hängt immer davon ab, was man getrunken hat«, antwortete Bond. »Gibt es da nicht eine Geschichte über eins dieser Wachhäuschen?« Die Wachhäuschen waren kleine Steintürmchen, die von den Mauern abstanden: steinerne Röhren mit verschnörkelten Deckeln und einem Sehschlitz. Das alte Design war wunderschön und hatte sich als allgemeines Logo für die Insel durchgesetzt.

»Nein, die Geschichte mit dem Wachhäuschen spielt auf der anderen Festung, San Cristóbal. Ein Wachposten im Dienst wurde von seiner wahren Liebe besucht. Am nächsten Morgen waren sie verschwunden. Es heißt, dass sie regelmäßig auftauchen.«

»Darauf wette ich. Immer zur vollen Stunde. Wahrscheinlicher ist, dass der Wächter mit seiner Liebe durchgebrannt ist und die beiden bis ans Ende ihrer Tage glücklich vom Verkauf dieser fiesen kleinen Laubfrösche gelebt haben.«

Felix schnupperte in der Luft. »Wisst ihr, es würde mich nicht wundern, wenn es hier spukt. Niemand bleibt nachts hier. Diese historischen Parkwächter packen alle ihre Sachen und gehen nach Hause, wenn sie schließen.«

»Sind die Parkwächter historisch oder …?«

»Du weißt, was ich meine, James.«

Sie gingen zurück zum El Convento, um sich fürs Abendessen umzuziehen, und machten sich dann auf den Weg zum Hafen. Rexinus hatte ihnen eine genaue Wegbeschreibung gegeben, wo die *Mare Nostrum* festgemacht war. »Sie können sie nicht übersehen«, hatte er ganz richtig gesagt, denn niemand hätte an dem exotisch aussehenden Schiff vorbeigehen können.

Es war offensichtlich, dass es für einen bestimmten Zweck gebaut worden war. Diese schnittige, fünfundsiebzig Meter lange, seetüchtige Motorjacht hatte noch die Aura des Neuen an sich. Außerdem sah sie aus wie die Art von Schiff, die man sonst nur in Geheimdokumenten sah. Die mörserähnlichen Rohre, von denen Felix ihnen erzählt hatte, ragten in einem Winkel von fünfundvierzig Grad in die Luft, aber es war der Aufbau, der sofort ins Auge fiel.

Hinter dem Steuerhaus befand sich ein langer, quadratischer Plexiglasrahmen, der wie ein modernes Gewächshaus aussah. Das Gebilde war höher als das Steuerhaus und die Kanten an der Oberseite waren gewölbt, sodass es wie aus einem Science-Fiction-Film wirkte.

Rex Rexinus stand an der Gangway und sein ansteckendes Lachen erfüllte die Luft. »Sie haben uns also gefunden.«

»Wie hätten wir Sie auch übersehen können, Dr. Rexinus?« Flicka hatte bereits gesagt, dass sie sich um Rexinus kümmern würde, sollte er schwierig werden, wenn sie ihm die Nachricht überbrachten.

Der Meeresbiologe begrüßte sie an Bord und sagte, dass er sie nach dem Abendessen durchs Schiff führen würde. »Die arme Vesta hat nicht oft die Gelegenheit, Gäste zu empfangen. Sie hat nur ein kaltes Abendessen zubereitet, aber dafür hat sie anscheinend den ganzen Tag gebraucht.« Er drehte sich um und lachte wieder, als wäre das ein großartiger Scherz.

Bond fand sein eigenartiges Lachen schwer zu ertragen.

Unter Deck waren die Quartiere prunkvoller, als sie erwartet hatten: ein breiter und hoher eichengetäfelter Wohnbereich war als Esszimmer eingerichtet worden, komplett mit einem langen, ausziehbaren Tisch, auf dem Teller mit Aufschnitt und Salaten in allen möglichen Variationen standen. Es gab Kristallgläser und Flaschen mit einem guten Claret und einem etwas feineren Chablis.

»Was ist da hinten?«, fragte Bond sofort und nickte in Richtung der geschlossenen Tür am anderen Ende. Er bevorzugte es immer, den schnellsten Ausgang zu kennen, wenn er sich in einer neuen Umgebung befand.

»Unser bescheidenes Schlafquartier.« Fritz sprach mit einer deutlichen Spur eines unterdrückten mitteleuropäischen Akzents.

»Von wegen bescheiden.« Vesta Motley kam heraus, um sie zu begrüßen. »Ich habe hier das beste Schlafzimmer, das ich in meinem ganzen Leben je hatte. Ich hoffe, Sie haben nichts gegen das Buffet, das ich vorbereitet habe. Es ist so schwierig, zu wissen, was man anrichten soll.« Der glasklare britische Akzent stand im krassen Gegensatz zu Rexinus' amerikanischem.

»Wir hätten uns nichts Besseres wünschen können«, sagte Bond wohlwollend. In der Tiefe seines Herzens hätte er sich ein wirklich gutes Abendessen gewünscht, aber er musste nehmen, was er kriegen konnte.

Vesta Motley schien keine gesellschaftlichen Manieren zu besitzen. Kaum hatten sie den Wohnbereich betreten, schenkte sie Wein ein und rief: »Haut rein, Leute«, was Bond das Gesicht verziehen ließ und Flicka ein Lachen entlockte.

Während sie sich umsahen, aßen und tranken, versuchten sie, mehr über die Arbeit herauszufinden, die die drei Wissenschaftler für Max Tarn leisteten. Rexinus bemühte sich, die Theorie hinter dem zu erklären, was er als »Automatisches Anti-Ölverschmutzungssystem, kurz AAÖVS« bezeichnete, aber das Konzept war extrem kompliziert, und als er fertig war, waren sie nicht wirklich schlauer als vorher.

Schließlich nickte Bond Felix zu, der, wie sie vereinbart hatten, den Ball ins Rollen würde. »Also, Leute«, begann er in seiner alten texanischen Cowboy-Manier, die er den ganzen Abend beibehalten hatte. »Ich fürchte, wir haben beunruhigende und mit Sicherheit gefährliche Neuigkeiten für Sie.«

Die drei Wissenschaftler sahen ihn an, als wäre er völlig verrückt geworden.

»Was für Neuigkeiten?« Rexinus lachte nicht.

»Sie haben noch keine Anweisungen von Tarn International in London erhalten, richtig?«

»Das haben wir Ihnen gestern Abend gesagt. Seit dem Tod von Sir Max erhalten wir überhaupt keine Antwort mehr. Es ist, als ob die ganze Organisation mit ihm gestorben wäre.«

»Max Tarn ist nicht tot.« Es war Bond, der die Bombe platzen ließ.

»Er ist nicht …? Aber …?«

»Es kommt noch schlimmer«, sagte Flicka leise.

»Ich fürchte, der Mann wird wegen einer Reihe abscheulicher Verbrechen gesucht.« Wieder Felix. »Mord ist da wahrscheinlich noch das harmloseste. Er wird wegen Waffenhandels in großem Stil gesucht. Ich glaube nicht, dass wir jetzt auf die Einzelheiten eingehen müssen, aber Sie müssen uns glauben, dass er sehr gefährlich ist, über bewaffnete Handlanger verfügt – die normalerweise mit ihm reisen – und wir ihn in den nächsten Tagen in Puerto Rico erwarten.«

Flicka setzte den Schlusspunkt: »Das wirklich Amüsante an ihm ist, dass er sich für den Nazi-Messias hält, und es scheint, dass etwa eine Abermillion deutscher rechtsextremer Gruppen ihm glauben.«

»Oh mein Gott!«, entfuhr es Vesta.

»Wer zum Teufel sind Sie, dass Sie solche wahnwitzigen Geschichten erzählen?« Rexinus würde wohl lange Zeit nicht mehr lachen und seine Miene verdunkelte sich nur noch weiter, als Felix ihm seinen Ausweis zeigte und Bonds und Flickas wahre Identitäten enthüllte.

»Wir schlagen vor, dass Sie Puerto Rico noch heute Abend verlassen«, sagte Bond. »Sie können sich jederzeit nach Miami oder sonst wohin absetzen und Felix kann für Sie Schutz organisieren. Sie sind wirklich in höchster Gefahr. Max Tarn wird keine Ausreden dulden. Ich bezweifle, dass er Ihnen überhaupt zuhören wird, wenn Sie ihm sagen, dass das AAÖVS nicht funktioniert. Der Mann glaubt, er stehe über allen Gesetzen, seien es Naturgesetze oder von Menschen gemachte. Sagen Sie ihm, dass Ihr ursprüngliches Konzept nicht funktioniert, und er wird Ihnen sagen, dass das Unsinn ist. Außerdem glauben wir, dass er Ihre Erfindung der Weltöffentlichkeit präsentieren will und dass seine geplante Vorführung viele Probleme verursachen wird – einschließlich einer gewaltigen Zahl von Todesfällen.«

»Das glaube ich nicht.« Rexinus schien sich nicht überzeugen lassen zu wollen. »Das ist ein Trick.«

»Ich wünschte, es wäre so, mein Freund«, sagte Felix.

»Rex.« Flicka senkte ihre Stimme leicht, ein alter Trick, um die Aufmerksamkeit aller zu erregen. »Rex, bitte, hören Sie uns zu. Max Tarn ist sehr gefährlich, und wenn er hierherkommt, wird er einige seiner Spielkameraden mitbringen. Das sind alles andere als nette Leute, unter denen auch ein paar psychopathische Damen sind. Ich flehe Sie an. Verschwinden Sie, solange noch Zeit ist. Wir kümmern uns um ihn. Wir und die örtlichen Behörden.«

»Sie meinen das ernst, oder?« Vesta wirkte ziemlich verwirrt.

»Ich habe noch nie im Leben eine Sache so ernst gemeint. Das sind wirklich gefährliche Leute.«

Plötzlich bat Bond leise um Ruhe.

»Was …?«, setzte Rexinus an, dann hörten sie die Rufe von oben.

»Ahoi, Ahoi, Dr. Rexinus. Bitte um Erlaubnis, an Bord kommen zu dürfen. Hier ist Ihr Admiral. Wo zum Teufel stecken Sie?«

Sie alle erkannten die Stimme. Max Tarn rief erneut: »Ich komme an Bord. Rexinus! Fritz! Dr. Motley! Ich habe ein paar Freunde mitgebracht, um zu sehen, wie Sie zurechtkommen.«

»Raus«, flüsterte Bond Felix und Flicka zu. »Nehmt eure Teller und geht in die Schlafquartiere.« Dann wandte er sich an die anderen: »Halten Sie sich vom vorderen Teil des Schiffs fern und gehen Sie keine Risiken ein.« Er öffnete die Tür und Flicka war dicht hinter ihm. Felix blieb, wo er war.

»Felix. Schnell, Mann.«

»Ich denke, ich bleibe hier und versuche, den Mann zur Vernunft zu bringen.« Sein Blick war entschlossen und Bond wusste, dass er nicht einmal versuchen sollte, den Amerikaner umzustimmen.

»Verdammt noch mal, Rexinus, wir kommen jetzt einfach an Bord.« Tarn war am oberen Ende des Niedergangs angelangt. Als er hinunterstieg, schloss Flicka die Tür hinter sich und schob den Riegel vor.

21

Der Plan

Sie lehnten an der Tür, wagten kaum zu atmen und lauschten aufmerksam dem Gespräch in der Hauptkabine.

»Ah, da sind Sie ja, Dr. Rex. Ich rufe schon seit gefühlten Stunden nach Ihnen, aber was soll's? Ich habe ein paar Freunde mitgebracht, die Sie kennenlernen wollen.«

»Sir Max, was für eine … Aber wie …? Ich meine …«

»Wie jemand anders einst sagte, die Berichte über meinen Tod sind stark übertrieben. Maurice Goodwin kennen Sie, glaube ich. Aber meine himmlischen Damen, Cathy und Anna, haben Sie sicher noch nicht kennengelernt. Hier, begrüßt den netten Dr. Rexinus und Anton Fritz. Und natürlich dürfen wir die reizende Dr. Motley nicht vergessen.« Dann erhob er seine Stimme: »Connie, bleib da oben und lass niemanden sonst an Bord kommen.«

Die Stimme von Connie Spicer ertönte leise, gefolgt vom Geräusch von Bewegungen, als Tarn und seine drei Begleiter es sich gemütlich machten.

»Sir Max, es …«, setzte Rexinus an.

»Ich werde vorläufig das Reden übernehmen, Doktor. Zunächst einmal scheinen Sie eine nette kleine Party zu feiern. Wollen Sie mich nicht mit Ihrem Gast bekannt machen? Ein Glas Wein würde auch nicht schaden.«

»Natürlich. Verzeihen Sie bitte. Mr Felix Leiter aus Texas. Sir Max Tarn.«

»Aus London, nehme ich an.« Felix sprach etwas lauter und versuchte, wie Bond glaubte, so die allgemeine Gesprächslautstärke zu erhöhen.

»Da haben Sie richtig geraten, Mr Leiter, obwohl ich nicht nur in London zu Hause bin. Ich betrachte mich als einen Weltbürger. Ich habe diesen Namen schon mal irgendwo gehört. Leiter. Felix Leiter. Nein, ich habe ihn irgendwo gelesen.«

»Das bezweifle ich, Sir Max, ich bin nur ein alter texanischer Cowboy.«

»Das wiederum bezweifle ich, Mr Leiter.«

»Ich habe immerhin Kühe besessen, und zwar ziemlich viele.«

»Wirklich? Nun, ich fürchte, Sie haben die Einladung, an Bord der *Mare Nostrum* zu kommen, zu einem sehr ungünstigen Zeitpunkt angenommen.«

»Oh, na ja, ich kann mich rarmachen. Ich werde jetzt gehen. Sie können mit Ihrer Party weitermachen.« Mit einem Rascheln stand Felix auf.

»Nein!«, bellte Max Tarn. »Sie hinken und haben eine Armprothese. Ein Bein und ein Arm.«

»Klingt, als wären Sie ein regelrechter Sherlock Holmes, Sir Max.«

»Wohl kaum. Ich glaube, ich erinnere mich jetzt, wo ich von Ihnen gelesen habe. Sie sind ein Freund eines Freundes von mir. Ein Mr James Bond. Sie waren auch mal Mitglied des amerikanischen Geheimdiensts. Oh, Mr Leiter, ich fürchte, Sie sind zwischen die Fronten geraten, und ich denke, Sie sollten besser in der Nähe bleiben.«

»Was immer Sie wollen, Sir Max. Aber ich glaube, Sie haben die falschen Bücher gelesen. Ich kann mich an niemanden erinnern, der Bond heißt. Ich kannte mal einen Kerl aus Houston, der Bind hieß, und einen anderen aus Dallas, der Band hieß, Big Jim Band. Aber keine Bonds – außer an der Börse versteht sich.«

Tarn lachte unangenehm und sagte Cathy, sie solle auf Felix aufpassen. »Der hier ist auf Zack, Cathy. Wir werden ihn in Gewahrsam nehmen und sicher verwahren müssen, bis *SeaFire* vorbei ist.«

»Sir Max, wenn ich darf …?«, setzte Rexinus an.

»Dr. Rex, bitte halten Sie den Mund. Ich habe ein Vermögen für Sie und Ihre Freunde ausgegeben. Sie haben gesagt, Sie brauchen ein Jahr. Sie hatten Ihr Jahr und jetzt ist es Zeit für die Abrechnung. Die versprochene Demonstration wird morgen Abend stattfinden, und sie wird etwas ganz Besonderes sein …«

»Aber, Sir Max, ich muss Ihnen sagen …«

»Sie müssen mir gar nichts sagen, Rex. Es ist an der Zeit, dass ich Ihnen etwas sage. Ich bin hier, um Sie in den Plan einzuweihen. Operation *SeaFire*. Hört sich gut an, was?«

Rexinus schien aufgegeben zu haben, aber Anton Fritz meldete sich zu Wort: »Ich glaube, Sie verstehen nicht ganz,

Sir. Was Rex zu sagen versucht, ist, dass das AAÖVS nicht ganz …«

»Bitte, keine Ausreden und keine Erklärungen. Wir führen morgen Abend eine öffentliche Demonstration des AAÖVS durch. Wenn Sie dem Ganzen noch den letzten Schliff verpassen wollen, müssen Sie das einfach in den nächsten vierundzwanzig Stunden erledigen.« Nach einem Moment fügte er hinzu: »Tatsächlich sogar etwas weniger als vierundzwanzig Stunden.«

Durch die Tür klang Max Tarns Stimme noch geschmeidiger als beim letzten Mal, als Bond sie gehört hatte. Doch darunter lag ein rauer Unterton, als würde die Sanftheit langsam Risse bekommen. Sir Max Tarn hatte einen schrecklichen Höhepunkt erreicht, nach dem es nur noch bergab gehen konnte. Es war die Stimme eines Menschen, der völlig aus dem Gleichgewicht geraten war. Ein Mann, der sich für unbesiegbar hielt, für absolut unantastbar, sogar vom Tod.

»Sir Max, es gibt da ein Problem. Wir …«, versuchte es nun Vesta Motley.

»Meiner Meinung nach gibt es *kein* Problem, Dr. Motley. Es hat lange gedauert, das alles zu arrangieren. Morgen Abend geht es los. Wenn Sie jetzt alle aufhören zu reden und still sind, weihe ich Sie in den Plan ein.«

Völlig übergeschnappt, dachte Bond. Genau wie er es vorausgesagt hatte. Tarn wusste wahrscheinlich schon, was sie ihm sagen wollten, aber er wollte auf jeden Fall weitermachen, egal wie es ausging.

Tarn sprach weiter: »Morgen Abend um genau acht Uhr läuft einer der Supertanker der Ölgesellschaft MetroTex in diesen Hafen ein. Es ist ein riesiges Schiff und wird voll beladen sein. Tausende und Abertausende Gallonen Öl und Benzin. Der Name des riesigen Schiffes ist *Golden Bough* und sie ist ein regelmäßiger Besucher an diesen Ufern, also wissen wir genau, wann sie einläuft.

Was die *Golden Bough* geladen hat, wird diesen reichen Hafen in der Tat vergolden. Ein goldenes Flammenmeer. Das Amüsante daran ist, dass es bereits einen Präzedenzfall für das gibt, was passieren wird, denn im späten sechzehnten Jahrhundert setzte kein Geringerer als Sir Francis Drake alle Schiffe in diesem Hafen in Brand.«

»Was der Grundstein für seine Niederlage war«, sagte Leiter.

Tarn ließ sich nicht beirren. »Ihre Aufgabe, Dr. Rexinus, wird es sein, der Welt zu zeigen, dass eine Ölpest dieses Ausmaßes eingedämmt werden kann. Das wird Ihr Triumph sein. Und was noch wichtiger ist, es wird mein Triumph sein. Die Demonstration *muss* groß sein. Sie *muss* beeindruckend sein, denn wenn die Ölpest nicht eingedämmt wird, wird die gesamte Insel von einem Ölteppich umgeben sein, der jede andere Katastrophe dieser Art unbedeutend erscheinen lassen wird. Jeder andere große Ölteppich, den die Welt je gesehen hat, wird dagegen so harmlos sein wie der Dreck auf dem Badewasser.«

Dann ertönte ein Geräusch, das eigentlich ein langsames Händeklatschen sein sollte, nur dass es sich anhörte, als würde eine Hand auf Leder klatschen. Felix forderte sein Glück heraus.

»Was zum Teufel soll das werden, Mr Leiter?«

»Ich klatsche einfach Beifall. Ich liebe Spektakel, und wenn die *Golden Bough* so groß ist, wie Sie behaupten, werden Sie mehr tun, als nur den Hafen hier zu erleuchten und Öl um die Küste zu verteilen. Es könnte weit wegtreiben. Wir sprechen hier von einer vollständigen Verschmutzung der Karibik.«

»Sie vergessen Dr. Rexinus, Mr Leiter. Er und seine Kollegen sind Wundertäter. Mit einem Knopfdruck können sie ölverschmutzte Gewässer reinigen. Ich habe mehrere Millionen in eine brillante Idee gesteckt und morgen Abend werden wir sehen, ob ich mein Geld verschwendet habe oder nicht.«

»Wie wollen Sie *Golden Bough* in Brand setzen? Haben Sie ein spezielles Zündholz dafür?«

Tarn lachte ein wenig. »Ja. Ja, sehr gut. Ein Zündholz. Ja, ich habe ein besonderes Zündholz in Form eines etwas antiquierten russischen U-Boots. Es ist alt, rostig, laut und ich glaube, es ist auch ein wenig undicht, aber ich habe auch da Geld reingesteckt.«

»Ein U-Boot?« Rexinus' Stimme zitterte.

»Mit Torpedos – zwei Stück. Es hätten drei sein sollen, aber einer wurde verschwendet. Wenigstens wissen wir, dass es funktioniert. Ich hatte ein kleines Problem mit dem Kapitän. Er ist Schotte und ich fürchte, er schaut gern etwas zu tief ins Glas. Bei einer Probefahrt Anfang des Jahres hat er tatsächlich eins meiner eigenen Kreuzfahrtschiffe ins Visier genommen. Er hat mir erzählt, er habe nicht gewusst, dass die Torpedorohre geladen waren, oder wie auch immer das heißt. Mein Schiff ist mit einem kleinen Schaden davongekommen, ohne dass es Tote gegeben hätte. Unter anderen Umständen hätte ich den Mann vielleicht gefeuert – vorzugsweise aus einem seiner eigenen Torpedorohre –, aber ich denke, wir können darauf vertrauen, dass er seine Arbeit diesmal gründlich erledigt. Nicht wahr, Maurice?«

Goodwin knurrte und Tarn wiederholte: »Maurice?«

»Ja, Max, wir können ihm jetzt vertrauen. Ich freue mich nicht darauf, aber ich werde bei ihm sein, um sicherzustellen, dass ihm keine Fehler unterlaufen.«

Tarn seufzte. »Es ist eine schreckliche Sache, wenn man seine eigenen Wachhunde auf bezahlte Fachkräfte ansetzen muss – und zwar sehr gut bezahlte. Ich frage mich wirklich, was aus dieser Welt werden soll.«

»Sie werden die Vorstellung also von hier aus beobachten?« Felix köderte ihn mit Fragen, die für Flicka und Bond hilfreich sein könnten.

»Nicht ganz von hier aus, Mr Leiter. Ich bevorzuge die Aussicht von der Tribüne. Ich werde mir das Ganze von der Spitze der großen alten Festung El Morro ansehen. Wenn Sie sich gut benehmen, dürfen Sie vielleicht sogar mit mir kommen. Nein. Nein, das ist keine gute Idee. Ich werde Sie dem interessanten Charme eines meiner anderen Mädchen überlassen. Glaubst du, Beth würde gern mit ihm spielen, Anna?«

Anna gab einen Laut von sich, der irgendwo zwischen einem Husten und einem Lachen lag. »Beth würde es lieben, mit ihm zu spielen. Wahrscheinlich würde sie ihm erst die Prothesen abnehmen. Sie reißt Fliegen gern die Flügel aus.«

Es lag etwas abscheulich Finsteres in der Art, wie sie das sagte. Bond griff nach seiner Waffe und drehte sich um, als wollte er die Tür mit der Schulter aufstoßen, aber Flicka hielt ihm am Arm fest und schüttelte stumm den Kopf.

Er wusste, dass sie recht hatte. Die Schuldgefühle Felix gegenüber waren sein altes Problem. Jetzt hatte er seinen Freund erneut in Gefahr gebracht. Er sah zu Flicka hinunter, lächelte traurig, nickte und entspannte sich.

Aus der Hauptkabine ertönte ein Rascheln. »Diese Karte«, sagte Tarn. »Hören Sie mir zu, Dr. Rexinus. Sie werden meine Anweisungen genau befolgen müssen. Sie werden diese Anlegestelle morgen um sieben Uhr abends verlassen. Pünktlich um sieben, damit Sie hier ankommen.« Er zeigte Rexinus offensichtlich einen Punkt auf der Karte und nannte ihm einen Längen- und Breitengrad. »Das bringt Sie bis auf eine Seemeile an die erste Explosion heran. Sobald sich das Feuer ausbreitet, steuern Sie die *Mare Nostrum* direkt auf den äußeren Rand der Flammen zu und beginnen mit dem Einsatz des AAÖVS. Wenn ich mich richtig an unsere früheren Gespräche erinnere, können Sie recht nah an das Zentrum von Feuern und Ölteppichen heranfahren. Haben Sie mir das nicht erklärt, als wir unsere Abmachung getroffen haben?«

»Ja, das habe ich gesagt.« Rexinus klang resigniert. »Ich denke, wir werden morgen früh einen Ausflug mit ihr machen, nur um die Übung durchzugehen.«

Gut, dachte Bond, *dann wird er sich aus dem Staub machen.*

»Warum nicht, Rex? Ich habe es Ihnen nicht gesagt, aber es wird noch jemand an Bord sein. Er ist nur ein Mann, aber er hat eine Menge Einfluss. Er ist gerade oben an Deck. Mein Mann Connie Spicer. Ein Kampfsportexperte und Meisterschütze, der alle möglichen tödlichen Gegenstände bei sich trägt.«

»Wir können immer ein weiteres Paar Hände gebrauchen.« Rexinus' Stimme verriet seine Resignation und Bond unterdrückte ein »Verdammt«. Wenn Connie an Bord blieb, gab es kaum eine Chance, dass die drei arglosen Wissenschaftler ihn überwältigen könnten. Außerdem könnte es Schwierigkeiten geben, selbst an Land zu kommen. Er blickte den Gang entlang. Links und rechts befanden sich Kabinentüren und am anderen Ende schien der Gang mit einem anderen verbunden zu sein, der sich über die gesamte Breite des Laborschiffs erstreckte. Eine dritte Tür war zu sehen. Drei Schlafkabinen. Wenn das Schiff richtig konstruiert war, musste es irgendwo Richtung Bug einen Weg hinauf zum Hauptdeck geben.

Felix hatte wieder das Wort ergriffen. »Sir Max, was ist, wenn bei Ihrem Feuerwerk etwas schiefgeht? Was ist, wenn es Dr. Rexinus und seinen Freunden nicht gelingt, das Öl und das Benzin einzudämmen?«

»Das ziehe ich nur ungern in Betracht, aber ich denke, mit dieser Möglichkeit muss man sich auseinandersetzen. Erstens wird die *Mare Nostrum* in dem Fall wahrscheinlich von den Flammen verschlungen und zweitens muss ich wieder ganz von vorne anfangen. Aber ich habe Vertrauen in diese guten Leute, Mr Leiter. Sie werden mich nicht enttäuschen. Und jetzt zurück zur Operation.« Weiteres Rascheln erklang. »Mein U-Boot wird um acht Uhr an dieser Stelle sein. Es wird den Bug auf die *Golden Bough* richten. Die beiden Aale, wie man sie früher genannt hat, werden abgefeuert. Himmel, ich glaube, nicht mal mein Kapitän, Jock Anderson, kann morgen danebenschießen. Das Ziel ist so groß und er wird ziemlich nah dran sein. Nachdem er die Torpedos abgefeuert hat, dreht er ab und macht sich aus dem Staub. Ich habe keinen Zweifel, dass dieser Teil wie am Schnürchen laufen wird. Maurice hier wird so schnell wie möglich verschwinden wollen.«

»Verdammt richtig«, murmelte Maurice Goodwin.

»Noch irgendwelche Fragen?« Tarn wurde ungeduldig. »Ich habe nicht die ganze Nacht Zeit. Nein, Mr Leiter, bitte keine Fragen von Ihnen. Cathy, bring Mr Leiter nach oben und setz ihn in den Wagen. Es wird Zeit, dass wir zurückfahren, wenn wir heute Nacht noch etwas Schlaf bekommen wollen.«

Mehr Bewegung war zu hören, dann wieder Tarn: »Sag Connie, er soll runterkommen, ja? Ich möchte sicherstellen, dass die tapfere Besatzung der *Mare Nostrum* versteht, dass seine Befehle meine Befehle sind, und sie müssen verstehen, was passiert, wenn sie ihm nicht gehorchen.«

Weitere Geräusche von Bewegungen erklangen, dann Connies Stimme aus der Hauptkabine: »Sie wollten mich sprechen, Chef?«

»Ich möchte, dass du diesen guten Leuten klarmachst, wie wichtig es ist, sich an den Zeitplan zu halten und zu springen, wenn du ihnen sagst, dass sie springen sollen.« Er hielt inne, dann wandte er sich an die anderen: »Connie ist ein beeindruckender Mann. Sie sollten wissen, dass er tagelang ohne Schlaf auskommen kann. Er hat mir sogar versprochen, dass er nicht schlafen wird, bis *SeaFire* erfolgreich abgeschlossen ist. Verstehen Sie?«

Bond gab Flicka ein Zeichen, sich im Gang zurückzuziehen. Sie nickte und folgte ihm, wobei sie ihre Beretta unter ihrem Rock hervorzog.

Die Tür im Quergang wurde von zwei schmalen Niedergängen flankiert, die an Deck führten. Sie nahmen den auf der Steuerbordseite, wobei Flicka hinter ihm die Nachhut bildete. Oben angekommen, spähte er hinaus und flüsterte dann: »Wir sind direkt beim Steuerhaus. Mit etwas Glück können wir uns davonschleichen, sobald Tarn weg ist.«

Er konnte sehen, dass Tarns Auto – ein niedriger, schnittiger schwarzer Jaguar – in der Nähe der Gangway stand und daneben Cathy und Felix. Sie hielt eine Pistole in der Hand und hielt sich weit zurück, während er sich ans Auto lehnte. Zum zweiten Mal schoss Bond der Gedanke, seinen Freund zu retten, durch den Kopf. Nein. Es hatte keinen Sinn, tollkühne Heldentaten zu wagen, die sie möglicherweise außer Gefecht setzen und jede weitere Chance zunichtemachen würden, diese Wahnsinnsoperation zu stoppen, die Max Tarn *SeaFire* nannte.

Sie warteten eine gefühlte Ewigkeit, aber schließlich kam Tarn mit Anna und Maurice Goodwin im Schlepptau an Deck. Bond lächelte, als er Sir Max sah, denn er hatte sich nach seiner Vorstellung dem Anlass entsprechend gekleidet: eine weiße Leinenhose und einen Blazer, die Kapitänsmütze keck auf den Kopf gesetzt.

Er blieb beim Auto hinter Cathys rechter Schulter stehen und unterhielt sich fast eine Minute lang mit Felix, dann trat Goodwin vor, öffnete die hintere Beifahrertür und schob Felix grob hinein.

Tarn selbst setzte sich ans Steuer und Sekunden später fuhr der Jaguar von der Gangway weg.

Er wartete, bis das Geräusch des Motors in weiter Ferne war, dann gab er Flicka ein Zeichen und bewegte sich leise und langsam über das Deck. Von unten wurden Stimmen laut. Er hörte sogar, wie Rexinus Connie Spicer fast anschrie: »Aber es wird nicht funktionieren. Wir segeln alle in den sicheren Tod.«

Connies Antwort jagte Bond einen Schauer über den Rücken. »Sie haben die Befehle des Chefs gehört. Sie tun, was ich sage. Ich tue, was mir gesagt wird. Sir Max weiß genau, was er tut, das hat er immer und das wird er immer.«

Bond dachte an all das, was er über Hitler in seinen letzten Tagen im Führerbunker in Berlin gelesen hatte. Wie er Befehle an Streitkräfte erteilt hatte, die es längst nicht mehr gab, wie er mit Geisterarmeen gekämpft hatte und sich dann mithilfe von Gift und einer Kugel diesen Armeen angeschlossen hatte.

Sekunden später waren sie auf dem Kai und liefen schnell zurück in Richtung Altstadt.

22

Das U-Boot

»Nein, Fredericka, verstehst du nicht, dass es unklug wäre, mit mir zu kommen?«

»Wenn du bei Tagesanbruch wieder hier bist, macht das keinen Unterschied. Ich kann dir Rückendeckung geben und es ist sicherer. Wir haben immer zusammengearbeitet – na ja, zumindest seit …«

»Flick, was passiert, wenn ich bis zum Morgen nicht zurück bin?«

»Dann werde ich bei dir sein. Ich will es so. Wenn ich hierbleiben muss, werde ich verrückt.«

Er seufzte verärgert. Sie hatten sich schon fast zwanzig Minuten lang in ihrem Zimmer im Hotel gestritten. »Flick, hör zu. Wenn ich nicht bis zum frühen Morgen zurück bin, gibt es drei Möglichkeiten. Erstens: Ich bin Hackfleisch …«

»James, lass das. Sag so was nicht.«

»Sieh es ein, Flicka, wir haben uns in eine verdammt gefährliche Situation gebracht. Erstens, ich bin tot, zweitens, ich habe es geschafft, das U-Boot zu sabotieren und Felix zu retten – er kann nur auf Tarns Anwesen sein und dieses Mädchen, Beth, gefällt mir nicht. Wir waren nur einmal in ihrer Nähe – in Hall's Manor – und sie scheint nicht gerade die Art von Spielkameradin zu sein, die man zu einem harmlosen Picknick mitnehmen würde. Wenn sie also die Besatzung erst kurz vor dem Auslaufen an Bord des U-Boots bringen, habe ich wahrscheinlich Zeit, das verdammte Ding unschädlich zu machen und Felix zu befreien.«

»Was ist die dritte Möglichkeit?«

»Dass sie mich im U-Boot erwischen. Es gibt noch eine Möglichkeit, an die ich gerade gedacht habe. Es ist durchaus möglich, dass ich es gar nicht erst ins U-Boot schaffe.«

»Und was passiert dann?«

»Wahrscheinlich komme ich dann so schnell wie möglich zurückgerannt und wir versuchen was anderes. Für dich gibt es ohnehin schon genug zu tun. Denk einfach mal darüber nach. Wenn du mit mir nach Deutschland gekommen wärst, wären wir jetzt beide tot. Wie die Reise nach Deutschland ist auch das U-Boot ein Ein-Mann-Job.« Er trug eine Jeans, einen Rollkragenpullover und Turnschuhe, alles in Schwarz. Die beiden Aluminiumkoffer lagen offen auf dem Bett, dazwischen sein Taucheranzug und daneben der andere Gegenstand, der sich in dem Koffer befunden hatte: ein breiter Ledergürtel mit festen Taschen, in denen er alles unterbringen konnte, was er brauchte. Der Gürtel enthielt auch Halterungen für ein Holster, ein langes, brutal aussehendes Messer und eine Taschenlampe. »Es gibt keinen anderen Weg, Flicka. Tatsächlich wirst du mehrere Dinge erledigen müssen. Ein Anruf beim Hafenmeister und bei der örtlichen Polizei wäre der erste Schritt.«

»Du hast gesagt, das wäre der letzte Ausweg. Da warst du sehr bestimmt.«

Er wusste, dass sie recht hatte. Jemand, der sich hier in San Juan an die Behörden wandte, würde wahrscheinlich einfach in die nächstbeste Klapse verfrachtet werden. Geschichten über umherstreifende U-Boote, die einen Supertanker torpedieren wollten, würden mit ziemlicher Sicherheit als das Geschwätz eines Verrückten abgestempelt werden. Er schloss die beiden Koffer wieder ab und verstaute sie im Schrank.

»Dann ruf in den Staaten an. Ruf Langley an, oder sogar London. Die werden sich um die Sache kümmern.«

»Warum können wir das nicht einfach jetzt tun und uns still und leise aus der Sache raushalten? Wir überlassen es den Behörden.«

»Du weißt, warum wir das nicht tun können. Es ist eine Zeitfrage.«

»Quatsch, James, es ist eine Frage deines Stolzes. *Du* führst einen persönlichen Rachefeldzug gegen Tarn und *du* willst ihn persönlich zur Strecke bringen.«

Tief in seinem Inneren wusste er, dass sie vollkommen recht hatte, aber der Zeitfaktor machte ihm tatsächlich Sorgen. Er wusste genau, wie die Dinge laufen würden, wenn sie London anriefen. Der Ausschuss würde den Großteil des Tages damit verbringen, darüber zu entscheiden, ob es klug wäre, die ganze Geschichte an den amerikanischen Geheimdienst weiterzugeben. Außerdem hatte seine eigene Motivation längst die Oberhand gewonnen. Es gab kein Zurück mehr, so wie er es geplant hatte.

»James, wir haben grünes Licht bekommen, weil die Amerikaner Tarn – Apokalypse, wie sie ihn nennen – schnappen wollten. Niemand wird unsere Signale blockieren. Nicht jetzt, wo wir Tarns Mann, Christopher, ausgeschaltet haben und mit dem Okay der Amerikaner hier operieren.«

Er seufzte. »Ich bin nicht mal überzeugt, dass wir das Okay *haben.*«

»Was soll das heißen, James? Du wirst langsam paranoid.«

»Gib mir ein bisschen Zeit. Wenn ich bis Mittag nicht zurück bin, kannst du so viele Anrufe tätigen, wie du willst. Aber lass es mich wenigstens mit dem U-Boot versuchen. Vielleicht hast du recht. Vielleicht sollten wir alle alarmieren und beten, dass die Marines kommen, um diesem Wahnsinn ein Ende zu setzen. Aber lässt du mir ein bisschen Zeit, damit ich ihnen eine Chance verschaffen kann?«

Sie war alles andere als begeistert, aber in der kurzen Zeit, in der sie zusammen waren, hatte Flicka von Grüsse gelernt, dass James Bond ein gewaltiger Sturkopf sein konnte.

»Okay.« Sie funkelte ihn an. »Du bekommst deinen glorreichen Kampf, James. Geh und kümmere dich um das U-Boot, aber wenn du um neun nicht zurück bist, werde ich London alarmieren. Wenn es dann nicht schon zu spät ist. Du hast bis neun Uhr Zeit. Klar?«

Er schenkte ihr ein düsteres Lächeln, um anzudeuten, dass er mit dem Kompromiss einverstanden war. Ein Blick auf seine Uhr verriet ihm, dass es jetzt kurz nach neun am Abend war. »Ich habe weniger als zwölf Stunden.«

»Du solltest dich beeilen, James, denn ich werde nicht dafür verantwortlich sein, wenn dieser Hafen in Flammen aufgeht und die halbe Karibik für immer verseucht wird. Also leg los.«

Er verstaute die Gegenstände, die er brauchte, am Gürtel: seine Pistole, ein Messer, die kleine Taschenlampe, ein kompaktes Werkzeugset und die fünf länglichen Kistchen vom Boden des zweiten Koffers. Die Kistchen, die er als seine »kleinen Juwelen« bezeichnet hatte. Er hängte sich den Neoprenanzug über einen Arm und ging zu Flicka hinüber, die immer noch wütend aussah. »Keine Sorge, Flick. Ich komme wieder. Das ist nur eine Vorsichtsmaßnahme. Sobald ich zurück bin, werden wir gemeinsam London und Washington anrufen. Du hast ja recht, aber ich will auf alles vorbereitet sein.«

Sie klammerte sich an ihn, als würde sie ihm zum letzten Mal Lebewohl sagen. »Sei vorsichtig, mein lieber James. Ich brauche dich noch für die Hochzeit, erinnerst du dich?«

»Ich werde da sein, mit einem Lächeln im Gesicht und mit heiler Haut.«

»Um das Lächeln mache ich mir keine Sorgen. Sieh nur zu, dass auch alles noch dran ist.«

Wenige Minuten später setzte er sich auf dem Parkplatz des El Convento ins Auto und fuhr auf dem direktesten Weg aus San Juan und dann quer über die Insel nach Ponce.

Flicka riss sich zusammen, sobald er das Hotel verlassen hatte. Sie verfluchte sich sogar. In den Jahren, die sie beim Schweizer Geheimdienst verbracht hatte, war sie für ihre Ruhe und Entschlossenheit bekannt gewesen. Jetzt, wo Bond in ihr Leben getreten war, schien sie etwas von dieser ruhigen Gelassenheit verloren zu haben, und sie war nicht gerade erfreut über diese Entwicklung. Sie vermutete, dass es etwas mit ihrer Körperchemie zu tun hatte, denn Fredericka von Grüsse musste sich eingestehen, dass sie in ihrem ganzen Leben noch nie einen Mann mit dieser Intensität geliebt hatte.

Na ja, dachte sie, als sie begann, sich auszuziehen, *er hat bis neun Zeit, keine Minute mehr. Danach werde ich einen solchen Wirbel machen, dass London und die Amerikaner notfalls ein ganzes Kampfbataillon schicken müssen.*

Sie ging ins Badezimmer und gab sich der wohltuenden warmen Dusche hin. Als sie das Wasser schließlich abstellte, griff sie hinter den Vorhang und schnappte sich ein Handtuch, bevor sie hinausging.

Sie schrie auf, als sie die beiden sah: Maurice Goodwin und Beth. Sie standen direkt vor der Badezimmertür und Beth hielt die Beretta, die Flicka bei ihren Kleidern auf dem Bett gelassen hatte.

»Armer Schatz, du bist hier ganz allein. Ich dachte, wir leisten dir Gesellschaft.« Beth beäugte sie unangenehm. »Es ist okay«, fuhr sie fort. »Maurice muss gehen, aber ich kann dir Gesellschaft leisten, bis dein Freund zurückkommt.«

Flicka holte tief Luft. »Er kommt nicht zurück.« Sie hielt ihre Stimme gesenkt.

»Wer's glaubt, wird selig. Wenn ich ein Mann wäre, würde ich ein süßes Ding wie dich auf keinen Fall allein lassen.«

»Denkt doch, was ihr wollt. Aber er kommt nicht zurück, und damit Schluss.«

»Wo ist er hin?« Goodwin beäugte sie lüstern. »Ich muss es wissen, Miss von Grüsse, und zwar schnell. Beth hier ist geschickt darin, Schmerzen zuzufügen. Sie hat es zu einer Art Kunstform erhoben. Also, raus mit der Sprache. Wo ist er hin?«

»Es ist nicht mehr auf der Insel. Wenn ihr es unbedingt wissen müsst, wir hatten einen Streit. Er ist aus dem Hotel gestürmt und hat gesagt, dass er nicht zurückkommen wird.«

»Sagst du auch die Wahrheit, Süße?« Beth kam auf sie zu. Aus der Nähe betrachtet war sie ein bisschen älter, als Flicka gedacht hatte. Ende dreißig. An ihren Fingern steckten schwere Ringe und ihre Augen wirkten rot und entzündet wie von einer Bindehautentzündung, aber ihr Blick huschte unaufhörlich von einer Seite zur anderen, als hätte sie die außergewöhnliche Sehkraft eines Chamäleons.

»Sagst du die Wahrheit, Süße?«, wiederholte sie, und bevor Flicka etwas erwidern konnte, schnellte Beths rechte Hand vor und sie schlug ihr mit voller Wucht auf die Wange. Die schweren Ringe rissen ihre Haut auf und ihr Kopf wurde zur Seite geschleudert.

Sie fiel gegen die Wand, stützte sich ab und versuchte, sich nicht anmerken zu lassen, wie sehr der Schlag wehgetan hatte. »Sprich mit mir, du Miststück.« Beths Stimme klang leicht lallend und Flicka kam der Gedanke, dass die Frau unter Drogen stand.

»Ich habe doch gesagt …« Ihre Worte wurden von einer weiteren, schmerzhaften Ohrfeige unterbrochen. Diesmal härter und gefolgt von einem noch härteren Schlag mit der Rückhand gegen ihre andere Wange.

So überrumpelt und splitternackt konnte sie nur wenig ausrichten, aber sie musste sich wehren. Sie drehte ihren

Körper, um ein kleineres Ziel zu bieten, und stürzte sich auf die Frau, wobei sie mit einer Hand nach dem Hals ihrer Angreiferin schlug. Es war, als würde sie auf einen massiven Sandsack einschlagen, und sie schien Beth nur noch mehr in Rage zu bringen, denn wie aus dem Nichts traf eine Hand sie mit zwei schweren Schlägen auf die Brust.

»Sprich mit mir, Miststück. Wo ist er hin?«

»Ich weiß es nicht … Wirklich, ich weiß es nicht.«

»Die Wahrheit, Süße. Die Wahrheit wird dich frei machen, so steht es in der Bibel. Jetzt mach dich frei.« Wieder hob sie die Hand und dieses Mal konnte Flicka vor Schmerz kaum noch etwas sehen. Der darauffolgende Schlag mit der Rückhand ließ sie fast ohnmächtig werden, aber sie konnte die Stimme noch hören, einschüchternd und unerbittlich: »Die Wahrheit, Süße, sag mir einfach die Wahrheit, dann können wir alle so richtig Spaß haben.«

Sie hörte ihre eigene Stimme, die wie aus weiter Ferne klang. »Ich habe die Wahrheit gesagt. Ich weiß nicht …'«

Wieder der Schmerz. Jetzt war es, als würde sie in ihrer eigenen Welt der Qualen leben, obwohl die Stimme ihres Bewusstseins sie immer wieder ermahnte: »Sag ihnen nichts. Beschütze James.«

Sie tastete mit den Füßen nach der Wand und versuchte, sich auf Beth zu stürzen, die Hände zu Fäusten geballt, um der Frau an die Gurgel zu gehen. Bevor ihre Hände ihr Ziel jedoch auch nur annähernd erreichen konnten, wurde sie von einem weiteren Schlag zurück auf den Boden geschleudert.

»Sprich mit mir, Miststück.«

»Ich weiß es wirklich nicht. Hör auf! Ich weiß nicht …«

Sie betete, dass die Dunkelheit der Bewusstlosigkeit oder gar des Todes endlich käme, und wusste, dass mindestens einer ihrer Wangenknochen mit Sicherheit gebrochen war. Die Hände dieser furchtbaren Frau, verstärkt durch die schweren Ringe, waren wie Stahl. Der Schmerz erfüllte ihr gesamtes Wesen.

Und wieder diese Worte: »Die Wahrheit wird dich frei machen, Süße. Wo ist er hin?«

Ein weiterer Schlag auf die linke Wange, dann auf die rechte. Sie fühlte das Blut an ihrer Wange und an ihrer Nase hinunterlaufen, während Beths Stimme verzerrt klang. »Sag mir die Wahrheit, Miststück.« Noch ein Schlag. Eine ganze Lawine von Qualen. Ein Taubheitsgefühl, als sie von der Wand abprallte, und Stimmen, die aus weiter Entfernung drangen, vom Ende eines langen, dunklen Tunnels.

»Jetzt hast du's wieder geschafft, Beth. Sie ist bewusstlos.«

Flicka konnte die Worte kaum verstehen.

»Dann hat sie wohl die Wahrheit gesagt. Du weißt, wie das läuft, Mo …«

»Nenn mich nicht Mo. Mein Name ist Maurice.«

»Sie weiß nicht, wo er ist, das steht fest.«

»Dann sollten wir sie lieber hier wegbringen. Bring sie zu Max' Anwesen. Da kannst du sie in Ruhe bearbeiten, nur für den Fall, dass du dich irrst.«

»Ich irre mich selten, Baby. Das weißt du doch. Sie sagt die Wahrheit, also warum sollte ich sie nicht hier und jetzt erlösen?«

»Nein. Wir bringen sie auf die andere Seite der Insel. Du hast die weißen Kittel im Auto. Los geht's.«

Die Stimmen verstummten und Flicka glitt tiefer in die angenehme Ohnmacht. Sie spürte nichts mehr und verstand auch nichts mehr.

Bond fuhr schnell, aber hoch konzentriert. Sein Gewissen plagte ihn bereits, denn er wusste natürlich, dass Flicka recht hatte. Sie hätten die Behörden alarmieren sollen. Sie hätten die ganze Sache ihren Vorgesetzten übergeben und sich aus dem Staub machen sollen, weil sie wussten, dass Tarn und sein verrückter, besessener Plan einem Einsatz der richtigen Streitkräfte nichts entgegenzusetzen hätten.

Dennoch wollte ein Teil von ihm die Sache durchziehen. War es eine Frage des Ruhms? Ein Widerwille, dieses Leben der Gefahr für einen Schreibtisch und die Langeweile aufzugeben und andere Leute mit dieser Arbeit zu beauftragen?

Dann wandte er seine Gedanken von diesen Fragen ab. Er warf einen Blick auf die Digitaluhr des Armaturenbretts. Zehn Uhr. Er hatte elf Stunden, und wenn niemand das U-Boot bewachte, konnte er seine kleinen Juwelen platzieren. Ein paar Sekunden lang fragte er sich, welche Intuition ihn dazu gebracht hatte, Ann Reilly um diese besonderen Gerätschaften zu bitten. Die Juwelen bestanden aus je einem Kilo Plastiksprengstoff, einer kürzlich entwickelten Substanz mit der dreifachen Wirkung von herkömmlichem Semtex. Ein Kilo von diesem Zeug würde eine Menge Schaden anrichten, vor allem wenn es an den richtigen Stellen platziert würde. Die Hitze, die es erzeugte, hatte die Kraft einer Sauerstofflanze und konnte Stahl wie Butter durchdringen.

In den jeweils ein Kilo schweren Sprengstoffblöcken steckte einer der neuesten elektronischen Zeitzünder. Der kleine Zünder mit seinen winzigen, leistungsstarken Batterien konnte ähnlich wie ein Miniaturwecker eingestellt werden. Das Ziffernblatt war nicht größer als ein amerikanisches 25-Cent-Stück und konnte mit einem winzigen Schraubenzieher für einen Countdown von vierundzwanzig Stunden aktiviert werden. Er hatte einen Plan für diese tödlichen Geräte, und wenn sie erst einmal eingestellt waren, musste das Militär keine Zeit mehr damit verschwenden, das U-Boot zu finden. Er konnte nur hoffen und beten, dass es in dieser Nacht unbewacht war.

Seine Gedanken wanderten zu Q'uties Einfallsreichtum. Sie hatte ihm nicht nur die Sprengsätze besorgt, sondern ihre Nachricht war auch sehr genau gewesen, was den anderen Gegenstand betraf – den großen, sperrigen. Er musste an einem zugänglichen Ort liegen, und zwar genau dort, wo er ihn brauchte. Das hatte sie sehr deutlich gemacht und in Anbetracht des Mangels an Verstecken und der vielen Menschen, die tagsüber in San Juan unterwegs waren, musste sie es wirklich bis zum letzten Moment hinausgezögert haben, ihn zu platzieren. Aber woher konnte Q'utie wissen, *wann* dieser letzte Moment war? Er hatte die ganze Zeit etwas übersehen und jetzt offenbarte ihm die Logik eine wichtige neue Erkenntnis. Der Übergabeort dieses Ausrüstungsgegenstands ließ auf die unbestreitbare Tatsache schließen, dass es auf der Insel weitere aktive Agenten gab, die bereit waren einzugreifen, falls er sie brauchte.

Was hatte Q'utie geschrieben? *Einige unserer Freunde werden dafür sorgen, dass du das Ding bekommst, wenn du es wirklich brauchst.*

Mit einem plötzlichen Anflug von Euphorie wusste er, was das bedeutete, und er kam sich wie ein Idiot vor, weil er bis jetzt nicht darauf gekommen war. Es gab nur eine Art von Agenten, die sich verborgen hielten und auf den richtigen Moment warteten, um den Ausrüstungsgegenstand zu platzieren, den er im Sinn hatte. Er fluchte über sich selbst. Natürlich, und natürlich hätten sie London anrufen sollen. Er hätte darauf gewettet, dass sowohl Mitglieder des SAS als auch der amerikanischen Eliteeinheit Delta Force auf ihn warteten, ihn beobachteten und bereit waren einzugreifen, sobald sie das Signal erhielten. Flicka hatte recht gehabt, sagte er sich. Sie hätten es London und Washington überlassen können. Alles war bereits vorbereitet, und wenn die Elitetruppen ihre Arbeit richtig gemacht hatten, wussten sie bereits, dass etwas im Gange war.

Ihm ging durch den Kopf, dass er vielleicht nach Ponce fahren und von einer öffentlichen Telefonzelle aus einen Anruf tätigen sollte, aber er verwarf die Idee stur. Er würde versuchen, den Sprengstoff anzubringen, zu entkommen und Flicka anzurufen, um die Sache in die Wege zu leiten.

In Ponce bog er ab und nahm die Straße entlang der Küste. Schließlich fand er den schmalen Pfad, der zu der Baumgruppe führte, von der aus sie Tarns Anwesen beobachtet hatten.

Bevor er das Auto verließ, zog er den Neoprenanzug an, schnallte den Gürtel um und überprüfte die Ausrüstung in den Taschen und Halterungen. Dann ging er zu den Bäumen und blickte auf das Tarn-Anwesen hinunter. Bis auf ein beleuchtetes Fenster gab es dort unten kein Lebenszeichen.

Die Besatzung schlief entweder bis zum Morgengrauen oder war bereits unten in der Höhle, um das U-Boot seeklar zu machen.

Endlich drehte er sich um und ging den Pfad und die schmale Straße zurück, die er gekommen war. Als er die Hauptstraße erreichte, hielt er inne, bis sich seine Augen an die Schwärze der Nacht gewöhnt hatten. Es gab kein Lebenszeichen und nur das Rauschen des Meeres drang von der Felswand auf der anderen Straßenseite herauf. Er lief geduckt zum Warnschild und stieg die Stufen hinab, wobei seine Ohren nur das Tosen der Brandung wahrnahmen. Er hörte immer noch keine Stimmen und auch sonst keine menschlichen Geräusche, als er das Ende der Treppe erreichte.

Wie schon am Vortag schlich er an den Felsen entlang in Richtung des Netzes, das den Eingang zur Höhle verdeckte. Es herrschte Stille und es gab kein Licht im Inneren des behelfsmäßigen U-Boot-Bunkers. Er hob den Rand des Netzes an und trat ein, wobei er ganz still stand und all seine Sinne wie ein Radar auf jeden Hinweis auf ein anderes menschliches Wesen richtete.

Nichts.

Lächelnd löste er die Taschenlampe aus der Halterung, schaltete sie ein und ließ den Lichtstrahl an der walartigen Metallstruktur entlanggleiten, während er sich vorwärtsbewegte. Sein erster Verdacht war, dass es sich nicht um ein russisches U-Boot der Victor-Klasse handelte, wie man ihm hatte weismachen wollen. Die Größe und Form ließen auf etwas viel Älteres schließen. Vielleicht sogar ein deutsches U-Boot aus dem Zweiten Weltkrieg. Je näher er kam und je mehr er im Licht der Taschenlampe erkennen konnte, desto sicherer wurde er, dass es sich um ein U-Boot vom Typ VII C handelte.

Er überquerte die kleine, behelfsmäßige Gangway und kletterte die Leiter zur Spitze des Kommandoturms hinauf. Er öffnete die Luke und leuchtete mit seiner Taschenlampe ins Innere. Stille. Nichts außer dem beengten Raum der Röhre, die direkt in den Kontrollraum hinunterführte. Im Inneren roch es nach einer Mischung aus Öl, Politur und menschlichen Ausdünstungen. Die Besatzung des Schiffs hatte bis vor Kurzem hier unten gearbeitet. Spätestens im Morgengrauen würde sie zurück sein, aber er ließ sich davon nicht beunruhigen. Wenn er seinen Job richtig machen wollte, musste er sich Zeit nehmen und den Aufbau des U-Boots genau studieren.

Er blieb einige Zeit im Kontrollraum und betrachtete das Periskop, die Steuerelemente und Tauchregler. Ein Teil des Geheimnisses war nun gelüftet. Alle Bedienelemente und Instrumente waren mit hübschen Metallschildern versehen, auf denen ihre Verwendung in Englisch angegeben war, obwohl sie ursprünglich in Deutsch beschriftet worden waren. Die deutsche Beschriftung war entweder teilweise abgekratzt oder mit russischen Hinweisen überdeckt worden, sogar auf den Druck- und Tiefenmessern. Die Glasfronten waren entfernt worden, um russische Aufkleber auf die uhrähnlichen Instrumente zu kleben, bevor das Glas wieder eingesetzt worden war.

Es handelte sich um ein ehemaliges deutsches U-Boot, das wahrscheinlich von den Russen gekapert und für den eigenen Gebrauch umgebaut worden war, bevor sie mit dem Bau ihrer riesigen mit Atomraketen bestücken Flotte begonnen hatten, die während des gesamten Kalten Krieges die stärkste Waffe der UdSSR gewesen war.

Bond ging nach achtern, die schmalen Laufstege und Korridore entlang, und fragte sich, wie es wohl war, monatelang unter diesen äußerst beengten Bedingungen zu dienen. Er entdeckte einige Verbesserungen, von denen er annahm, dass sie von den Russen vorgenommen worden waren, darunter modernere Rettungsausrüstung – eine hochmoderne Druckschleuse, deren Luke vom Niedergang darunter zu erreichen war. Er zog sich in den kastenförmigen Schacht hinauf und sah, dass einige der neuesten Tauchretter in einem Container aufgereiht waren, der sich um drei Seiten des Schachts erstreckte. Darüber befand sich die Kammer der Druckschleuse mit den Rädern zum Öffnen und Schließen der Außenluke.

Er ließ sich auf den Niedergang hinunter und ging nach rechts zum Heck des U-Boots, dann wieder nach vorne, durch den Kontrollraum und weiter in Richtung Bug. Er passierte die kleinen, mit Vorhängen abgetrennten Bereiche, die der Besatzung und den Offizieren als Messe dienten, und ging weiter zu den Torpedorohren im Bug, wobei ihm auffiel, dass die Russen – oder der jetzige Besitzer – eine weitere Druckschleuse eingebaut hatten, die fast identisch mit der im Heck war.

An den Rädern der Torpedorohre waren rote Schilder mit der hingekritzelten Aufschrift *Rohr geladen*. Dahinter, an Backbord und Steuerbord, befanden sich die Gestelle, die normalerweise andere Torpedos aufnehmen würden. Sie waren leer und er erinnerte sich, dass Tarn an Bord der *Mare Nostrum* gesagt hatte, dass sie nur zwei Torpedos hätten, um sie die Aufgabe zu erfüllen.

Bond nahm die tödlichen kleinen Juwelen aus Plastiksprengstoff aus den Taschen an seinem Gürtel. Er legte sie in eine ordentliche Reihe und zog den kleinen Schraubenzieher heraus, mit dem er die Zünder scharf machen würde. Mit der Taschenlampe unter dem Kinn nahm er nacheinander die Ladungen in die Hand und arbeitete mit dem Schraubenzieher, bis alle fünf Zünder auf neunzehn Uhr fünfzig am nächsten Abend eingestellt waren. Das endgültige Scharfschalten – das Betätigen eines kleinen Knopfs in der Mitte jedes Ziffernblatts – erledigte er ganz zum Schluss und ging dann zum Backbordtorpedorohr, wo er das Rad drehte, mit dem sich die Verschlussklappe öffnen ließ.

Vor Jahren war er einmal in einem alten britischen U-Boot an die Küste eines anderen Landes geschmuggelt worden und erinnerte sich an die Stunden des Wartens. Einen Teil dieser Zeit hatte er mit einem alten Matrosen verbracht, der ihm den vergleichsweise einfachen Mechanismus dieser U-Boote aus dem Zweiten Weltkrieg gezeigt hatte. Wenn er sich recht erinnerte, waren die deutschen U-Boote nicht wesentlich anders. Ein Hebel an einer Seite des Rohrs hob eine gebogene Metalltrage an, auf der der Torpedo in das Rohr hinein- oder herausgeschoben werden konnte. Der Mechanismus hier war sehr ähnlich und gut geölt und gewartet. Der lange und tödliche Fisch glitt auf der Trage zurück, bis das Rohr leer war.

Vorsichtig nahm er die erste der Sprengstoffladungen und wickelte den eigentlichen Sprengstoff aus, den er wie einen großen Klumpen Knete formte und so weit vorne wie möglich auf der Oberseite des Torpedos platzierte. Die zweite Bombe befestigte er an der Mitte der Waffe, dann wiederholte er die

Schritte mit den Hebeln und der Trage in umgekehrter Reihenfolge und freute sich riesig, als der Torpedo zurück in sein Rohr glitt und er das Rad drehte, das die ganze Vorrichtung wasserdicht machte.

Dann wiederholte er die ganze Prozedur auf der Steuerbordseite. Insgesamt brauchte er dafür fast zwei Stunden. Eine der kleinen Bomben war noch übrig. Diese hatte er für eine weitere verwundbare Stelle vorgesehen. Mit der Gewissheit, dass der Plastiksprengstoff am nächsten Abend um zehn Minuten vor acht explodieren und wahrscheinlich auch die beiden Torpedos zünden würde, was allein mit ziemlicher Sicherheit den gesamten Bug des U-Boots wegsprengen würde, machte er sich wieder auf den Weg nach achtern.

Er erreichte das hintere Ende und suchte nach der Hauptleitung, die den Dieselkraftstoff zu den Motoren führte, wenn das U-Boot an der Oberfläche war. Unter Wasser lief es ausschließlich mit den riesigen Batterien, die an der Oberfläche durch den Dieselmotor aufgeladen werden mussten. Aber ob unter Wasser oder nicht, es war immer Treibstoff in der Leitung, und er formte die letzte Bombe um das Rohr herum, sodass sie nicht zu erkennen war – hoch oben und außer Sichtweite zwischen den anderen Rohren und Kabeln, die fast die gesamte Länge des U-Boots durchzogen. Wenn die Zeit gekommen war, würde der Bug weggesprengt werden und mit etwas Glück würde diese zweite Explosion den Diesel entzünden und den Rest des alten U-Boots in Stücke reißen.

Er seufzte erleichtert, als er seine Arbeit beendet hatte, und nachdem er sich vergewissert hatte, dass er keine Spuren seines Besuchs hinterlassen hatte, machte sich Bond auf den

Weg zurück. Er hatte die Hälfte des Wegs zum Kontrollraum zurückgelegt, als er erstarrte und lauschte. Über ihm ertönte ein Poltern und dann das unverkennbare Geräusch von Männern, die die Leiter an der Außenseite des Kommandoturms hochkletterten. Er hörte, wie der Erste von ihnen in den Kontrollraum hinunterkam und dann mit breitem schottischem Akzent rief: »Tja, jetzt gibt's kein Zurück mehr, Jungs, also kommt mal runter.«

Er war im Inneren des alten U-Boots gefangen.

23

In der Zwickmühle

Eine Sekunde lang schien er auf dem Deck festgewachsen zu sein. Er war so nah am Kontrollraum, dass er die Männer praktisch riechen konnte, die durch den Turm herunterkamen. Dann setzte er sich in Bewegung und ging leise zurück, bis er direkt unter der hinteren Druckschleuse stand. Als die Stimmen der Männer lauter wurden, schwang er sich in den Schacht in der Nähe des Rumpfs und zwängte seinen Körper in den kleinen Hohlraum, der ihn vor den Männern verbergen würde, die sich unter ihm bewegten.

Direkt unter ihm knisterte etwas und die schottische Stimme drang deutlich durch die Lautsprecheranlage. »Achtung! Achtung! Alle Mann an Deck zum Verlassen des Hafens. Alle Luken versiegelt.« Der Kapitän musste ein ehemaliges Mitglied der Royal Navy sein, wie er an seiner Ansage erkennen konnte. Sein Blut kochte vor Wut bei dem Gedanken, dass ein Offizier aus seinem eigenen ehemaligen Militärdienst das Kommando über Tarns U-Boot hatte, das Tod, Zerstörung und möglicherweise eine Umweltkatastrophe verursachen sollte, wie die Welt sie noch nie gesehen hatte. Bond befand sich wirklich in der Zwickmühle.

Er kauerte in Fötushaltung im Schacht und bewegte einen Arm, um einen Blick auf seine Armbanduhr zu werfen. Es war fast halb drei morgens. Hatte er wirklich so lange gebraucht, um den Plastiksprengstoff anzubringen? Zugegeben, er hatte sich nicht gerade beeilt. Der Gedanke, für mindestens siebzehn Stunden in diesem winzigen Raum eingesperrt zu sein, behagte ihm ganz und gar nicht. Warum wollten sie um diese Zeit ablegen, mitten in der Nacht? Er schob die Frage beiseite, denn die Antwort lag auf der Hand.

Das U-Boot musste sich unbemerkt von der Karibik- auf die Atlantikseite der Insel vorarbeiten und sich dann in Position bringen, um die *Golden Bough* zu erwischen, wenn sie an der Landzunge vorbeifuhr, auf der El Morro stand, um den Supertanker im Hafenbecken lahmzulegen. Sie wollten nicht riskieren, dass das U-Boot vom Festland aus gesehen wurde, und ruhig an der Küste entlangschippern, was bedeutete, dass sie, sobald die Sonne aufging, abtauchen und die Reise unter Wasser fortsetzen mussten.

Wie sah es mit Radarortung aus? Wenn nicht gerade nach einem U-Boot gesucht wurde, war es unwahrscheinlich, dass die Signatur dieses relativ kleinen Gefährts mehr als nur ein kleiner Fleck war, den man für einen Schwarm großer Fische halten würde.

Jemand eilte mit stampfenden Schritten unter ihm vorbei und für eine Sekunde bewegte sich seine Hand zu der Pistole an seinem Gürtel, für den Fall, dass das Besatzungsmitglied dort war, um die Luke der Druckschleuse zu überprüfen und sicherzugehen, dass das Sperrrad gesichert und geschlossen war.

Der Matrose lief direkt unter ihm vorbei, um achtern irgendetwas zu erledigen. Er entspannte sich wieder, als er ein Zittern im Metall um und unter sich spürte. Die Dieselmotoren wurden eingeschaltet und er nahm einen schwachen Luftzug wahr, der in den Schiffsrumpf gesaugt wurde. Dann: »Achtung! Achtung! Motoren langsam voraus. Leinen los am Bug. Leinen los achtern.«

Dann hörte er eine andere Stimme und ihm drehte sich der Magen um. »Das ist gut. Sehr aufregend«, sagte die Stimme in langsamem und vorsichtigem Deutsch. Kurt Rollen, der debile Partner von Saal, Saal und Rollen, war an Bord.

Er zuckte zusammen, als die Stimme ganz aus seiner Nähe zu kommen schien und er das Stampfen von Füßen über sich hörte – vermutlich die beiden Besatzungsmitglieder oben auf der abgerundeten Außenseite, die das U-Boot von den Anlegeleinen lösten.

Sekunden später schwankte es, als sie langsam aufs Meer hinausfuhren, und ein deutliches Zittern ging durch den Metallrumpf, sodass das ganze U-Boot lebendig schien.

Wieder ertönte die Stimme des Kapitäns: »Achtung! Achtung! Alle Mann auf Tauchstation, Hauptluke schließen!«

Er glaubte zu hören, wie die beiden Männer oben in den Kontrollraum hinunterkamen und das Radschloss quietschte, als es sie alle in diesem Metallsarg versiegelte – denn genau das würde er für die gesamte Besatzung werden, sobald die Uhr an diesem Abend auf sieben Uhr fünfzig sprang.

Über ihm befand sich sein eigener Fluchtweg, die Druckschleuse. In dieser Hinsicht machte er sich keine Sorgen. Erst vor ein paar Jahren hatte er die üblichen Auffrischungskurse absolviert, die M ihn regelmäßig besuchen ließ.

Diese Kurse brachten ihn wieder auf einen seetauglichen Stand und ermöglichten es ihm, ein paar Stunden mehr in sein Fahrtenbuch einzutragen und die modernsten Waffen und Verfahren zu studieren – einschließlich der Unterwasserrettung. Solange das U-Boot nicht weiter als einhundertzwanzig Meter von der Oberfläche entfernt war, konnte er problemlos aussteigen. Wenn es tiefer tauchte, würde er allerdings ernsthafte Schwierigkeiten bekommen.

Um die Druckschleuse zu aktivieren, würde er zuerst den Tauchretter aufsetzen müssen, der über den Kopf ging und fest um den Oberkörper befestigt wurde. Der obere Teil ähnelte dem Atemschutzgerät, das Feuerwehrleute trugen, um sich vor dem Einatmen von Rauch zu schützen, während der untere Teil als Schwimmweste fungierte. Diese Kombination ermöglichte es einem Besatzungsmitglied, das U-Boot zu verlassen, indem es in die Kammer kletterte, die wasserdichte Luke sicherte und dann den gesamten Zylinder bis auf einen kleinen Luftraum flutete. Das Atemgerät wurde über einen Luftanschluss an der Seite der Kammer aufgefüllt. Nachdem der obere Teil des Tauchretters gefüllt war, öffnete sich die Außenluke und das Besatzungsmitglied wurde ins Wasser gesogen und stieg schnell an die Oberfläche. Es dauerte nur eine Minute, bis der Rumpf geflutet war und die Evakuierung erfolgreich durchgeführt werden konnte. Wenn es länger dauerte, bestand die Gefahr, sich die »Taucherkrankheit« zuzuziehen – kleine

Stickstoffgasblasen konnten sich im Blut bilden, die unerträgliche Schmerzen verursachten und einen beim Auftauchen an die Oberfläche handlungsunfähig machten.

Die wirkliche Gefahr war allerdings, diese Methode in einer Tiefe von mehr als einhundertzwanzig Metern anzuwenden, da der Druck in diesen Tiefen tödlich sein konnte.

Er versuchte, seine Flucht zu planen. Flicka hatte betont, dass sie die Information weitergeben würde, wenn er nicht bis neun Uhr morgens zurückkäme, und er hatte keinen Zweifel daran, dass sie genau das tun würde. Würde es möglich sein, die Druckschleuse gegen zehn zu aktivieren? Zuerst hielt er das für eine gute Idee, auch wenn die Besatzung des U-Boots dann sofort merken würde, dass jemand sie benutzt hatte. Nach längerem Nachdenken kam er jedoch zu dem Schluss, dass das nicht die beste Option war.

Sie waren bestimmt mehrere Seemeilen von der Küste entfernt und es würde äußerst schwierig, eine solche Strecke zurückzuschwimmen, zumal der Kapitän – oder Tarns rechte Hand, Maurice Goodwin – durchaus einen erfahrenen Taucher an die Oberfläche schicken könnte, um ihn zu verfolgen und zur Strecke zu bringen.

Nein, es gab nur eine Möglichkeit, die ihm offenstand. Abzuwarten, die Enge des Schachts zu ertragen und gegen sieben Uhr fünfundvierzig zu fliehen, wenn das U-Boot sich für den Torpedoangriff auf die *Golden Bough* in Position brachte. Es würde eine lange Fahrt werden, mit vielen Risiken, die er einkalkulieren musste.

Es war immer noch gut möglich, dass seine Anwesenheit von einem Besatzungsmitglied entdeckt wurde. In diesem Fall wäre er zumindest vorgewarnt. Er würde genug Zeit haben, den Mann außer Gefecht zu setzen und notfalls zu töten, dann in die Kammer der Druckschleuse zu klettern und sich aus dem Staub zu machen, wo auch immer sie sich gerade befanden.

Die Flucht bis zum letzten Moment aufzuschieben war genauso gefährlich. Wenn Flicka erst einmal London und Washington alarmiert hatte, konnte er nicht wissen, wie sie reagieren würden. Mit Schrecken stellte er fest, dass nach neun die Möglichkeit bestand, dass Hubschrauber die Küste absuchen und mit ihrem Sonar das U-Boot orten würden, um es dann mit Wasserbomben zu sprengen.

Je mehr er über seine Situation nachdachte, desto mehr kam Bond zu dem Schluss, dass er in einer aussichtslosen Lage war. Er zog sogar die Möglichkeit in Betracht, aus seinem Versteck hinunterzuklettern, das U-Boot zu durchkämmen und die Besatzung einen nach dem anderen zu töten, obwohl das nahezu unmöglich schien. In dem U-Boot mussten sich mindestens zwanzig Männer befinden, von denen einige sicherlich bewaffnet waren. Seine Chancen, die gesamte Besatzung auszuschalten, waren gelinde gesagt minimal. *Abwarten*, beschloss er. *Erst handeln, wenn sich etwas Dramatisches ereignet.*

Die Stimme des Kapitäns ertönte wieder über die Lautsprecheranlage. »Achtung! Wir erreichen die maximale Geschwindigkeit an der Oberfläche und werden sie bis zum Morgengrauen beibehalten, wenn kein anderes Schiff auftaucht. Sobald es hell wird, tauchen wir ab. In vier Minuten werden wir in der Nähe des Leuchtturms Caja de Muertos vorbeifahren. Das bedeutet, dass wir in etwa fünfzehn

Minuten in gutem Tauchwasser sind. Sobald wir abgetaucht sind, werden wir wie geplant leise und tief tauchen, bis wir uns heute Abend dem Hafen von San Juan nähern.«

Damit war jede Chance auf eine Flucht auf dem Weg nach San Juan zunichtegemacht. Er lehnte seinen Kopf gegen die Metallwand seines Verstecks, versuchte, seine ohnehin schon schmerzenden Muskeln zu dehnen und zu entspannen, und schloss die Augen.

Das Dröhnen des Motors und die schaukelnde Bewegung des U-Boots entfalteten eine hypnotische Wirkung. Langsam glitt Bond in die Tiefen des Schlafs.

Er wurde von der Stimme des Kapitäns geweckt, die zu rufen schien: »Wir tauchen! Wir tauchen!« Sein kleines Metallgefängnis kippte bedrohlich und er konnte den Druck in seinen Ohren spüren, als sie abtauchten. Ein Blick auf seine Uhr verriet ihm, dass es fast halb sechs war. Er hatte schreckliche Krämpfe in den Beinen und sein Rücken und seine Arme schmerzten, als hätte er eine lange und anhaltende körperliche Belastung hinter sich. Er seufzte leise. Noch mindestens vierzehn Stunden. Er fragte sich ernsthaft, ob er das aushalten würde.

Die Bewegung des U-Boots veränderte sich. Er kannte dieses Gefühl: das Abtauchen und Vorwärtsrollen, während sie tief unter die Meeresoberfläche glitten. Selbst an seiner Position war das regelmäßige Pingen des Radars zu hören. Ein paar Minuten lang dachte Bond wieder darüber nach, es mit der gesamten Besatzung aufzunehmen. Erneut verwarf er diesen Gedanken als unmöglich und dachte über den bisherigen Verlauf der Operation nach.

Wie so oft unter diesen Umständen hatte er sich von der Q-Abteilung Dinge erbeten, die er wirklich brauchte. Es war fast, als könnte er hellsehen, dachte er, doch er wusste, dass es in Wahrheit an seiner langen Erfahrung lag. Was hatte ihn bewogen, um Plastiksprengstoff zu bitten? Die Tatsache, dass er schon lange vor seiner Abreise gewusst hatte, dass Tarn etwas vorhatte, das mit dem Meer zu tun hatte. Außerdem hatte er bei schwierigen Einsätzen fast immer um irgendeine Form von Plastiksprengstoff gebeten. Wieder einmal war es die Erfahrung. Dann dachte er über das andere wichtige Gerät nach, von dem er jetzt sicher war, dass es von Elitetruppen für ihn aufbewahrt wurde, die wahrscheinlich jeden seiner Schritte beobachtet hatten.

Würde er den Powerchute wirklich brauchen, fragte er sich – denn darum hatte er gebeten und Q'utie hatte sich große Mühe gegeben, ihn auf die Insel zu bringen. Der Powerchute, der seit einigen Jahren als Sportgerät eingesetzt wurde, war vom SAS angepasst und weiterentwickelt worden. Im Wesentlichen bestand er aus einer dreieckigen Konstruktion aus einer sehr leichten Legierung. Es gab einen gepolsterten Sitz für den Piloten – man brauchte keine Fluglizenz, um diese Maschine zu fliegen – und dahinter einen kleinen Rasenmähermotor, der einen Propeller antrieb, der von einer breiten Drahtgeflechttrommel ummantelt war, wie man sie zum Schutz von Ventilatoren im Haushalt verwendete. Das Gestänge war an einem fast länglichen Fallschirm mit Tragflächenprofil befestigt. Wenn der Pilot den Schubhebel betätigte, bewegte der Propeller die Maschine vorwärts, indem er den Fallschirm aufblies und sie so in die Höhe trug.

Sobald die Maschine in der Luft war, wurde sie ähnlich wie ein Hängegleiter gesteuert. Durch Körperbewegungen und das Erhöhen und Verringern der Schubkraft wurde der Fallschirm zum Steigen, Drehen und Sinken gebracht.

Der SAS hatte im vergangenen Jahr mit diesem beliebten Fluggerät experimentiert. Bond hatte sogar schon ein paarmal eins geflogen. Der Special Air Service, der über die erfahrensten HALO (High Altitude Low Opening)-Fallschirmspringer der Welt verfügte, hatte den Powerchute so verändert, dass er eine oder zwei Personen über längere Strecken und mit höherer Geschwindigkeit befördern konnte. Die Lieblingsübung der SAS-Leute war es, über schwieriges Gelände zu fliegen, auf eine Höhe von etwa dreitausend Metern zu steigen, den Motor abzuschalten und lautlos zu einem bestimmten Ziel zu gleiten.

Er hatte wegen des Geländes um Puerto Rico um einen Powerchute gebeten, vermutete er nun, und Ann Reilly hatte ihm gesagt, dass das Gerät unterhalb der Außenmauern des El Morro – auf der Atlantikseite mit Blick aufs Meer – auf ihn warten würde, wo sich das Gras von den darunterliegenden Felsen bis zum Meer erstreckte. Seine Intuition hatte ihn um einen Powerchute bitten lassen. Bevor er losgeflogen war, hatte er nicht wissen können, dass sich Tarn zum Zeitpunkt seines Einsatzes auf der obersten Ebene um die höchsten Geschützstellungen der Festung herum aufhalten würde.

Jetzt hatte er die Puzzleteile zusammengesetzt und wusste ohne den geringsten Zweifel, dass Elitetruppen in der Nähe sein mussten, wahrscheinlich unter einem gemeinsamen britischen und amerikanischen Kommando. Er begann zu überlegen, wie er das unruhige Wasser durchqueren konnte, das gefährlich gegen die Felsen an der Außenseite des El Morro brandete. Das war eine gute Möglichkeit, sich die Zeit zu vertreiben, denn er war sich jetzt auch sicher, dass Flicka bis neun Uhr ihre Anrufe getätigt haben würde. In diesem Fall würden sie es nicht einmal bis zum Hafen schaffen. Er musste sich darauf vorbereiten, schnell aus der Druckschleuse zu entkommen, bevor das U-Boot von Wasserbomben zerfetzt wurde.

Er döste eine Weile vor sich hin, ohne vollständig in die Tiefen der Bewusstlosigkeit abzugleiten, und wachte auf, als er Stimmen hörte. Er drehte sich in dem engen Raum um und lehnte sich vor. Zu seiner Überraschung stellte er fest, dass er alles, was im Kontrollraum gesagt wurde, hören konnte, wenn er seinen Kopf an die Öffnung des Schachts schob.

»Wenn wir so weitermachen, sind wir ganz schön früh da.« Das war die Stimme des schottischen Kapitäns.

»Lieber früh dran, als in letzter Minute noch einen Sprint hinlegen zu müssen.« Maurice Goodwin klang wichtigtuerisch.

»Aye, also, ich kann wahrscheinlich ein bisschen aufs Meer rausfahren. Vielleicht kann ich sogar die beiden Torpedos in die *Golden Bough* jagen, bevor sie den Hafen erreicht.«

»Das wird nicht passieren«, schnauzte Goodwin. »Sie werden sich an die Anweisungen halten, Jock. Haben Sie mich verstanden? Sie halten sich exakt an die Anweisungen, Wort für Wort. Das verdammte Schiff muss innerhalb des Hafens getroffen werden. Und zwar genau dann, wenn es einläuft.«

»Ich hab mir nur einen Spaß erlaubt, Jungchen.«

»Spaß hat auf diesem U-Boot nichts verloren, Jock. Das hier ist eine verdammt gefährliche Angelegenheit.«

»Keine Sorge, Jungchen. Wir schicken den Aal in den Tanker und Minuten später sind wir wieder weg.«

»Sehen Sie nur zu, dass Sie zur richtigen Zeit am richtigen Ort sind. Ich will die *Mare Nostrum* auf unserer Backbordseite sehen, bevor die Torpedos pünktlich um acht abgefeuert werden.«

»Wie gesagt, keine Sorge, Maurice. Ich genieße das hier. Erinnert mich an meine Jugend, als ich auf dem Atlantik Nazis gejagt hab.«

Bond zog den Kopf zurück, spannte die Schultern an, streckte seine Glieder erneut so weit wie möglich und lehnte sich dann zurück. Der schottische Kapitän war offensichtlich ein Mann, der Leute wie Maurice Goodwin nicht ernst nahm. Tarn musste dem alten Matrosen eine Menge Geld zahlen, doch wie er ihn kannte, fragte sich Bond, ob der Plan tatsächlich vorsah, dass der Kapitän und die Mannschaft jemals das U-Boot verlassen würden. Ihm kam der Gedanke, dass er es gründlicher hätte durchsuchen sollen. Es war immer möglich, dass Tarn es bereits sabotiert hatte, sodass es auf dem Rückweg um die Insel herum havarieren würde. Und möglicherweise konnte er so auch andere Schwachstellen wie Maurice Goodwin aus dem Weg räumen. Das würde zu ihm passen.

Er döste wieder ein und wachte um kurz nach acht auf. Noch immer fast zwölf Stunden und die Müdigkeit kroch jetzt in jede Faser seines Körpers. Er glitt wieder in ein Nickerchen und fiel schnell in den langen, dunklen Tunnel des Schlafs. Er träumte davon, nach Perlen zu tauchen, und spürte, wie das Wasser ihn umspülte, als er zum Grund eines klaren Meeres schwamm und Austern zwischen den Felsen aus dem Sand fischte.

An einem langen Strand wartete Flicka auf ihn und lächelte vergnügt, als sie ihm die Austern abnahm und sie aufschnitt, um die Perlen in der Mitte des Fleischs zu enthüllen.

Dann war der Traum vorbei und er wachte halb auf, zu müde, um sich auch nur zu bewegen, und erlaubte sich, weiterzuschlafen.

Als er wieder zu sich kam, schreckte er erneut auf und hatte das Gefühl, dass er sehr lange bewusstlos gewesen war. Vor lauter Krämpfen und Schmerzen in seinen Gliedern konnte er sich kaum bewegen, aber er schaffte es, einen Blick auf seine Uhr zu werfen. Unmöglich – die Edelstahlzeiger der Rolex zeigten zehn nach drei.

Das U-Boot war immer noch unterwegs und bewegte sich mit hoher Geschwindigkeit unter der Wasseroberfläche. Das Gemurmel aus dem Kontrollraum, das Brummen der Motoren und das Pingen des Radars unterbrachen den gleichmäßigen Rhythmus der Fahrt. Zum ersten Mal hatte er einen Albtraum von Flicka. Sie wollte an diesem Morgen um neun Alarm schlagen, also vor über sechs Stunden. Wenn sie das getan hätte, müsste das U-Boot sich jetzt entweder still und leise in der Tiefe verstecken oder versuchen, den mit Sonar ausgerüsteten Hubschraubern zu entkommen.

Er schüttelte den Kopf und hörte, wie Flicka noch vor Kurzem zu ihm gesprochen und im Flieger gesagt hatte, sie wisse nicht, ob sie diesen Anblick noch einmal sehen werde. Er spürte, wie sein Körper vor Entsetzen fröstelte, und sein Schädel dröhnte.

Wenn Flicka etwas zugestoßen war, war das ganz allein seine Schuld. Wenn er auf sie gehört hätte, wären sie jetzt zusammen und hätten die Sache zu Ende gebracht, ohne dass einer von ihnen in unmittelbare Gefahr geraten wäre.

Sein Verstand war wie betäubt und er bemerkte, dass seine Hände zitterten. Es war drei Uhr nachmittags. Er sah noch einmal nach, um sich zu vergewissern, dass er die Zeit auf seiner Uhr nicht geträumt hatte. Nein, sie stimmte und etwas tief in seinem Unterbewusstsein sagte ihm, dass Fredericka von Grüsse in großer Gefahr war.

24

SeaFire

Die Minuten wurden zu Stunden, die Stunden zu Tagen. An Schlaf war für Bond nicht mehr zu denken. Jeder Nerv und jede Sehne war zum Zerreißen gespannt. Es kam nicht oft vor, dass er es zuließ, dass Probleme seinen Geist so belagerten, aber es ging hier um Fredericka, die Frau, die er liebte. Die Frau, die er heiraten wollte. In seinem Kopf tauchte ein schreckliches Gespenst aus der Vergangenheit auf: ein verschwommenes Bild seiner ersten Frau, Tracy di Vicenzo, die nur wenige Stunden nach der Hochzeit gestorben war, ihr Gesicht in den Trümmern des Lenkrads seines Lancia begraben, der von den Kugeln seines alten Feindes Ernst Stavro Blofeld zerfetzt worden war.

Das Bild überlagerte sich in seinem Kopf, Tracys Gesicht machte eine Verwandlung durch und nahm Flickas liebliche Züge an. *Wenn ihr etwas zugestoßen ist*, dachte er, doch er verdrängte selbst diesen Gedanken. Er hatte sich bereits entschlossen, Sir Max Tarn zur Rechenschaft zu ziehen, tot oder lebendig. Wenn ihr etwas zugestoßen war … wäre der Tod für Tarn nicht Strafe genug.

Das Bild kehrte zurück und mit ihm die Gewissheit, dass etwas nicht stimmte. Mit dieser Gewissheit kam auch ein neues Gefühl des Hasses auf Max Tarn. In seiner langen Karriere hatte Bond nur selten echte Gefühle zwischen sich und einer Zielperson zugelassen. Jetzt war da echte Wut, eine Wut, die ihn zu verzehren schien. Wenn er das Glück hatte, Tarn lebend zu begegnen, würde sein Tod langsam und grausam werden.

Gegen sechs wurden seine schlimmsten Befürchtungen bestätigt. Sie hatten die Motoren abgestellt und lagen einfach still im Wasser. Er hatte den Kapitän sagen hören, dass sie nur eine halbe Stunde brauchen würden, um in Position zu gehen. »Es hat keinen Sinn, zu früh zu sein«, hatte er zu Goodwin gesagt.

Der Kapitän und Goodwin waren gerade zurück zum Heck gegangen. Als wollten sie sich ein wenig die Beine vertreten, überquerten sie das Deck zweimal und blieben schließlich fast unter dem Schacht stehen, in dem Bond zusammengekauert lag und sich nicht rührte.

»Was passiert, wenn Sir Max mit diesem AAÖVS-Ding richtigliegt?«, fragte der Kapitän.

»Weiß der Himmel.« Maurice Goodwins Stimme war ausdruckslos und verriet nicht, was er wirklich dachte. »Ich werde wohl still und leise verschwinden. Ich habe genug Geld gespart, um es mir für den Rest meines Lebens in Rio oder sonst wo bequem zu machen. Ich will einfach nicht in der Nähe sein, wenn er seine Partei in Deutschland wirklich organisiert. So wie die Dinge in Europa stehen und bei der Stimmung in der Bevölkerung ist der Weg für ihn geebnet.

Wenn das passiert, wird die wahre Hölle zurückkehren und diesmal könnte der Irre gewinnen.«

»Sie würden den Chef also verlassen?«

»Ich schlage vor, Jock, dass Sie Ihr Geld nehmen und so schnell wie möglich verschwinden. Ich bin mir ziemlich sicher, dass dieses AAÖVS nicht funktionieren wird. Es wird eine Katastrophe geben, wenn Sie den Aal in den Tanker schießen, und ich habe keinen Zweifel daran, dass die Behörden ihr Bestes tun werden, um ihn zur Strecke zu bringen. Der Mann ist verrückt, Jock. Völlig übergeschnappt, aber er ist verdammt clever. Ich würde nicht damit rechnen, dass er gefasst wird, und wenn doch ...«

»Sie glauben, er würde sich erwischen lassen?«

»Sie meinen, eher würde er Selbstmord begehen? Oh nein. Max wird immer denken, dass er im Recht ist, weil er keine wirkliche Vorstellung von richtig oder falsch hat. Männer wie Sie und ich wissen, wo wir stehen. Wir wissen, was wir getan haben, und wir können zwischen Gut und Böse unterscheiden. Bei Max ist das anders. Er *muss* im Recht sein. Wenn er seine Mutter ermordet hätte und dabei erwischt worden wäre, wie er mit der Axt in der Hand über ihr steht, hätte er eine Verteidigung, wie fadenscheinig auch immer, vorgebracht, um zu beweisen, dass er in Wirklichkeit das Richtige getan hat. Außerdem ist er ein gefährlicher Gegner. Wenn Sie die Dinge gesehen hätten, die ich gesehen habe, Jock, wüssten Sie das.«

Nach ein paar Sekunden der Stille fragte der Kapitän: »War nicht die Rede davon, dass hier in Puerto Rico jemand hinter ihm her ist?«

»Allerdings, ja. Einer von ihnen ist immer noch irgendwo da draußen. Britische und amerikanische Geheimdienstleute. Wir haben den Yankee und die Britin im Haus. Sie sind dort mit Beth. Sie haben Beth kennengelernt, oder?«

»Ja, und ich würd lieber nicht zu viel Zeit mit ihr verbringen. Es würd mir sogar nichts ausmachen, sie nie wiederzusehen.«

»Sie ist Max' Geheimwaffe, und zwar eine sehr fiese Waffe. Er besorgt die Drogen und sie geilt sich daran auf, Schmerzen zuzufügen und sogar zu töten.«

»Sie hat den Yankee und die Britin nicht getötet?«

»Noch nicht, aber nur ruhig Blut. Wenn Max nicht da ist, um sie unter Kontrolle zu halten, könnte Beth mordlustig werden. Seltsame Frau. Ich habe sie schon freundlich und zärtlich erlebt, wenn sie allerdings unter Drogen steht und Max ihr Dinge einredet, ist das eine ganz andere Sache. Aber die beiden Mädchen, Cathy und Anna, können genauso tödlich sein. Sie kämpfen wie ausgebildete Soldaten.«

»Das hab ich mir schon gedacht. Sie ködern auch gern die Männer.«

»Beide würden mit einer Ziege schlafen, würden sie glauben, dass sie das befriedigt.«

Bond, der sich dehnte und versuchte, seinen Kreislauf in Schwung zu bringen, hatte dem Gespräch mit der Art von Entsetzen zugehört, das die meisten Menschen empfanden, wenn sie sich einem Skorpion oder etwas Tödlicherem wie einer Kobra gegenübersahen.

Wenigstens wusste er jetzt, dass Flicka noch am Leben war, oder zumindest war sie es gewesen, als Goodwin sie zuletzt gesehen hatte. Zum x-ten Mal an diesem langen Tag wanderte seine Hand zu seiner Pistole. Ein Teil seines Verstands sagte ihm, er sollte jetzt losschlagen und versuchen, die Besatzung auszuschalten. Zum Teufel mit allen anderen, Hauptsache, er fand Flicka und stellte sicher, dass sie außer Gefahr war. Seine vernünftigere Hälfte hielt ihn jedoch zurück. Immerhin würde es jetzt nicht mehr lange dauern.

Die Zeit kam ihm allerdings sogar noch länger vor als der erste Teil des Tages. Seine Uhr tickte weiter und er begann automatisch, etwa einmal pro Minute daraufzublicken. Schließlich, gegen neunzehn Uhr, setzten sie sich wieder in Bewegung.

Eine halbe Stunde später hörte er den Kapitän rufen: »Periskop ausfahren!« Der Mechanismus jaulte auf und kurz danach ertönte: »Fünf Grad nach backbord.« Um genau neunzehn Uhr dreißig gab der Kapitän den letzten Befehl. »Maschinen stoppen. Wir sind da und die *Golden Bough* nähert sich. Ich kann sehen, wie sie direkt auf die Landzunge zusteuert. Sie ist pünktlich und ich schätze, dass wir sie um Punkt acht in Sichtweite haben werden. Torpedos bereithalten.«

Wieder hieß es Warten. Bonds Uhr zeigte sieben Uhr fünfunddreißig an. Fünfzehn Minuten, bevor sein Plastiksprengstoff das U-Boot hochjagen würde. Zeit, sich bereit zu machen. Langsam erhob er sich, wobei seine Beine, seine Arme und sein Rücken nach der krummen Haltung, in der er den ganzen Tag hatte verharren müssen, protestierten.

Aus dem Kontrollraum hörte er: »Die *Mare Nostrum* ist auf unserer Backbordseite bereit zum Einlaufen. Fünfzig Meter nach backbord und auf Kurs bleiben. Alle Mann bereithalten.«

Er nahm einen der Tauchretter, griff dann nach oben und zog sich in Richtung der Kammer. Als er sich bewegte, glitt ihm der Tauchretter aus den Fingern und fiel klappernd aufs Deck.

Er erstarrte, dann streckte er sich leise nach einem weiteren Tauchretter. Als er sich bewegte, wurde sein rechter Knöchel von etwas gepackt, das sich wie ein Schraubstock anfühlte. Nach einem gewaltigen Ruck fiel er auf das Metalldeck. Die riesige Gestalt von Kurt Rollen beugte sich über ihn. »Engländer!«, zischte er. Für den Bruchteil einer Sekunde fand Bond das Wort sowohl amüsant als auch treffend, dann packten ihn zwei gewaltige Hände an den Schultern, hoben ihn hoch und ließen ihn wieder aufs Deck fallen. Er zog die Knie an und trat dann mit aller Kraft zu, wobei seine Fersen Rollen knapp unterhalb der Knie erwischten.

Der Deutsche stieß einen unwirschen Schrei aus, halb Schmerz, halb Wut, als er nach hinten gegen einen Pfosten taumelte. Er mochte groß sein, aber nicht sehr beweglich. Rollen prallte hart gegen das Metall und seine Arme ruderten wie Äste in einem Wirbelwind.

Das verschaffte Bond gerade genug Zeit, um sein Messer zu ziehen, und er bewegte sich sehr schnell vorwärts, das Messer in der klassischen Position haltend – Daumen unten, die Finger um den Griff geschlungen, Klinge nach vorn. Er warf sich auf Rollen, der wild um sich schlug und versuchte aufzustehen. Die Klinge des Messers grub sich in ihr Ziel wie ein Spaten, der in weiche Erde gestoßen wurde.

Rollen stieß einen fürchterlichen Schrei aus, bevor er kraftlos und aus dem Bauch blutend zusammensackte.

Das Poltern und der Schrei würden sicherlich jemanden aus dem Kontrollraum auf den Plan rufen, also schob Bond das Messer zurück in die Scheide und sprang nach oben, zog sich in den Schacht, schnappte sich einen weiteren Tauchretter und kletterte dann in die Druckschleuse. Rufe und stampfende Schritte ertönten auf dem Deck, kurz bevor er die runde untere Luke einrasten ließ und das Rad drehte, um sie zu verriegeln und so die Kammer nicht nur wasserdicht, sondern auch unerreichbar zu machen.

Bond rückte den Gürtel zurecht, um sicherzustellen, dass sowohl seine Automatik als auch das Messer gut befestigt waren, und drehte an den beiden handtellergroßen Zahnrädern, wobei er einen Blick auf seine Uhr warf. Ihm blieb nur noch sehr wenig Zeit. Das Wasser flutete die Kammer, und zwar viel schneller, als er es von seiner letzten Fluchtübung in Erinnerung hatte. Er setzte den Tauchretter auf, befestigte ihn und schraubte das Ventil auf den Luftanschluss, wobei er darauf achtete, dass sein Kopf in der Ausbuchtung oben in der Kammer blieb.

Das Wasser stand ihm inzwischen bis zu den Schultern und stieg rapide an. Er sah, wie der Lichtpunkt aufleuchtete, der anzeigte, dass sein Lufttank voll war, und befreite sich vom Luftanschluss. Dabei erhaschte er einen Blick auf seine Uhr. Es war sieben Uhr sechsundvierzig.

Das Wasser rauschte über seinen Kopf, die obere Luke sprang auf und er wurde nach oben katapultiert.

Obwohl er in Sekundenschnelle an die Oberfläche geschossen war, schien die Reise endlose Minuten zu dauern, und als er durch die Oberfläche in die Nacht über ihm brach, war er vollkommen desorientiert. Erst sah er nur Dunkelheit, dann die Lichter von San Juan. Er riss sich den Tauchretter vom Kopf, sog tief Luft ein und ruderte mit Armen und Beinen, um sie zu lockern. Er drehte sich um dreihundertsechzig Grad und sah die *Mare Nostrum*, die nur von ihren Positionslichtern beleuchtet war, weniger als zehn Meter entfernt.

Er fing an zu schwimmen und umkreiste die *Mare Nostrum*, sodass er an ihrem Heck herauskam, wobei er auch das Geräusch anderer Motoren in der Nähe wahrnahm. Dort kam die *Golden Bough* durch den Kanal, direkt hinter der Landzunge, von der sich der El Morro wie ein langes, steinernes Schlachtschiff erhob.

Er erreichte das Heck der *Mare Nostrum* gerade, als er die Schockwelle spürte. Eine Sekunde lang brachte er sie nicht mit dem in Verbindung, was er getan hatte, sondern hielt sie für eine außergewöhnlich starke Meeresströmung. Das Meer schien sich um ihn herum zu heben, wie ein Strudel zu wirbeln und ihn mit Dutzenden von Händen zu packen, die ihn nach unten ziehen wollten. Dann kam die Explosion aus der Tiefe, ein großes, dröhnendes Geräusch, gefolgt von einer weißen Wasserfontäne, die der Vorbote einer noch größeren, langen Blase war. Es war, als wären drei oder vier Wasserbomben direkt unter der Oberfläche explodiert.

Er griff nach einem Seil, das vom Heck der *Mare Nostrum* baumelte, und hielt sich fest, während das Meer noch immer an ihm zerrte, als wäre es ein Mensch, ein Urwesen, das ihn herumwirbelte und dann nach oben schleuderte. Die *Mare*

Nostrum schaukelte und wogte mit dem brodelnden Meer. Schließlich bekam er das Seil mit beiden Händen zu fassen und zog sich aufs Heck des Schiffs.

Aus dem Steuerhaus kamen Schreie und Geräusche und er hatte kein schlechtes Gewissen bei dem, was er im Begriff war zu tun.

Er zog die Pistole aus der Halterung, entsicherte sie und schrie aus vollem Hals: »Connie? Connie Spicer?«

»Was zum Teufel …?« Connie stürmte aus dem Steuerhaus und starrte zu ihm zurück, wobei er sich festhielt, um das Gleichgewicht auf dem immer noch schwankenden Deck zu halten.

Bond feuerte vier Schüsse ab, zwei und dann noch zwei, sauber gruppiert um den Brustbereich. Spicer schrie nicht auf und wirkte nicht einmal überrascht, innerhalb eines Wimpernschlags war er tot. Sein Körper wurde von den einschlagenden Kugeln zurückgerissen, schien sich langsam zu erheben und parallel zum Deck zu schweben, bevor er gegen die Reling und darüber hinweg geschleudert wurde.

Vesta Motley schrie und er konnte Fritz an der Stelle sehen, wo Connie gestanden hatte, die Hände flehend erhoben.

»Ich bin es.« Bond rannte vorwärts, das Deck schwankte noch immer unter seinen Füßen. Über den Vorschiffsbereich konnte er sehen, wie das Meer weiß blubberte und Trümmerteile an die Oberfläche gespült wurden. Während er rannte, fragte er sich, wie er das alles in der Dunkelheit der Nacht sehen konnte, dann sah er, dass der große Tanker in einer Entfernung von einer halben Meile zwei Suchscheinwerfer aufs Wasser gerichtet hatte.

»Mr Bond!« Anton Fritz blieb der Mund offen stehen, als er sah, wie die große Gestalt versuchte, auf ihn zuzulaufen.

»Ja! Starten Sie die verdammten Motoren, ich habe eine Verabredung einzuhalten!«

»Was ist passiert?«, rief Rexinus aus dem Steuerhaus.

»Ist doch egal. Ich habe Sie gerade vor dem Feuertod bewahrt. Geben Sie Vollgas und fahren Sie aus dem Hafen. So schnell Sie können.«

»War das das U-Boot?« Rexinus war von Panik zu plötzlicher Gelassenheit übergegangen und drückte den Steuerhebel nach vorne, sodass Bond sich an der Tür zum Steuerhaus festhalten musste. Der Bug hob sich, drehte sich und umrundete den riesigen Supertanker, als Rexinus das Steuer herumriss, um sie aus dem Hafen zu bringen.

»Ich möchte, dass Sie die Landzunge umfahren. Ich muss irgendwie auf der Ozeanseite landen, so nah wie möglich an den Felsen unterhalb des El Morro.«

»Aye, Aye«, rief Rexinus zurück. Dann wiederholte er: »Das U-Boot? Was ist mit dem U-Boot passiert?«

»Die Besatzung muss wohl zu viele Linsen gegessen haben.«

Bond lächelte nicht einmal. Er stemmte sich gegen das Steuerhaus und schob ein neues Magazin in den Kolben der umgebauten Browning ASP 9 mm.

Sie umrundeten jetzt die Landzunge, wo die Mauern des El Morro bis zu den Felsen hinabreichten. »Wie nah wollen Sie denn ran?«, rief Rexinus.

»So nah, wie Sie können. Ich muss es zu den grasbewachsenen Hängen auf der anderen Seite der Felsen schaffen.«

»Ich glaube nicht, dass ich Sie ganz ranbringen kann.«

»Ich komme selbst über die Felsen, fahren Sie einfach so nah wie möglich ran.«

Fritz und Vesta Motley waren sprachlos, klatschnass und blass vor Angst. Dann schlugen Kugeln ins Deck ein, als eine automatische Waffe von der unteren Mauer des El Morro das Feuer eröffnete.

»Das ist nah genug!«, schrie Bond. »Gehen Sie in Deckung. Ich klettere über die Seite.« Er sah die Brandung und die Felsen auf sich zukommen, kletterte über die Reling, und als das Boot mit der sich zurückziehenden Welle nach unten abtauchte, ließ er sich in die weiße Gischt fallen.

Es war eher Glück als Können, das ihn über die zerklüfteten Felsen trug. Als er ins Wasser ging, zog sich die Flut zurück und sammelte sich für eine weitere Reise ins Landesinnere, um gegen das Ufer zu schlagen. Er schaffte es, seine Arme um einen der größeren, glitschigen Felsbrocken zu schlingen und die anbrandenden Wellen auszusitzen, bis sich das Meer wieder zurückzog und er über die alten, vom Meer abgetragenen Steine weitergehen konnte. Auf halbem Weg fand er eine weitere Stelle zwischen zwei Felsen, wo er sich festhalten konnte, während das Meer um ihn toste. Die Flut zog sich wieder zurück und beim dritten Versuch schaffte er es über das letzte Hindernis und auf das raue Gras darüber.

Als er auf allen vieren lag, erschöpft und nach Atem ringend, erhob sich eine Gestalt vor ihm vom Boden und rief: »Wer ist da?«

25

Ritt der Walküren

Er blieb absolut regungslos. »Bond«, sagte er. »Captain James Bond, Royal Navy.«

»Dem Himmel sei Dank, Sie sind es, Chef. Dodd. Jim Dodd. Captain des 22. SAS-Regiments. Wir haben die halbe Nacht auf Sie gewartet.« Er schob einen Arm unter Bonds rechte Achselhöhle und half ihm auf. »Die anderen Jungs sind gleich hier oben. Die bösen Jungs haben automatische Waffen im Fort, aber ich denke, wir werden mit ihnen schon fertig. Sind Sie bereit für einen kleinen Flug, Boss?«

»Ja, Jim. Ich muss nur wieder zu Atem kommen. Sie haben den Powerchute dabei?«

»Fünf davon, Chef. Vier für uns und einer für Sie. Ich habe auch noch ein paar andere Überraschungen. Anständige Kerle, diese Jungs von der Delta Force. Sie lassen uns den Vortritt. Der alte Tarn und seine Leute – es sind insgesamt drei – waren dort oben, auf der untersten Stellung dieser erstaunlichen Festung, aber ich glaube, sie sind jetzt nach oben umgezogen. Die Delta Force sagt, sie behalten die beiden anderen Seiten im Auge. Wenn wir sie nicht erledigen, werden sie es tun. Sehr anständig.« Er flüsterte und Bond atmete wieder normaler, als sie die hoch aufragenden alten Mauern erreichten, aus denen sich eine weitere Gestalt zu lösen schien.

»Sind Sie das, Boss?«

»Ja, und ich habe Captain Bond für uns gefunden, wir sind also startklar.«

»Gut, sie haben auf das Boot geschossen.«

»Ich weiß«, brummte Bond. »Ich war an Bord.«

»Die Explosion?«, fragte Dodd. »Waren Sie das auch? Das U-Boot ist Geschichte?«

»Ja.«

»Wieder zu viele Linsen?«

»Den Witz habe ich schon gemacht.« Er hielt inne, als sich die übrigen drei SAS-Männer um ihn scharten. »Tatsächlich ein bisschen zu viel Plastiksprengstoff. Ich habe es etwas übertrieben.«

Dodd bat um Ruhe. »Das passiert leicht, Sir. Dann wollen wir Ihnen mal zeigen, was wir dabeihaben«, sagte er fröhlich.

Sie gingen dicht an die Mauer heran. Dort standen, kaum sichtbar, die fünf Powerchutes, wobei die eigentlichen Fallschirme aus mattschwarzem Material bestanden. »Sie sind mit so einem Ding schon mal geflogen, Boss?«

»Ja. Am selben Ort, wo Sie es gelernt haben, Jim.«

»Ich wollte mich nur vergewissern, weil wir ein paar kleine Verbesserungen vorgenommen haben.« Er leuchtete mit einer Taschenlampe, die ein diffuses Licht abgab, auf das Chassis. »Landescheinwerfer für den Anfang. Das übliche Halogenlicht, unter der vorderen Strebe montiert.« Er hob den

Schlauch an und zeigte ein breites Leichtflugzeug-Landelicht. »Mit diesem kleinen Schalter rechts hinter dem Gashebel schalten Sie es ein. Da oben befindet sich auch ein Kompass und links ein Bedienfeld für nützliche Extras. Hier sind drei Blendgranaten. Gegenüber den Blendgranaten haben wir Rauch – das kennen Sie doch, oder?«

»Sehr gut.« Er beugte sich hinunter und berührte die kleinen Rauchbomben.

Dodd hielt kaum inne. »Dann haben wir in der vorderen Sektion Leuchtraketen.« Er hob einen der zwanzig Zentimeter langen silbernen Zylinder heraus. »Die sind sehr praktisch, man kann sie auch als Brandgeschosse verwenden, wenn Sie mir folgen können. Einfach zielen und an dem kleinen Ring ziehen. Als ob man eine Bierdose öffnet.«

»Glücklicherweise kann ich sagen, dass ich noch nie eine Dose Bier geöffnet habe, aber ich kann Ihnen sehr gut folgen, alter Junge. Wie viele davon haben wir dabei?«

»Nur vier, fürchte ich. Vor allem, wenn Sie Platz für die alte Heckler & Koch brauchen.«

»Da verzichte ich, wenn es Ihnen nichts ausmacht. Ich bleibe bei der Pistole. Die hat mir über die Jahre gute Dienste geleistet, obwohl dieses Modell nicht mehr hergestellt wird.«

»Die Lieblingswaffe eines Mannes ist die, mit der er am meisten Schaden anrichtet. Ginger hier hat eine Kaliber-12/70-Schrotflinte.« Er deutete auf einen der SAS-Trooper. »Damit kann er wunderbar umgehen. Kann einem Wellensittich auf zwanzig Schritt die Flügel stutzen und einem Mann auf zwanzig Meter.«

»Dann, Kommunikation. Headset mit Kehlkopfmikrofon. Das ganze Ding ist in sich geschlossen: Funkgerät in der rechten Seite des Kopfhörers. Einfach sprechen und zuhören. Okay?«

Sie gingen schnell eine Reihe von Signalen und die allgemeine Schlachtordnung durch. »Am besten fangen wir oben an und arbeiten uns nach unten vor, denke ich?«, fragte Dodd.

»Da gibt es eine verdammt breite, glatte Rampe, die von der Spitze bis zur zweiten Ebene führt, von da aus kann man einfach über die Mauern auf die Atlantikseite oder auf die Landzunge springen. Sogar hinunter auf den Paradeplatz – Patio wird er genannt. Sie haben sich hier umgesehen, nehme ich an?«

»Na klar. Wir waren am selben Tag wie Sie da – mit der netten jungen Dame und dem Kerl mit der Beinprothese.«

»Wirklich? Sie hätten sich vorstellen sollen.«

»Ich wollte mich nicht aufdrängen, Chef. Das gehört sich nicht, wissen Sie? Was ist eigentlich aus der netten jungen Dame und dem amerikanischen Herrn mit dem Hinkebein geworden?«

»Das wollte ich Ihnen eigentlich erzählen, nachdem wir mit unserem Freund Tarn fertig sind, aber da Sie fragen …« Er gab einen kurzen Überblick über die Situation von Flicka und Felix und endete mit: »Wie viel Reichweite haben Ihre modifizierten Powerchutes?«

»Wie weit ist Tarns Haus entfernt?«

»Fünfundfünfzig Kilometer Luftlinie.«

»Kein Problem. Bringen wir das erst mal hinter uns. Wir stürzen uns auf sie wie beim Ritt der Walküren. Schade, dass wir keinen Platz für Lautsprecher haben wie in diesem Vietnam-Film.«

»Wir könnten es pfeifen. Sie wissen doch, wie man pfeift, Captain Dodd?«

»Erst nachdem wir sie überrascht haben, Captain Bond.«

Gemeinsam betrachteten sie die Karte im Schein einer Taschenlampe und legten einen Kurs fest, der sie auf einer geraden Linie zu Tarns Villa führen würde.

»Dann wollen wir mal.« Dodd klopfte Bond auf die Schulter. »Schnappen wir uns die Mistkerle, ja?«

Sie starteten die Motoren und flogen los, jeder mit einer kleinen blinkenden Taschenlampe, um eine Linie zu bilden, mit Bond an der Spitze und den anderen, die hinter ihm ausschwärmten. Zuerst flogen sie im Kreis vom El Morro weg, dann drehten sie ab, gewannen an Höhe und begannen ihren Sinkflug in Richtung der oberen Geschützplattformen. Dabei hielten sie Ausschau nach Bewegungen, die Dodd als Erster auf der breiten Rampe entdeckte, die von der Seite von San Juan hinunter zu den obersten Geschützstellungen führte. Jemand zur Bonds Rechten feuerte einen Schuss aus einer automatischen Waffe ab, woraufhin die drei Personen, die sie in Deckung gehen sahen, wild um sich schossen.

Ihre Schüsse gingen weit daneben und Bond dachte, dass sie wohl glauben mussten, der Angriff käme von einem Bienenschwarm. Das Dröhnen von fünf kleinen Motoren musste ein psychologischer Vorteil sein.

Als er sich näherte, erblickte er zwei der Gestalten, die mit erhobenen Händen und winkenden Taschentüchern in die

Mitte des Paradeplatzes liefen. Er erkannte Cathy und Anna. Sie waren bereit, sich zu ergeben.

Er drehte scharf ab, um einen genaueren Blick zu erhaschen, und sah Dodd zu seiner Rechten, der ihm nach unten folgte. Als er über den Paradeplatz fliegen wollte, brach plötzlich Feuer aus einem der Kreuzgänge aus – er meinte, es sei der, der zur Kapelle führte. Eins der Mädchen wurde herumgewirbelt und ruderte durch die Luft, während das andere von den Füßen gehoben und zur Seite geschleudert wurde, wie ein altes Spielzeug, mit dem Tarn nicht mehr spielen wollte.

»So belohnst du also Loyalität, was, Max?«, schrie er, wohl wissend, dass Tarn kein Wort davon hören würde. Er gab Gas und drehte eine sehr steile Kurve, die ihn schließlich über den Bereich zurückbringen würde, in dem die beiden Mädchen lagen. Als er sich wieder gerade ausrichtete, sah er, wie sich einer der SAS-Powerchutes den Mädchen aus der entgegengesetzten Richtung näherte, als eine lange Salve automatischen Waffenfeuers aus dem Torbogen, in dem er Tarn vermutete, hervorbrach. Er sah, wie der Soldat vom Chassis fiel und die Maschine unter dem Kugelhagel zerbarst. Das ganze Gerät fiel einfach auseinander und zerschellte brennend in der Nähe der großen Wasserzisterne.

»Na gut, du Mistkerl«, murmelte Bond. »Das ist für den SAS.« Seine Hand tastete nach einer der kleinen Leuchtfackeln. Er flog mit dem Powerchute, so tief er sich traute, und zielte direkt auf den Torbogen.

Die Leuchtfackel explodierte in einem hellen weißen Blitz und er konnte sehen, wie Tarn mit einer Waffe kämpfte und sich an den Rand der Mauer drückte. Dann verließ er seine

Deckung und rannte Hals über Kopf die Rampe hinauf. Bond hätte darauf gewettet, dass Max Tarn eine weitere Waffe oben an der Rampe deponiert hatte.

Als er nach links und rechts blickte, sah er, dass die anderen drei Powerchutes ihm dicht auf den Fersen waren, also rief er deutlich: »Licht, Walküren. Licht!« Alle vier Landescheinwerfer wurden gleichzeitig eingeschaltet, als sie hinter dem fliehenden Mann herflogen, der gerade das obere Ende der Rampe erreicht hatte und zur Mitte der großen Plattform stolperte.

Als er zu Tarn aufschloss, sah Bond, dass zwei seiner Begleiter an Geschwindigkeit zugelegt hatten und ihn überholten. Sie schwebten vor Tarn, der sich nach links und rechts bewegte, um den röhrenden Powerchutes auszuweichen. Dann drehte er sich um die eigene Achse und Bond wurde klar, was vor sich ging. Die anderen drei SAS-Männer hatten begonnen, Tarn zu umkreisen, aber sie hatten den Kreis um Bond gezogen und leuchteten ihm den Weg zu Tarn, den sie wie ein gefangenes Tier einkesselten. Er lehnte sich weit nach links und zog seine Maschine in eine engere Kurve. Dabei griff er nach einer weiteren Leuchtrakete. Er empfand kein besonderes Gefühl von Schuld oder Freude. Dieser Mann hatte Tausende Menschen auf dem Gewissen, indem er Waffen an skrupellose Leute verkauft und geschmuggelt hatte. Seine Pläne für die Zukunft waren entsetzlich, also hatte er es verdient, den schlimmstmöglichen Tod zu sterben.

Er wartete ab und ließ seine Beute hin und her springen in dem Versuch, den unerbittlichen Lichtern der anderen Powerchutes zu entkommen. Erst als er bereit, ruhig und gelassen war, zielte Bond und zog am Ring.

Die Leuchtfackel schoss aus seiner Hand und traf Tarn in die Brust, wobei sie eine Blüte aus Phosphor versprühte. Er wendete und zielte mit einer weiteren Leuchtfackel. Inzwischen wälzte sich Tarn auf dem harten Boden und versuchte, die Flammen zu ersticken, die nicht erlöschen wollten. Die zweite Leuchtrakete traf ihn knapp unterhalb des Halses und verteilte ihre Chemikalie auf der bereits verbrannten Vorderseite seiner Kleidung. Als er abdrehte, meinte Bond, Schreie zu hören, die wie ein Flehen klangen, ihn von seinem Elend zu erlösen. Tarn schien herumzutaumeln – ein wandelnder, sich bewegender Feuerball, der auf die Kante der Geschützplattform zusteuerte, von der aus es steil nach unten ging.

Einer der SAS-Männer brachte es zu Ende. Der Schuss aus der Schrotflinte sprengte Max Tarns Hinterkopf weg. Einen Moment lang schien er sich in einem roten Nebel zu bewegen, der von den Flammen verzehrt wurde. Dann fiel er über die Zinnen und verschwand kopflos über die Kante.

Als sie abdrehten und sich um Dodd herum in Formation begaben, um über die Insel hinweg Kurs auf das Haus in der Nähe von Ponce zu nehmen, hörte Bond den Klang von Gesang in seinen Ohren. Seine Gefährten gaben eine etwas unmelodische Interpretation von Wagners *Ritt der Walküren* zum Besten.

26

Tränen auf seinen Wangen

Sie flogen in einer Höhe von etwa vierhundert Metern und strengten ihre Augen an, um sicherzustellen, dass sie sich gegenseitig sehen konnten. Es war nicht der einfachste Flug, denn die sanften Passatwinde, die die Insel umspielten, waren in ihren sehr einfachen, offenen Cockpits alles andere als sanft.

Etwa auf halber Strecke ging der Mond auf und verlieh ihnen bessere Sicht. Bond hätte den Flug als berauschend empfunden, wäre da nicht seine Sorge um Flicka gewesen. Er hatte alles getan, was er sich geschworen hatte. Tarn war tot, zusammen mit einigen seiner engsten Gefolgsleute. Es würde keine Rückkehr nach Tarnenwerder geben, keine »Heil Tarn«-Rufe eines hypnotisierten Mobs, der die Uhr auf die Tage des Wahnsinns zurückdrehen wollte.

Er akzeptierte das als Teil seiner Berufung. Solange er zurückdenken konnte, hatte die Gefahr in seiner Nähe gelauert, und er fragte sich, wie er nur weitermachen sollte, wenn Flicka etwas zugestoßen war.

»Da vorne kommt der Hügel«, teilte er den anderen dreien über das Kehlkopfmikrofon mit, als er die Stelle sah, an der er unlängst noch mit Flicka und Felix zwischen den Bäumen gestanden hatte.

Dodd hatte die Baumgrenze bereits gesehen und antwortete: »Verstanden. Triebwerke abschalten.«

Plötzlich schwebten sie, lautlos bis auf die Brise um sie herum, als sie die Anhöhe überwanden und Tarns Villa unter sich aufleuchten sahen.

Sie steuerten die Fallschirme und bildeten eine Kiellinie mit Dodd an der Spitze und Bond und den anderen dicht dahinter. Die Schüsse fielen gerade, als der vierte Mann links neben dem Swimmingpool innerhalb des Rechtecks der Villa aufsetzte.

Es war eine automatische Waffe, die von der rechten Ecke aus abgefeuert wurde. Eine plötzliche und laute Salve, die ins Leere ging, wobei einige der Kugeln in den Swimmingpool klatschten, nur wenige Meter von dem letzten Mann entfernt, der gelandet war.

Ein kurzer Feuerstoß von Dodd machte den Schützen unschädlich, der starb, ohne einen Schrei von sich zu geben. Bond folgte dem SAS-Offizier in den rechten Kreuzgang, während die beiden anderen Soldaten die linke Seite übernahmen. Er hatte schon früher bei Trainingsübungen mit dem SAS in Paaren gearbeitet und wusste daher, was ihn erwartete.

Im Erdgeschoss gab es vier Doppelfenster, jedes Paar mit einer Tür dazwischen. Während sie sich durch den Kreuzgang bewegten, warfen sie Blendgranaten durch die Fenster. Auf der anderen Seite brachten die Granaten nur zwei Männer zum

Vorschein, die sofort starben, als sie am Ende des Klosters in Sichtweite kamen.

Auf Dodds und Bonds Seite kam niemand heraus. »Wir sollten sie im nächsten Stockwerk in die Zange nehmen«, sagte Dodd, als wäre dies ein einfacher Sonntagnachmittagsspaziergang. Er drehte sich um und joggte zum Treppenhaus, während Bond vorausging und die Treppen vor ihm nahm, jeweils zwei Stufen auf einmal. Als er oben ankam, sah er einen ähnlichen Kreuzgang mit vier weiteren Türen und Fensterpaaren, doch gerade als er die erste Tür erreichte, trat eine Gestalt aus einem der Eingänge vor ihm und schrie: »Du hast mir den Kiefer gebrochen, du Mistkerl!«

Es war Heidi, aber er musste die Worte erst einmal deuten, denn sie kamen gepresst und tief aus ihrer Kehle. Für den Bruchteil einer Sekunde war er wieder im Büro von Saal, Saal und Rollen, wo er sie zuletzt ohnmächtig auf dem Boden gesehen hatte.

Dann hob sie die Arme und er erkannte das Glitzern der Waffe in ihrer Hand. Er duckte sich nach rechts durch die Tür, als die Pistole zweimal abgefeuert wurde, und hörte, wie die Kugeln an ihm vorbeipeitschten. Zwei weitere Schüsse folgten aus größerer Entfernung. Es gab ein Geräusch, als würde ein Sack Kartoffeln auf den Stein unter dem Kreuzgang fallen. Dodd hatte Heidi ausgeschaltet.

Von der gegenüberliegenden Seite der Villa war ein lebhaftes Feuergefecht zu hören, das keine Minute andauerte. Bond wollte gerade aus der Tür treten, als sich ein Arm wie eine Schlange um seine Kehle legte. Er spürte eine Hand an seinem Hinterkopf und den Druck auf seine Luftröhre. Wer auch immer ihn in seiner Gewalt hatte, benutzte eine altbewährte Methode – den rechten Unterarm über der Kehle, wobei die Hand den linken Bizeps packte und die linke den Hinterkopf des Opfers festhielt. Es dauerte in der Regel nur Sekunden, um ein Opfer entweder zu erwürgen oder ihm das Bewusstsein zu rauben. Es gab nur eine mögliche Reaktion, und er wusste, dass er sehr schnell handeln musste, bevor die Blutzufuhr zum Gehirn durch den Druck unterbrochen wurde.

Er trat heftig mit den Füßen zu und warf sein ganzes Gewicht nach hinten, während er gleichzeitig versuchte, die Schienbeine und Füße seines Angreifers zu treffen.

Die beiden stürzten zu Boden. Er spürte die Weichheit des Körpers unter sich, hörte das Keuchen und den Fluch und dann den Aufprall, als Beths Kopf hart auf dem Steinboden aufschlug. Der Druck ihrer Arme ließ sofort nach und Bond rollte sich wieder auf die Füße und griff nach der Pistole an seinem Gürtel.

»Du willst deine hübsche Frau zurück, was?«, keuchte Beth. »Du willst …«

Er brauchte nicht einmal abzudrücken. Der schwere Sturz hatte ihr den Schädel zertrümmert. Ihre Augen waren wie vor Entsetzen aufgerissen und Blut floss aus ihrer Nase und ihren Ohren, während sie wie ein gestrandetes Tier mit unnatürlich verrenkten Gliedern auf dem Boden lag.

Dann hörte er Dodd nach ihm rufen.

Zwei Türen weiter hatte Dodd Felix Leiter gefunden, der versuchte, durch den Raum zu kriechen, um an seine Arm- und Beinprothesen zu kommen. Er sah hundemüde und verzweifelt aus, aber er lächelte, als Bond eintrat, und zeigte dann auf die hintere Ecke des Raums, wo Flicka lag, zugedeckt mit einem Laken, ihr Gesicht zerschlagen und blutig.

»Ich bin es, Flick«, flüsterte er leise. »Ich bin es. Du wirst wieder gesund.«

Sie versuchte, durch den Schmerz hindurch zu lächeln, und fragte dann mit großer Anstrengung: »Wirst du mich morgen noch lieben, James?«

»Morgen und für immer, mein Liebste«, sagte er.

Wenn Captain Dodd später in der SAS-Offiziersmesse in Bradbury Lines in Herefordshire seine Version der Geschehnisse in Puerto Rico schilderte, pflegte er zu sagen: »Wissen Sie, ich hätte schwören können, dass dieser Bond geweint hat … Aber das kann nicht sein. Ein Offizier wie er … Aber ich hätte schwören können … Ich habe sogar gedacht, ich hätte Tränen auf seinen Wangen gesehen. Aber das kann doch nicht sein, oder?«

ÜBER DEN AUTOR

John Gardner war ein britischer Spionageroman- und Krimiautor. 1979 erhielt er von Glidrose Publications (heute Ian Fleming Publications) offiziell den Auftrag, Ian Flemings Vermächtnis weiterzuführen und neue James-Bond-Abenteuer zu schreiben. Zwischen 1981 und 1996 schrieb Gardner vierzehn eigene James-Bond-Romane und die Bücher zu zwei James-Bond-Filmen.

Bevor er in den frühen 1960ern eine Karriere als Romanschriftsteller begann, war John Gardner als Zauberkünstler, Offizier der königlichen Marine, Journalist und für kurze Zeit auch als Priester der Anglikanischen Kirche tätig. Gardner erschuf viele beliebte Figuren wie zum Beispiel Boysie Oakes und Herbie Kruger und verfasste insgesamt fünfundfünfzig Romane – darunter zahlreiche Bestseller –, bevor er im August 2007 verstarb.

Weitere Informationen finden sich auf *www.john-gardner.com* oder der Webseite für Ian Fleming: *www.ianfleming.com.*